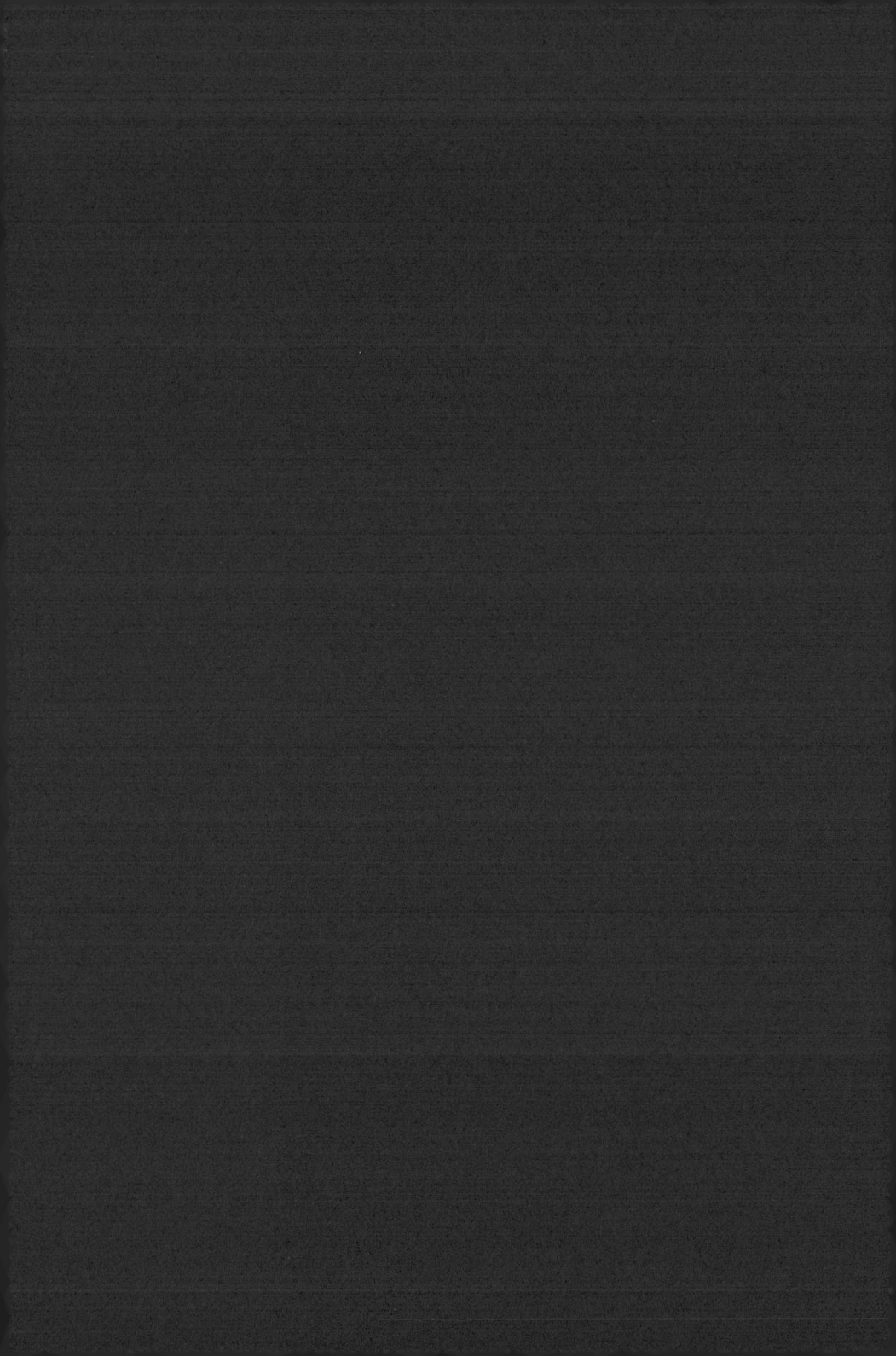

「六〇年安保」を労働者はいかに闘ったか

全学連と共闘した東京地評の舞台裏

竹内基浩
Takeuchi Motohiro

社会評論社

目次

資料篇

はじめに

私もまもなく齢七十歳を迎えようとしている。時代も戦後五十五年を経て二十一世紀を迎えようとしている。この時代を生きて、自分の生きたあかしを残したいとかねてから考えていた。とくに、戦後から一九六〇年代の激動期に青春時代を生きて、この時代のさまざまな政治的、社会的なできごとに労働運動の一活動家としてかかわった一人として、時代の証言者としての記録を残したいと思っていた。しかし、生來の筆不精で、日記などの記録をとったこともなく、記憶だけにたよった記述では、証言者の記録というにはあまりにお粗末に過ぎると思い、つい今日まできてしまった。だが、時間がたてばたつほど記憶はあいまいになり、ますますまとまりのないものとなってしまう。そこで、不充分は承知のうえで、あえて自伝として、私的な記録とすることでこの命題に取り組んでみることとした。

すでにのべたように、日記のたぐいを残していたわけではないので、時間的な前後関係やかかわった人の名前などの記憶にあいまいなものもあるので、その場合は、団体名だけにとどめて、できるだけ個人名を避け、どうしても個人名をあげる必要のある場合は、人名の後に？をつけ、また、個人的な関係であえて個人名をあげる必要のないと思われる人については、A君、A子さんなどとすることとした。もし、会議の出席者名や時間的な前後に間違った記述があれば、記憶違いとしてお許しいただきたいと思う。しかし、私がかかわった事柄そのものについてはできるだけ事実に即して記述するように心がけたつもりだ。

なお、個人名で政党や団体の役職にあった人の名前については記述の都合で敬称を略させていただいたことをお許しいただきたいと思います。

戦後二十数年という限られた時間であっても、それを歴史として記述するのは大変に難しい。例えば、各種の政党史、労働組合史、会社史、団体史、郷土史、事件史など、さまざまな史記をみても、記述そのものは記録として間違ってはいなくても、非常に大事と思われる事柄が編集者の恣意でことさらに無視されていたり、公式文書として記録されていないものはほとんど記述されていない。また、いろいろな事件の評価を普遍的に、かつ、客観的に記述することは、ほとんど不可能といってもよい。その評価に記述者あるいは編者の主観が入ることは避けられない。その編者、あるいは記述者が、ある特定の意図をもって編集・記述した場合は、とくにこの傾向が強くなる。

このことは、私の記述についても、できるだけ客観的に記述しようと思っても無意識のうちに自分の立場や意見を正当化しようとすることになりがちである。それは、その時に私がどのような思想と立場で、ある事柄にかかわってきたかによって制約されることは避けられない。したがって、この私的な記録の中で、ある社会的な事件にふれて述べている部分については「あくまでも私的な評価とならざるを得ない」ということをあらかじめ断わって置きたいと思う。だが、同時に、まさにそれが、自分史の特徴でもあり、自らの生きざまの検証ともなるのではないかとも思っている。

ともあれ、この記述は私が戦後二十数年の時代に直接に関係した事柄のなかで、私が、現在、鮮明に記憶している事柄について断片的に記述したもので、歴史的に系統的に述べたものではない。いうなれば、私自身が、十代後半から三十代前半のおよそ二十年の青春時代を――それはまた、日本の敗戦後の激動期とも重なるのだが――、新しい社会をつくるという理想と夢を追って、いかに駆け抜けたかの全くの私的な記録である、そして、それが、戦後という時代ゆえに、さまざまな社会的、歴史的事件へのかかわりを持たざるを得なかった青春でもあった。そして、それはまた、「それ故に」数えきれないほどの挫折にもかかわらず、まさに「生きた」というに相応しい充実した人生でもあったように思う。

なお、この私記の記述にあたっては記憶を確かめるために、東京地方労働組合評議会編『戦後東京労働運動史』(労働旬報社刊)、臼井吉見編『安保・1960』(筑摩書房刊)、信夫清三郎著『安保闘争史』(世界書院刊)、斎藤一郎著『安保闘争史』(三一書房刊)、斉藤一雄著『戦後の大衆運動』、『芳賀民重さんをしのぶ』(一九九六年――しのぶ会編)、内田宜人著「新島賛歌」(一九八七年『社会評論』六一・六二・六五号掲載)などを参考にさせて頂いた。

なお、資料篇に再録した三本の論文(山田隆太郎「総評幹部の運動路線」『月刊労働問題』一九六二年二月号、

「東水労の分裂と労働組合統一の条件」同上九月号、幸田義美「労働組合の分裂と統一」同上十二月号）は、安保闘争以後の労働運動についての私の意見を、日本評論社の『月刊労働問題』編集部の求めに応じて書いたもので、安保闘争以後の原水禁運動の分裂など社共対立の渦中にあって、東京地評書記という立場上、私的な意見を一般誌に本名で発表すると日常の活動に支障が生ずることが危惧されたので、やむを得ずペンネームで発表したものである。こうした論文をあえてペンネームで発表せざるを得なかったということに、当時の運動の状況とその中での私の東京地評政治部書記としての微妙な立場が反映されている。なお、この時期、私はすでに共産党を離党していたように思う。

ともあれ、私は三十四歳で労働運動の現場から離れた。それからの人生は全く違ったものとなった。いわば第二の人生の始まりである。そして、六十歳を前にして私は仕事を離れた。以来、妻と二人での年金生活である。いうなれば第三の人生を生きている。この第二、第三の人生についても、それまでの労働運動とは違った意味でのドラマがある。私が第二の人生をいかに生きたか、そして、これからの老いをいかに生きるかについての思いもある。これらについても機会があれば書きたいとは思っているが、果たして実現できるかどうか自信はない。

二〇〇〇年　竹内基浩

基浩１歳。後ろ左から祖父、父。前は母と姉。

第一章　目覚め——敗戦から共産党入党まで

血のメーデー　1952年5月1日

敗戦

一九四五年八月十五日。十三歳の夏である。

今日は天皇陛下の玉音放送があるので、学校に集まるようにということだ。いよいよ本土決戦のための陛下の命令があるのだろうと思った。いずれにしても、天皇陛下の直接の命令とはいまだかつてないことだった。

当時、学校への登校は、部落の子供が班ごとに集まって登校していた。私は、高学年（国民学校高等科二年）ということで、近所の生徒たちを集めて隊伍を組み、通り道にあるお宮の石段の前では整列して戦勝を祈願し、学校に向かった。

また、この日は私個人にとっても特別な日だった。それは、海軍志願兵の面接の日だった。少年志願兵は学校でお前は海軍、お前は陸軍というように割り当てられていた。この面接が終われば次には入隊だ。それやこれやでなんとなく気持ちも昂ぶっていた。

正午、生徒全員が整列して玉音放送を聞いた。整列したのが校庭だったか、体操場だったかあまりよく覚えていない。集会は全員が東のほうを向いて宮城遥拝の後、放送をきいた。

「朕深く世界の大勢と帝国の現状とに鑑み非常の措置を以て時局を収拾せむと欲しここに忠良なるなんじ臣民に告ぐ」で始まる天皇の声は甲高く、難しい言葉の羅列で、私にはなにを言われているのかよく判らなかったが、なにか大変なことがおこっているのだと思った。

そのうちに、戦争が終った、日本が戦争に負けたのだということが判った。先生に聞いたのか父に聞いたのか、よく覚えていない。海軍志願兵の面接は中止になった。

家に帰ってから裏の畑にある小屋の中で一人で泣いた。拭いても、拭いても涙はとまらなかった。戦争が終わってほっとしたという気持ちにはほど遠いものだった。

それまでの生活は、聖戦に勝つためにというただ一つの目的のために無我夢中だった。国民学校の高等科に進んでからは、ほとんど授業はなかった。毎日が山に入っての松の根掘り（松根油として航空機の燃料にすると言われていた）、軍馬の飼料とするための草刈りだった。そして、学校に行くときは、木銃をかついでの軍事訓練、学校に数丁あった古い銃剣で藁人形を使っての刺殺訓練だった。雨の日は草履、草鞋作りで、勉強をするなどということなどは思いもよらなかった。こうした毎日に私はなんの疑問も感じなかった。

自分はやがて戦場に行って、天皇陛下と国家のために戦って死ぬ運命にあるのだと決めていた。文字通りの軍国少年だった。でも、子供ごころにも死ぬのは怖かった。しかし、どうせ死ぬなら、苦しまずに、しかもかっこよく死にたいと思い、少年航空兵にあこがれていた。

自分の人生をこのように思い決めていた十三歳の少年にとって、敗戦という現実は、そのまま受け入れるにはあまりに重い変化だった。時間がたつにしたがって、政府や軍部の言っていたことや、新聞に書かれていたことの多くが嘘だったことがだんだんと判ってきた。この軍部や新聞の嘘を真に受けて子供たちを勤労奉仕や軍事訓練にかりたてていた先生や親たちの言うことも信じられなくなった。

筆者１３歳

十三歳という年齢は、子供なりに、ぼつぼつ人生を考え始める年頃でもあった。私の潜在意識のなかには、既成の権威にたいする不信が根づいてしまった。いま振り返ってみると、それからの私の考え方、生き方の土台には、この権力、権威というものにたいする不信がどっかりと腰を据えていたのではないかと思う。それは、天皇のために、国のために死ぬと思い決めていた私にとって、文字どうり価値観の一八〇度の転換であった。

一九四五年八月十五日の敗戦を、いつのまにか「終戦」という言い方がマスコミを含めて定着している。

天皇制という国の体制に変化はなかったという意味において、また、古い権威を維持し、復活したい人々にとって、それは、戦争が終わったという、単なる通過点に過ぎないのかもしれない。だが、私にとっては、この「敗戦」

は今までの価値観の崩壊した日であり、そして、古い権威の崩壊した日であった。私の意識のなかでは、この日は「終戦」ではなく、文字通り「敗戦」であった。そして、戦後二十数年の私の生きざまを貫いてきた縦糸は、まさに、この「敗戦」、言いかえれば、古い価値観の崩壊を出発点にまったく新しい社会に生きるという意識であった。

だから、今でも、国歌としての「君が代」にはその歌詞に強い違和感を感じているし、国旗としての「日の丸」についても、選挙などで保守系の候補者の運動員や支持者の集会などで「日の丸」の鉢巻きをしているのを見ると、戦時中の特攻隊や女子の勤労奉仕隊などを思い出し、嫌悪感を感じる。また、祝日に家庭や公共の場所に「日の丸」が掲揚されているのを見ると、つい戦時中を思い出してしまう。

だが、戦後五十五年にして、この、すでに崩壊した筈の価値観が復活し、「日の丸」を国旗とし、「君が代」を国歌とする法律がつくられた。この法律は国民に強制するものではないと言いながら、学校では事実上強制されている。国民の人権に直接にかかわる、いわゆる「盗聴法」も制定された。また、「天皇を中心とした神の国」が日本の「国体」だと臆面もなく語る総理大臣が生まれた。

いまさらながら、五十五年という時間を感じざるを得ない。だが、この時間だけが「敗戦」の時の「二度と過ちを犯すまい」という国民の思いを風化させてしまったのだろうか。この今日の状況を許してしまった一つの要因として、私自身もその渦中に身をおいてきた、戦後の労働運動、平和運動、民主主義を守る運動についても、真剣に考えてみなければならないのではないかと思っている。

私は、この問題を過去の問題としてではなく、現在につながり、さらに、未来につながるテーマとして研究することが大変に重要ではないかと思っている。

家を離れて逓信講習所の生活

逓信講習所入学と食糧難

一九四六年六月、敗戦の翌年、父が田舎の郵便局長をしていた関係で、長野の逓信講習所に入学した。講習所の生徒は公務員ではなかったが、準公務員の待遇で給料も支給された。

当時、飯田から長野までは電車と汽車を乗り継いで八時間かかった。講習所は、長野市郊外の栗田というところにあり、畑のなかのバラックだった。生徒の多くは軍隊で通信の業務についていた人達で、なかには、特攻隊の生き残りの人もいた。五十人近いクラスのなかで国民学校を出たばかりなのは、私を含めてたった三人だけだった。困難な時代を生き抜いてみんな逞しかった。私は講習所の寮生活で、この戦時を生き抜いてきた先輩や年上の同級生たちに多くを学んだ。

寮の生活は、空腹の毎日だった。配給だけで作られる寮の食事は、いまでは考えられないものだった。朝の食事は生大豆や豆かすの糊とほんの少しの米の飯だった。そして、昼の弁当は薩摩芋とすいとんを詰めたものだった。朝食の大豆の糊は最初はまずくて食べられなかったが、数日すると空腹のためか結構食べられるようになった。朝食の少しばかりの米の飯と、昼の弁当は食べずに寮に持って帰り、月に一回の食糧休暇（当時は公務員にも食糧休暇というのがあり、みんな、買い出しに出かけた）で家から持たして呉れた米に身欠きニシンや乾燥野菜などをまぜた食糧と合わせて雑炊にして食べた。さらに、雑炊には、講習所の帰りに道端で摘んだ、日照り草（スベリヒユ）などの野草を入れて量を増やして貪り食った。また、夏には、風で落ちたり、傷ついて落ちたりしたりんごを拾いにでかけ食糧とした。とにかく、十四歳という食べ盛りの年齢である。いつでも腹を空かしての毎日だった。ネギ一本がなくなったといって大騒ぎになったこともあったし、薪一本にも神経をとがらしていた。しかし、みんな明るかった。寮では高等科の学生と一緒にときどき「どぶろく」で宴会を開き、若さを謳歌していた。この寮生活で、私はどんな条件のなかでも生きて行けるという自信をつけた。

二・一ゼネストと新憲法の施行

講習所では、有線通信や郵便業務などを学んだが、同時に、新憲法や英語などの基本的な知識を学んだ。新憲法は一九四六年十一月三日に公布され、翌四七年五月三日に施行された。公布と同時に始まった新憲法の授業は、新しい日本のありようを示すものとして、新鮮な感動を持って聞いた。

講習所生活のなかで、とくに、印象的だったのは、二・一ゼネストへの講習所教員の対応だった。講習所の教員は全逓信労働組合の組合員だった。一九四七年一月、全官公庁共闘委員会は越年資金の支給、俸給・諸手当の現金支給など、止まるところを知らないインフレにたいして、最低の生活を守るために、二月一日に無期限ゼネストに入ることを宣言した。いわゆる、二・一ゼネスト宣言である。講習所では、教員が、闘争体制に入った。とくに、非組合員であった学生にたいしては、スト破りに動員される危険があるということで、たとえ、進駐軍がきても、協力しないように求められた。そして、そのための組合の体制として、英語の先生（東京帝国大学の銀メダルを持っていることを自慢にしていた先生だった）が渉外の責任者となり、体育の先生が防衛隊長となるというものだった。この二・一ゼネストはＧＨＱのマッカーサー元帥の命令で中止となったが、まだ組合員ではなかったが私が初めて労働運動にふれた最初の事件だった。二・一ゼネストの中止は伊井弥四郎共闘議長（国鉄労組）の涙ながらのラジオ放送で知らされた。この伊井弥四郎氏と十数年後の安保阻止国民会議で、意見が対立して論争することになろうなどとは思いも及ばなかった。

ともあれ、この二・一ゼネストは私にとって新鮮な経験だった。この経験を契機にして、私は労働運動に興味を持つようになり、労働運動にのめりこんで行くことになる。

郵便局勤務と労働運動への参加

一九四八年には二年の講習所生活を終え、郷里の飯田に帰った。最初に配属されたのは特定郵便局の飯田知久町郵便局だった。私は講習所で習った通信の仕事をしたくて普通郵便局を希望したが、特定郵便局長を勤める父の意向もあって特定局への配属となった。飯田市は前年の大火で市街地の八割を消失し、知久町郵便局は酒屋の店を借りた仮住まいだった。仕事は忙しくそれなりに充実した毎日だったが、父の働きかけで自分が希望する職種に就けなかったことで、父との間はあまりしっくりといかなくなっていた。当時、特定郵便局長は公務員になったが、まだ戦前の名誉職的な世襲制が残っていた。そのため、父はなんとしても、私に跡を継がせたかった。だが、私は、講習所時代に労働運動に興味を持ち初めていたこともあって、特定郵便局の制度に疑問を感じていた。

右が筆者の父、銀治郎

郵便局の勤務のなかで、労働組合員となり、いろいろな会合に出席したり、「クミ」という種類の電報で組合指令を取り扱ったり、(当時は「クミ」という種類の電報が来ると、「ウナ」電(至急報)よりも優先して取り扱った)組合の文書や機関紙を読むようになり、労働組合運動こそが、新しい時代をになう活動だと思いはじめていた。

同じ職場にM子さんという年上の女性がいた。彼女はクリスチャンだったが、私の良き議論の相手になってくれた。ほとんど毎日のように二人で話したり、議論したりしていた。仕事中に議論していて局長によく注意された。もちろん、年の差はあるとはいえ男と女の間だから、二人の間にほのかな恋愛感情が生まれたのも自然の成り行きだった。だが、十六歳の私にとってはそれよりも知的欲求の方が強かった。彼女の影響で『新約聖書』も一生懸命に読んだ、それはそれなりに新鮮であったが、その中から、自分の疑問にたいする解答を見出すことはできなかった。

この時期にいろいろな本を読みはじめた。ゲーテ、トルストイ、ゴーリキー、ニーチエ、倉田百三など手あたり次第に読み漁さった。私なりに、これらの中から自分の生き方を見出そうとしていた。そのうちに、誰に教わったのか覚えていないが、『やさしい資本論』という『資本論』の解説書から入っていきなりカール・マルクスの『資本論』を読み始めた。途中でわからなくなるとまた初めから読み直すということの繰返しだった。経済学のなんたるかも知らない私には、難しい読み物だったが、なんとなく目が開かれたような気がした。そうした中で、もっと学校に行って、経済や哲学の勉強をしたいと思いつめるようになっていた。

この頃、労働組合運動は大変な問題に直面していた。それは、現業二割、非現業三割、総数二十六万人の公務員の大量の人員整理であった。ドッジ・ラインといわれた、アメリカのドッジ公使の構想になる超均衡予算の実施である。この頃の政治状況は「戦争犯罪人は国会に、内閣に、宮廷に席を占め……わずか三年足らずの間に、民主主義的改革から日本を太平洋におけるわれわれ（アメリカ）の軍事的防壁に変貌せしめる……」（マーク・ゲイン『ニッポン日記』）と言う状況であった。

この人員整理は、私たちの組合支部にも二人の解雇として覆いかぶさって来ていた。このとき、ある事件が起こった。私の父は官側の部会長として、この指示を実行しなければならない立場にあった。ある日、私の家に労働組合の支部委員長が尋ねて来て、この問題で父と話し合っていた。そして、支部委員長の郵便局から二人の解雇者をだすことを話しているのを漏れ聞いてしまった。しかも、その二人は私と同年配の仲間だった。私はなんの過失もない弱い立場の者に犠牲を強いるやり方に我慢ができず、その二人にこのことを漏らしてしまった。とくに、組合の委員長が積極的に協力していることに我慢がならなかった。当然支部の大会ではこのことが大問題となり、支部長への責任追及が行われた。

私が内緒の話しを公けにしたということで、父の立場も微妙なものとなっていた。そこで、父はもう一つの整理である強制配置転換に私を指名せざるを得なかった。私は東京地方貯金局に強制配置転換された。父にとっては意に反したものであったろうが、私は東京に行けることになったことを単純に喜んだ。東京に出れば、夜間の学校に行ける、勉強もできると考えた。すでに、長野で二年間一人で生活した経験もあり、世情はまだ混沌としていたが不安は感じなかった。しかし、M子さんと離れることに多少の淋しさは感じた。彼女は「なにか、火山の火口に向かって突き進んでいるような気がする」といって心配してくれた。そして、東京に出てからも、彼女からよく忠告された。だが、結果は彼女が予感したように、私は社会主義運動という「火山」に向かって夢中で走りだすことになる。

東京へ

反動の嵐の吹き荒れるなかで

一九五〇年（十八歳）の初

めに、東京地方貯金局に配置転換され、上京した。ここで、この時代を簡単に見て置きたいと思う。この時代の変化がその後の私のさまざまな事件への関わりに大きく影響することになるからである。

この頃、世界の情勢は大きく変わり始めていた。第二次大戦中の反ファシズム・反軍国主義で連合していた米ソは、戦争終結と共にその体制の違いから対立が激しくなった。一九四九年十月には中国で国共内戦に勝利した共産党指導下の中華人民共和国が成立し、社会主義国の東側ブロックと資本主義国の西側ブロックが形成され、東西間の冷戦が始まっていた。労働運動の面でも、世界労連が分裂し、十一月には国際自由労連が結成され、経済的には対共産圏輸出統制委員会（ココム）が設立された。

アメリカでは一九五〇年二月、マッカーシー上院議員が国務省に五十七人の共産党員がいると演説し、共産党員を公職から追放する「マーカーシー旋風」が始まった。これらは、すべて東西冷戦を反映したものだった。

日本では、この国際情勢の変化を反映して、アメリカ占領軍の日本民主化政策は大きく後退し、前に引用したマーク・ゲインの『ニッポン日記』が指摘しているように「民主主義的改革から日本を太平洋におけるわれわれ（アメリカ）の軍事的防壁に変貌せしめる」という政策に変換されたのである。この政策変換により、GHQは労働組合運動に露骨な干渉を行い、あらゆる全国的なストライキ闘争の禁止を指令、政府は一九四八年七月には政令二〇一号を公布し、公務員の団交権、ストライキ権を否認した。さらに、民間の争議にも干渉、八月には東宝争議に武装警官二千人、米軍戦車三輛、米軍航空機三機が出動して直接に干渉した。この争議では三船敏郎、久我美子など国民的人気のあった俳優が弾圧に抗して、街頭宣伝やカンパ活動などに繰り出していた。十二月にはGHQは海員、全繊、電産、炭鉱にスト中止を指令した。

こうした中で労働組合運動は、一九四八年二月には産別民主化同盟が結成され、全逓、国鉄などの共産党指導下にあった組合のなかの主流、反主流の対立が激しくなり、急速にその力を弱めつつあった。そして、六月には総同盟がその組織運営方法（全員一致制を多数決制にする）を不満として全労連（一九四七年三月に産別、総同盟、日労、全官公庁、中立組合の統一組織として結成）から脱退を決定し、全労連からの参加組織の脱退が相次いだ。これらの労働組合の分裂と混乱は占領軍の政策転換による政府の反共政策と無縁ではなかったが、共産党の指導の誤りにも原因があったことは否定できない。

一九五〇年六月、占領軍のマッカーサー元帥は、日本共産党中央委員と『アカハタ』幹部の公職追放を指令した。一九五〇年六月二十五日には朝鮮戦争が勃発した。これを機にして、占領軍、政府の労働運動、平和運動への弾圧は日増しに激しくなっていった。七月には「日本は共産主義進出阻止の防壁」とすると声明し反共政策を鮮明にした。そして、下山事件、三鷹事件（七月）、松川事件（八月）などのフレームアップによって、反共、反労働組合に向けての国民世論の誘導を図った。そして、十二月にはBC級戦犯四十六人を特赦令で釈放し、一九五〇年七月には自衛隊の前身となる「国家警察予備隊」の創設を指令し、日本再軍備に着手した。

共産党機関紙『アカハタ』、全労連機関紙『労働新聞』などの無期限停止が指令され、八月には全労連も団体等規制令により解散指定され、幹部は追放され全財産は没収された。そして、労働組合の分裂、混乱のなかで、あらゆる職場でレットパージの嵐が吹き荒れた。五〇年二月には東京都教育庁が教員レットパージを勧告、七月にはGHQが新聞協会にレットパージを勧告、八月には電産で二一三七名のレットパージ、そして、九月には政府は公務員のレットパージ基本方針（範囲の拡大）を決め、一斉に労働運動活動家を解雇した。日経連はこのGHQ・政府のレットパージの方針に便乗して、労働運動の御用化のために「職場防衛運動」を提唱し労働組合活動家にたいする一斉攻撃を加えて来た。労働省調査によっても七月から十二月にかけてのレットパージは民間産業で一万名余、官公庁一千百余名となっている。そして、大衆運動にたいしては、政府は六月に集会・デモの全面禁止を指令、文部省は学生が学外での政治集会やデモに参加することを禁止する文相談話を発表し、警視庁は映画「きけわだつみの声」の試写中止を通告し、憲法が保障した集会、結社、表現の自由は厳しい制限を受けるようになった。まさにそれは戦時体制への復帰を予想させるものだった。

これに対する労働組合は占領軍や政府の労働争議介入、スト禁止やレットパージなどもあり、また、労働組合の組織運営の誤りもあって次々に分裂していった。そして、一九五〇年七月には民主化同盟派が主導権をにぎった官公労（日本官公庁労働組合協議会）と総同盟左派が統一して日本労働組合総評議会（総評）が結成されたが、まもなく総評はアメリカの戦争政策に協力しながら旧体制への回帰を企む反動勢力の意に反して「ニワトリの卵がアヒル」になったといわれたように、急激な変貌を遂げ、その成立の経緯から一定の制約を受けながらも、平和と民主主義を守り、国民の権利を守る民主勢力の中心勢力として、また、日本の労働運動のナショナルセンターとしての重要な役割を担うことになる。そして、私も一九五六年からこの総評の東京地方組織である東京地評（東京地方労働組合評議会――一九五一年四月結成）の専従書記となり、以来、三十四歳まで本稿の主題となる青春時代を過ごすことになったのである。

一方、革新政党は、社会党は左派、右派に分裂し、共産党はコミンフォルム批判をめぐって、主流（所感派）、反主流（国際派）の対立が激しくなっていた。こうした革新政党内の対立、分裂は労働組合の混乱と複雑に絡み合っていた。

東京地方貯金局に勤めて

東京に出て港区三田の高台にある東京地方貯金局に勤めるようになってから、住居は松戸、鶴見、東中野、御徒町などを転々とした。給料は安く、住宅事情は最悪の状態にあった。国電で通勤していると、陸橋の下などには焼けトタンで囲ったバラックがたくさんあり、その家からは当時はやりのサンマードレスを着た女の子などが出た来るのが見られた。朝食を食べていないために体力も落ち、貯金局への坂をのぼるのがつらかった。昼食に貯金局の食堂で食べるウドンが一番のご馳走だった。それでも講習所時代に比べれば食糧事情はかなり好転していた。金さえ出せば飢えないだけのものは食べられた。問題は金だった。

住宅はとくにひどく、東中野の家などは玄関を入ったところに二畳と三畳の部屋があり、入ったところの二畳には、同じ貯金局に勤める同僚が住んでいた。二畳だけど一応、畳はしっかりしていた。私はその隣の三畳を借りたが、畳はひどいものだった。ほとんど腐っており、人型に落ちくぼんでいた。柱と壁の間は一センチ以上すいており、天気の良い夜には月の光が差し込んできた。冬に吹雪いたときなどは、この隙間から雪が吹き込んで部屋中が雪だらけで、その中でふとんをかぶって寝たこともあった。水道などはなく、共同の井戸で、トイレも家から出て、裏へまわらなければ用を足せなかった。この家は財産税で物納されたもので、くずれかけた二階建ての家に五世帯がすんでいた。五〇坪ほどの土地がついて五万円で払い下げるということだったが、それを買おうというのは居なかった。給料の一年分位で買えたが、みんな食べることに必死で家にまで金は回らなかったのだ。それでも、夜は新宿が近いので隣のT君とよく遊びにでかけ、青春を楽しんでいた。この時期は労働組合の分裂と再編の過程にあり、私はほとんど労働組合運動に関係しなかった。ただ、貯金局で知り合った友人がレットパージで解雇され、局の前でガリ版刷りのビラをまいて、その不当を訴えながら去っていくのを、彼らに対して何も出来ないもどかしさを感じながら、複雑な気持ちで見送った。そして、心情的には彼等に強い同情の気持ちをもっていた。

東京の生活にも少しづつ慣れ、なんとかして望みの大学に行こうと思い、最初は貯金局のすぐ近くにあった慶応外語学校に入学して英語を学び、また、短期間ではあったが、駿河台にあった明治大学付属高校で学んだ。そして、一九五一年に大検（大学入学資格検定試験）を受け、十九歳で日本大学短期大学部商経科二部に入学した。

大学に学んで

大学生活

東京にでた翌年（一九五一年）、私は日本大学（二部）に入学した。短期大学部であったが、授業は学部と一緒だった。貯金局に勤めながら通学するつもりだったが、大学の入学金など学費をつくるために、貯金局を退職し、その退職金で入学金などを捻出した。

昼間は働いて夜に学校に行くという生活で、金銭的にはかなりきつかった。仕事はいろいろとやった。寺島の工場に勤めてケットバシと言われるプレスの仕事についたり、叔父の会社の連絡員をやったり、同級生のO君などと組んで、渋谷の自動車修理工場の一隅を借りて進駐軍の車洗いなどをやった。なんとか食べることはできたが、学校の授業料までは出ず、一部を親に援助して貰った。

大学時代

学校に入って初めの頃は、御徒町に住んだ、貯金局にいた頃のSさんという先輩が貯金局を辞めて、リーヤカーを引いて運送業を始め、その紹介でY君というトラックの運転手と一緒に住んだ。この家には思い出がある。ある日、Y君が自殺しようとした。純情な男で、キャバレーの女の子に本気で惚れてしまい、その子に振られたというので、睡眠薬自殺を計った。しかし、頑丈な男で死にきれず、道をふらふらしているのを見つけ、部屋を借りていた家主の奥さんと一緒に胃を洗って助けて、自殺未遂に終わるという事件があった。また、後に共産党に入党して、組織から受け取った『球根栽培法』という火炎びんの製法を書いたパンフ（共産党は一九五一年十月の「五一年テーゼ」で武装闘争方針を決めた）などの非合法の文書を廊下の天井裏に隠していたりした。この家の家主の弟さんは結核で寝ていたが、ガリ版刷りの秘本を作っていたりして、警察には警戒していたこともあって、隠し場所など、いろいろと助言してくれた。

大学は水道橋駅のそばの神田三崎町にあった。授業は学部と一緒で、最初の三か月ほどは真面目に授業に出席したが、講義は語学や統計学や会計学などは初めて触れる科目でそれなりに新鮮だったが、自分が学びたいと思っていた、哲学、政治学、経済学などの社会科学は教授が自分の書いた教科書を読むだけだったり、古い自分の大学時代のものと思われるノートを読むだけだったりして失望した。

社会科学研究会と中国研究会

大学に入って

すぐに、大学の学友会の社会科学研究会（社研）に入った。

この頃の大学の社研は、関東社研連など各大学との交流も盛んで、夏休みなどには、関東社研連の主催の講座なども開き、明治大学で開かれた集中講座などにも参加した。日大の二部の社研では、茂木六郎、中村秀一郎（慶大）などの若手の学者が講師として来ていた。私はいつのまにか大学の授業には出なくなり、毎日学校に行くと、まず、社研の部屋に行くようになった。社研の部屋にはいつも誰かいて、議論していた。私はここで初めて、マルクス・レーニン主義を体系的に学んだ。『資本論』などを独学で読んで、多少はマルクス主義に触れてはいたが、系統的に学んだのはこの社研での講座と研究会の仲間達との議論だった。

私達の討論は議論が行き詰まると、マルクス、エンゲルス、レーニンなどの古典的な文献を引用して、討論の主題について誰の著書のどこそこにはこう書いてあるなどと言って討論に決着をつけるというような勉強方法だった。だから、研究室での勉強はどうしても、書生論的、教条的になりがちだった。それでも、こうした勉強の成果を確かめるためにS君、O君などと大学の経済原論や政治学などの講義に出て教授と討論したりした。また、大学祭で先輩のSさんやM君などとやった「日本資本主義発達史」の展示のための調査研究活動も古典を教条的に読むことから抜け出すのに非常に役だった。

S君は橋本龍太郎の父で厚生大臣をやっていた橋本龍伍の家で書生をしていた。O君は九州の飯塚の書店の息子で「百科事典」とあだなされて何でもよく知っていた。彼とは後に中板橋で一緒に住むことになり、進駐軍の自動車洗いなどを一緒にやった。M君とは後に日中貿易促進会議で一緒に働くことになる。また、この研究会には前に述べたSさんという先輩がいて、電産の組合活動をしており、その先輩が住んでいた田端の東京電力の寮での研究会にもよく参加した。このほかにNさんという川鉄で組合活動をしている先輩、Iさんという日通で組合活動をしている先輩（後に中板橋でO君などと一緒に住んだ）、Yさんという先輩など豊富な経験をもった多くの先輩達がいて、ともすれば、教条的になりがちな議論に実践的な道筋を示してくれた。

社研の仲間と。筆者は前列右端

そのうちに、メーデー事件の後か前か覚えていないが、中国を研究する中国研究会を作ろうという話が出て、私が担当することになり、学友会の中に中国研究会（中研）を作った。この研究会にH君、U君（後に板橋で一緒に住むことになる）、銀行に勤めるS子さんなどが入ってきた。中国研究所の浅川謙次所員を講師に、主に毛沢東の著書をテキストにして、中国革命の勉強をし、アジア通信の細川さんを講師に中国語を学んだ。社研と中研は部屋は分かれていたが、活動はほとんど一緒だった。そして、夜遅くなって学校から追い出されると近くの飲み屋で梅割りの爆弾焼酎を飲みながら終電間際まで議論を続け、新しい社会への夢を熱っぽく語りあった。この研究会の集まりはまさに梁山泊の感があった。

血のメーデー事件

一九五二年五月一日の血のメーデーといわれた「メーデー事件」は私にとって忘れることの出来ない事件であった。この年のメーデーは前年の九月に調印され、四月二十八日に発効した、アメリカを中心とする西側諸国との単独講和条約、日米安全保障条約体制、いわゆる「サンフランシスコ体制」下での初めてのメーデーであった。

サンフランシスコ体制のもとで、政府は破壊活動防止法（破防法）などの治安立法と労働法規の改悪で、憲法に保障された、思想、信教、集会、結社、表現の自由を制限する法案を準備し、アメリカ占領軍によって進められていた反動体制を引き継ぐ法案を矢継ぎ早に発表していた。

これに対して、労働組合、学生だけでなく、学者、文化人なども反対を表明し、国民的な運動となっていた。そして、総評、労闘（労働基準法改悪反対闘争委員会）を中心にした労働組合の破防法反対闘争は、四月十二日第一波スト、十八日第二波ストで闘われた。労闘発表によると、第一波には参加者数一七〇万名（うちスト参加人員三〇万名）、第二波には参加人員三四〇万名（うちスト参加一〇〇万名）というもので、空前の盛り上がりを示した。だが、一方では講和・安保二条約に対する対応をめぐって社会党は分裂し、労働戦線にも「民労研」結成など新たな分裂が始まっていた。こうした中で五月一日の第二十三回メーデーを迎えた。

メーデー会場について、皇居前広場の使用の要求に対して政府はこれを拒否し、裁判で争われていたが、四月二十八日東京地裁は皇居前広場の使用を許可すべしとの判決を下した。しかし、政府はただちに控訴したため、皇居前の使用は実現しなかった。

メーデーには私は全学連の一員として参加した。学校に行ってみんなを誘って会場となっていた神宮外苑に向かった。会場に着くと学校の共産党日大細胞のNという先輩から、「中核自衛隊」としてデモに参加するよう指示された。デモ行進は中部のコースで日比谷公園が解散地となっていた。日比谷に着くと、誰いうとなく「人民広場に行こう」という声が起こり、そのままデモを続けた。

私たちの部隊は馬場先門から入ったが、馬場先門の所ではいつの間にか先頭集団の中にいた。少し入った所で阻止線を張っていた警官隊はデモ隊が向かっていくと、いつの間にかいなくなっていた。私たちはそのままデモを続け二重橋の前ではみんなスクラムを解いて万歳を叫び旗を振っていた。橋の前の木柵を倒す者もいたが、止めろ止めろといって、柵を起こしたりしていた。

その時、一時いなくなっていた警官隊が横の方から回り込んできて催涙ガス弾とピストルの発砲をはじめた。スクラムを解いていた私たちは散を乱して逃げた。催涙ガスで口の中はザラザラしていた。そして、後続のデモ隊と合流し、ようやく体制を立て直し旗竿や投石で抵抗した。警官隊は警棒でデモ隊に殴り込んできた。私にとってそれは初めて経験する修羅場だった。

この事件について『日録20世紀』(講談社刊)は「三度にわたる衝突を経て、午後六時すぎに混乱が終息するまでに使用された催涙ガス弾は七四個、発車された拳銃弾は七〇発、うち二二発が人間の身体を引き裂いた。後に残されたのは、デモ隊側の二人の死者と一五〇〇人の重軽傷者、そして、八〇〇人の負傷した警察官だった。逮捕者は一二三二人。……この混乱を騒擾事件ととらえるか、それとも警察側の違法な権力行使と見るか『血のメーデー事件』の評価は、なお分かれたままである」と記している。

だが、裁判所の決定にも拘らず使用を禁止した、政府のやり方に反発して、皇居前広場に向かった大多数のデモに参加した者にとっては、それはまさに警官隊の狂った暴挙としか考えられなかった。私の知っている事実は二重橋の前で倒れた木柵を起こして万歳を叫んで解散しようとしていた群衆への警官隊の突然の攻撃だった。

何回かの衝突を繰り返すうち、横でスクラムを組んでいた後輩のO君がいなくなっているのに気がついた。O君は入学したばかりで、社研に三日前に入ったばかりの青年である。付近を探したが見つからず、そのまま離れてしまった。警官隊に追われてチリヂリに逃げた。GHQの前では米兵がカービン銃を構えて、警備にあたっていた。いつ撃たれるかと思いながら隠れて東京駅に向い、学校にたどりついた。社研の部屋にはデモに行った人も行かなかった人も含めて大勢集まっていたが、O君はいつまでも帰って来なかった。そのうちに、誰が調べてきたのか判らないが、O君が足を撃たれて、東京慈恵医大病院に入院していることが判った。

とにかく、家に知らせなければということになり、私がO君の家に行くことになった。警察の不審尋問にかかるといけないから、女子学生が一緒に行った方がよいということで、O君の住所のある葛飾に住んでいるというT子さんが一緒に行ってくれることになった。私は学生服を着ていたので、御徒町の家に寄って背広に着替えて行くことにした。それまで気が付かなかったが家で学生服を脱いで見ると血だらけになっているのにビックリした。でも私は怪我はしていなかった。そして、夜遅くにO君の家に行きお母さんに事情を説明した。そのときのお母さんとのやりとりはよく覚えていないが、お母さんがビックリしながらも取り乱すことなく冷静に対応してくれたように記憶している。

その後、O君が逮捕されてはいけないということで、慈恵医大の医師の協力で、病院の裏口から傷の手術の終わったO君を連れだし、世田谷の方に借りた部屋に移し警察の追及から逃すことにした。幸いにO君は逮捕されることなく済んだ。彼が逮捕されなかったのは、お父さんが刑務所に材木を入れる仕事をしていたのと、彼自身になんの活動歴もなかったことが幸いしたようだ。

共産党入党と農村調査運動

メーデー事件の前か後かはよく記憶していないが、この前後に共産党に入党した。この時期、共産党はほとんど非合法化されており、きびしい弾圧にさらされていた。このような時に共産党に入党するということは、それなりに覚悟のいることであった。党組織は日大細胞に属した。当時、共産党は主流派（所感派）と反主流派（国際派）が対立していたが、主流派の党指導部は地下に潜り、「五一年テーゼ」にもとずく武装闘争方針を推進していた。入党したばかりの新入党員にとっては所属している党組織の指令は絶対だった。

武闘訓練

時期は記憶していないが、党細胞指導部から青梅の御岳山中での「武闘訓練」に参加するよう指令された。私はM君と参加した。駅を降りるとこの「訓練」に参加する青年達が集まっていた。どうゆう組織の人たちか知らなかったが、指示にしたがって、ラムネを買い隊伍を組んで労働歌を歌いながら山中に向かった。

山中では旧式のピストルの発砲訓練と途中で買ってきたラムネの瓶を使ったラムネ弾の訓練を行った。ラムネ弾の練習では運動神経のにぶい私の投げたのがタイミングが外れて空中で破裂し瓶の破片が自分の方に飛んで来るというハプニングがあった。幸い眼鏡をかけていたので、破片は眼鏡の縁を切っただけで怪我無しに済んだが。とんだお笑いだった。

武闘訓練はこの一回だけで、その後、火炎瓶やラムネ弾などを使ったこともなく、ピストルなど武器がなかった。党の指示で参加したが、こんなことで革命ができるのか疑問に思った。やはり、社会のシステムを変えるのは国民大衆に支持され、大衆自身が自発的に参加する大衆運動しかないのではないかと考えるようになった。

農村調査運動

この頃、学生を主体にして農村調査運動が行われた。実質的な非合法活動においこまれ、武装闘争方針で都市の労働者の中に基盤を失いつつあった党は、中国革命に学んで農村に解放区をつくり、農村から都市を包囲するという方針を採用し、山村工作隊を農村に送りこんだ。学生の農村調査運動は党のこの方針に添うものであったと思う。同時にそれは、毛沢東の論文「湖南農民運動の調査報告」に刺激されたものでもあった。

私たちのところには東大の徹尾某がオルグとして来て、山梨県の竜王町に行くよう指示された。日大で誰と一緒だったか記憶していないが、とにかく片道の運賃を作って、竜王町に向かった。現地に着くと党組織と思われる人からそれぞれの農家に派遣された。農家では農業を手伝いながら、いろいろと話しあった。農家の人たちには人手不足の農業を手伝ってくれるというので、結構優遇された。だが、この調査活動は農民が置かれている実際の姿を調査するというよりも、半封建的遺制がどのような形で残っているかを一生懸命に探すというような主観的なものだった。

私たちの調査でも、仲人親が親分とよばれ、仲人子は子分と呼ばれている昔からの習慣を取り上げてこれこそ半封建的遺制だといって騒いでいた。実際には農地解放により戦前の地主と小作の関係が崩れている実態（この農地解放による自作農創設の政策は初期の占領軍の日本民主化政策の一環をなすもので、日本の農業に大きな肯定的変化を生み出した）を客観的に分析するものではなかった。いうなれば、党の方針に添うような農村の矛盾を探すという教条的で、主観的なものだった。でも、そのときは主観的には一生懸命だった。

また、ときには党の指示で「日鋼赤羽工場」の争議支援など労働者の闘争にも参加したりしていた。（日鋼赤羽工場の闘争については当時全国金属労組の常任書記だっ

た平沢栄一氏の『争議屋』論争社刊、に詳しい）

こうした活動をしていた頃に一つの出来事があった。私は入党してからいろいろな実際活動に入っていたので住所を転々としていた。もう御徒町には住んで居らず、どこに住んでいた時か記憶していないが、郷里から布団を鉄道便で送って貰ったことがある。その送り先をT子さんに頼んで彼女の家に送って貰った。それを無事受け取ったことを郷里には電話してあったが、ある日父から電話があって「警察に呼ばれて東京の警視庁から荷物が配達できないで困っていると言って来ているから住所を教えてくれと言うので、もう受け取ったと言って来ている、と答えておいたがどういう事になっているんだ」と言って来た。

間違いなく受け取ったと答えると父は「警察ともあろうものが嘘を言うとはなにごとだ」と怒っていた。恐らく、T子さんの家にも警察がなにかと聞きに来たのではないかと思う。当時、警察が私達の活動にどういう対応をしていたかを物語る寓話だが、周囲の人々にいろいろと迷惑をかけることとなった。

日中貿易促進運動に参加

一九五三年に大学（短期大学部）を卒業した。二年間の大学在学中、学校の正規授業に出席した時間は少なかったが、社会科学系の試験は小論文によるものが多く、所定の単位を取り、どうにか卒業した。どうゆう評価がされたか知らないが結構「優」が多く、とくに、社会科学系はほとんど「優」だった。できれば、学部に編入して勉強を続けたかったが、党からは出来たばかりの日中貿易促進会議に入ることを求められた。考えてみれば、学校に在籍していても、学校の授業にそれほど出るわけでもなく、特に教わりたい教授もいなかった。また、共産党に入党したときから将来を職業革命家というか職業的な運動家として、社会変革の運動の渦中に身を投じようと思い決めていた自分にとって、学歴などはどうでも良いことであった。

私は、M君と一緒に東京都日中貿易促進会議事務局に勤務することとなった。

日中貿易促進会議は、前年の六月に結ばれた日中貿易協定を契機に中小企業などから高まってきた日中貿易を拡大発展させる運動を行うことを目的として設立された。日中貿易促進会議の事務局は国電の神田駅に近い神田司町の伊藤金属という会社の二階にあった。本部の事務局長は元信濃毎日新聞の幹部だった林広吉氏が務め、事務局には後に日本国際貿易促進協会の事務総長となる森田草平の息子の森田氏、政府出資の日中輸出入組合に行くことになる富山氏、後に日本民医連事務局長になる戸田氏、長野県の出身で算盤が優れていて子供の頃に神童などと新聞に書かれた田村氏、画家志望で『日中貿易新聞』の編集長をやっていた浅野氏などがいた。

東京組織の事務局長は戦前の活動家で後に日中友好協会の理事長になる和田一夫氏が務めていた。東京都の事務局には、ある銀行の幹部の娘で前進座の地方公演を追いかけて東京に出て来て中央合唱団に出入りしていた永井さんという変わり種の女性もいた。一癖も二癖もある人達が集まっていた。

日中貿易協定はモスクワ国際経済会議に出席した、高良とみ参議院議員（緑風会）、帆足計衆議院議員（社会党）、宮腰喜助衆議院議員（改進党）の三名が北京で中国国際貿易促進委員会との間に締結したものであった。

日中貿易促進運動は一九四九年に成立した中華人民共和国との「日中友好運動」の一環をなすものであったが、同時に一九五三年初めから総評が推進して来た「平和経済会議」の準備とも軌を一にするものであった。

総評の平和経済会議について『戦後東京労働運動史』は次のように記している。

「総評は、年初以来、高野構想に基づいて準備しつつあった『平和経済会議』準備会を、五月十四日から三日間、東京・芝浦会館でひらき発足させた。朝鮮戦争休戦後は、軍需生産の縮小に伴い、平和恐慌が発生するとの見通しと、アメリカによる日本再軍備推進が予定されるとの判断からこれに備え、積極的に平和経済路線を、いわば『労働プラン』を通じて推進しようとしたもので、組合代表のほか幅広く革新的学者の参加を要請した。『再軍備に対決』する国民運動の前進をはかり、日中貿易促進運動を加えながら『平和国民の統一』をめざすものであった。」

総評のこの方針を受けて、日中貿易促進会議は労働組合との積極的な連携を計ることを決め、私がそれを担当することとなり、総評の東京地方組織である東京地方労働組合評議会（東京地評）に派遣された。

日中貿易促進会議の仲間たち

個々の労働者でなく労働組合組織を相手にしてのオルグ活動で手探りの活動だった。東京地評では稲村副議長（全国金属出身）、芳賀事務局長が熱心に指導してくれた。また、沖電気労連の小松書記長、保土ケ谷化学労組の寺島王子支部長なども積極的に指導してくれた。これらの組合幹部の指導のもとで、主に民間の労働組合と地区労協（労連）を歩き回る毎日だった。

七月にはやうやく東京地評を主体に約五〇組合が参加する「日中貿易促進全都労働組合代表者会議」を開くまでにこぎつけた。代表者会議は「日中貿易促進の決議」「MSA反対の決議」「日中貿易促進労働組合協議会結成促進の決議」を行い、国会や都議会などに要請活動を行うことを決めた。

そして、東京地評を中心に東部、西部、南部、北部、中部などの地区の労働組合から準備委員が選ばれ、十月には「東京都日中貿易促進労組協議会」が約七〇組合によって結成された。議長は東京地評稲村副議長、事務局長は沖電気労連の小松書記長が決まり、事務局は日中貿易促進会議事務局に在籍のまま私が勤めることになり、事務所は東京地評に置かれ、専任の女性事務局員にOさんが採用された。

この東京都日中貿易促進労組協議会（都貿促労協）の活動は全国組織に広がり、全国日中貿易促進労働組合協議会が結成された。この組織は、日中貿易促進会議が発展して設立された、日本国際貿易促進協会（会長村田省蔵元大蔵大臣、事務総長山本熊一元外務次官）と協力して活動した。

この組織は鉄鋼労連、全造船、全国金属、電機労連、紙パルプ労連など主に民間労組で組織された。議長には鉄鋼労連の今田委員長が選ばれ、事務局は都貿促労協事務局に置かれ、私はこの事務局も担当した。

貿促労協の活動は組織を拡大する組織活動を行いながら「日中貿易促進決議」の国会上程を推進するために、日中貿易促進会議や日中貿易促進議員連盟と協調して、衆参両院や各党への要請活動を進める一方で「MSA反対、日中貿易促進労働者大会」（五四年二月）を開くなど多彩な活動を行っていた。

だが、東京都日中貿易促進会議の財政も苦しかったが、都貿促労協の財政も楽ではなかった。促進会議の事務局での給料は月に五千円だったが、遅配続きで、三か月に二月分で、一月分は棚上げされるという状態だった。だから、促進会議から財政援助することなど思いも及ばなかった。やむを得ず貿促労協では、王子製紙労組の協力でロール紙の割れた不良品からガリ版印刷用の用紙を作って貰い、これを、会員の労組に売ってその差益を活動資金にしたりしていた。雨の日も雪の日も印刷用紙をかついで、都電で組合を回りながら、オルグ活動を続けていた。

全国貿促労協の議長は鉄鋼労連に専従していたので頻繁に鉄鋼労連本部を尋ねていた。その頃、鉄鋼労連本部の書記局に後の日本共産党委員長の不破哲三氏が勤めていた。彼が東大で共産党の活動をしていたことを知っていたので少しは協力してくれるかと思ったが、全くの知らん顔で、口をきいたこともなかった。彼の鉄鋼労連での立場が微妙なのだろうと思い、私は声もかけなかったが、人が苦労して活動しているのに、のうのうと机に噛りついているように思え感情的には割り切れないものが残った。だが、単位組合の書記局や地区労の事務局にいた共産党員や社会党員の活動家たちはほんとによく協力してくれた。この人々の協力がなかったら、かけだしの私には何もできなかったろう。

結婚

ここで、私的な生活の変化に触れておかなければならない。

日中貿易促進会議の事務局にいた頃、本部の事務局に後に私の妻となる小原ゆきがいた。彼女は、元全日本農民組合書記長で、労農党から共産党に移り、共産党参議院議員全国区候補になった小原嘉の娘で、事務所ではタイピストをやりながら、共産党の秘密レポをやっていた。同じ、細胞組織のメンバーで細胞会議では一緒に幹部党員を批判したりしていて気が合った。その頃、東京の組織では給料もろくに出ず、一日にコッペパン一つなどという日もあった。学生時代のようにアルバイトをやる暇もなく、身体は極度に弱っていた。促進会議の事務局は神田の司町にあったが、神田の駅の階段を一息で昇ることもできない状態だった。見兼ねて彼女は弁当を分けてくれたりした。また、中野に住んでいた頃、風をひいて寝ている時に、彼女は下北沢に住んでいたが、帰りにわざわざ回り道をして、弁当を持って来てくれたりした。

私は、二人の関係は同志的な関係だと自分にも言い聞かせ、周りにも取り繕っていたが、自然に恋愛感情を持つようになった。だがそれはあくまでプラトニックなものだった。だが、二人の関係は周りの人たちにも自然に判るようになり、地評の事務所に彼女から電話があると、地評の池田さんという書記から「ホラ彼女と逢引の電話だよ」などと冷やかされたりしていた。そして、促進会議の事務局にいた斎藤敏子さんという同僚の女性から、小原さんと結婚したらどうかと奨められた。

その頃、私は生活のめどはついていないし、結婚ということにはためらいもあったが、よく考えれば、私が運動をやっている限り、生活のめどなどいつつくか判らないし、当時の私は若さもあって、なににもまして革命運動を優先していた。だが、もし彼女がこういう私と結婚して、一緒に生活し、活動してくれれば、こんな嬉しいことはないし、私の活動もより厚みを持たせることが出来るようになるのではないかと手前勝手に考えるように

なった。そして、彼女に結婚を申し込んだ。彼女も応諾してくれた。

結婚式は一九五四年九月二日に国鉄労働会館のホールで行われた。仲人は貿促労協の小松事務局長夫妻で、結婚式は大学時代の友人や貿促会議の仲間などが世話人会をつくって会費方式で準備してくれた。

結婚式には両方の両親や親戚の人たちも出席し、貿促労協の幹部の方たち、大学時代の友人、国際貿促の同僚たちなど多数が出席して祝ってくれた。私が二十三歳、妻が二十一歳の秋であった。

結婚して、最初に住んだのは明大前のお寺の庫裡で、板の間に茣《ご》蓙《ざ》を敷いた部屋だった。私の持ちものといえば、布団とミカン箱を積み重ねた本箱だけだった。私たちは新婚旅行もなく、翌日から出勤して今までどうりの活動を続けた。同じ活動だったが、私は地評の事務所に通い、妻は丸ノ内の国際貿促協会の事務所に通う毎日だった。生活の苦しさにも拘らず気持ちは高揚し、張り切っていた。

だが、一年ほどして私はそれまでの精神的、肉体的疲労が重なって身体を壊し、半年ほどを妻と共に私の郷里で休養することとなり、新婚草々の妻には苦労をかけることとなってしまった。

半年ほどで身体も回復し、再び上京した。私が休んでいる間に「貿促労協」の事務局体制は確立していたので、東京の晴海で開かれることになっていた「中国見本市」の事務局に勤め、見本市終了後は東京地評の書記となった。妻は日本国際貿易促進協会の事務局にアルバイトで復職した。しかし、協会は日中貿易促進の運動を推進する母体というよりも、中国国際貿易促進委員会に対応する組織として、貿易拡大の実務的な面に力点を置くようになり、事務局も官僚的なシステムができあがりつつあったので正式職員になることなく退職した。そして、平和印刷という印刷会社のタイプ製版の仕事を家でやりながら私の活動を支えて呉れることになった。平和印刷は主に総評などの労働組合の機関誌や資料の印刷をしていた。

住居は品川区の南大井の四畳半を借りた。この部屋で妻はタイプ製版の仕事をしていた。外注でタイプ製版をするという仕事の草分けだった。その後その仕事は私が地評を退職して始めた写植会社へとつながる。

四畳半にタイプの机を置いて、タンスを置くと寝るところは二畳もなかった。しかし、この部屋には共産党都委員会の武井昭夫や全学連委員長の香山健一（後に学習院大学教授）などが尋ねて来て、労働組合との共闘体制などについて非公式の打合せを行っていた。だが、これも公安警察に目をつけられるようになった。そのことを教えてくれたのは、一階にあった会社の常務だった。

第二章　助走――砂川から最賃闘争へ

警職法に反対するデモ行進（1958年11月）

東京地評書記時代

東京地評専従書記となる

一九五六年十月、私は東京地方労働組合評議会（東京地評）書記局の専従書記（全国金属労組推薦）として勤めることになった。東京地評は港区三田の芝園橋のそばの旧総同盟会館の一階で全国金属労組、東京一般労組などと同居していた。日中貿促労協の事務局が東京地評にあったので芳賀事務局長や稲村副議長（全国金属東京地本委員長、日中貿促労協議長）、池田書記などとは面識があったが、議長など他の役員には面識のない人もおり、また、他の候補者もいたので三役の面接で選考が行われることになり、東交会館に呼ばれた。岡本丑太郎議長など三役との面接の結果、今回は私に決まり、政治部を担当することになった。そして、そのまま家に帰る時間もなく、第二次測量をめぐって緊張していた砂川に向かい、砂川基地拡張反対闘争に参加することになった。着替えを妻に砂川まで持ってき来て貰いそのまま闘争本部に泊り込んだ。

当時、東京地評の書記には池田雅人、市毛良昌（元総評書記）、水野邦夫（元都学連委員長、全青婦会議事務局次長）、佐々木靖夫（元全青婦会議事務局次長）の諸君がおり、他に二名の女性事務員がいた。彼らは組織、教宣活動を行いながら、東京証券取引所の争議、三越の争議をはじめ、朝鮮戦争後の不況の中で頻発する中小企業の争議の支援、指導に走り回っていた。私が東京地評書記となってから、先輩の池田書記には特に世話になった。彼は東京外国語大学のロシア語科を出た異色の人材で、誰とでも親しくなる特異な才能を持っていた。彼は地評に入って短期間に私を地評加盟組合の幹部や書記局の人たちと知り合いにしてくれた。

以来、東京地評を退職する一九六七年までの十二年間を政治部書記として過ごした。私の青春時代の思い出は、ほとんどこの十二年間に凝縮されている。

五六年頃の東京地評

当時、総評は高野体制から太田・岩井体制に変わりつつあった。

この時期の総評と東京地評との関係について労働評論家の高島喜久男氏は次ぎのように述べている。

「総評の常任幹事会は満場一致制で運営されていた。ところが、事務局長として高野がどんな提案をしても、この三人組か四人組（太田派）が反対して、どうにも決められない。理屈も何もないのである。ただ反対といって決定させない。……どうしたらよいか、われわれは考えた。下から動かしていこう。そこで、総評がだめなら地評からということになった。総評の事務局の若い書記諸君が芳賀さん（東京地評事務局長）のところへよることとなった。幸いなことに、芳賀さんは古くから高野さんの同志であり、多くの問題についてわれわれと同じ考えをもっておられた。総評本部書記のなかのひとり、市毛君はのちに地評の書記となった。東京地評で、芳賀さんの下で働いていた書記諸君のなかには何人もすぐれた活動家がいた。私はいま竹内君という名を覚えている。東京地評の民間組合出の幹事のみなさんも、実によく働いた。」（一九九六年四月――芳賀民重さんをしのぶ）

この前後の革新陣営の政治状況は、日時を追って見ると、一九五五年一月に共産党は武装闘争と絶縁する論文を発表し、七月には第六回全国協議会で一応の統一を実現した。そして、一九五一年に講和・安保条約への対応で左右に分裂した社会党は十月に統一大会を開き左右統一した。こうして、革新陣営はそれまでの混乱に終止符を打ち、なお、内部に対立をはらみながらも、徐々に闘う体制を整えつつあった。

共産党東京地評会館細胞の組織

日時は前後するが、この頃の私の党との関係について触れて置きたい。

私が東京地評事務局に入った頃、共産党員は私一人だった。もちろん、共産党員を名乗ったわけではない。当時、水野書記が二重党籍（秘密共産党員のままで社会党員になる）だったようだ。私が東京地評の書記になってから、東京都委員会の安藤仁兵衛から、「水野君は事実上党と連絡が切れているので、彼は自然離党とし、今後の連絡は君にする」と指示された。その後、三田の東京地評会館に移ってから、東京地評会館細胞を組織することになり、同じ会館に事務所を置いていた関東化学労組書記局、東京一般労組書記局、港地区労事務局、東京原水協事務局の党員を糾合して「東京地評会館細胞」が組織された。安保闘争前後には、新たに数人の東京地評書記が入党してきて一時は十数名の細胞となった。

　東京地評内での党活動は非常に微妙だった。とくに私は東京地評事務局で政治部を担当しており、東京の労働組合の政治闘争、平和運動などを企画立案する立場にあった。党は党指導部の方針にそって企画立案することを要求してきたが、私はこの要求に百パーセント応じるわけにはいかなかった。

　私は大衆団体としての労働組合の書記であり、私の立場は、当然のことながら、多様な意見を持つ労働者、労働組合を、如何にして統一し、大衆的な基盤を持った民主的な運動として発展させるかという任務を負うものであった。私は頑固にこの立場を守った。

　労働組合員には、社会党員の組合員もいれば、共産党員の組合員もいる。また、いかなる党派にも属さない組合員もいる。大衆団体としての労働組合はこれらの多様な立場と意見を持つ組合員を労働者の生活と権利を守るという共通の目標に向かって統一して闘う組織である。当然にその運営には完全な民主的方法が守られなければならない。社会党であれ、共産党であれ、特定の党、あるいは集団の支配は許されない。産別の失敗は米占領軍や政府の反共攻撃があったとはいえ、本質的にはこの原則を離れ、共産党が指導の名のもとに支配しようとしたことにあったのではないだろうか。反共攻撃を強調するあまり、この自らの誤り、弱点に気がつかないでいると、大変なことになる。自らの弱点を棚に上げて、闘争の失敗を敵の攻撃のせいにするというやり方は、指導部を握った集団が自らの立場を守るために陥りがちな落とし穴である。

　私は、政治部書記という立場にあったので、とくに、このことに注意して運動の企画にあたった。しかし、その

東京地評会館の前で

ためには独自の調査、分析が必要だった。この情勢の分析の面では、政治経済研究所の前野良氏（後に長野大学教授）の多大な協力を得た。また、運動の節節では現場の活動家の意見を聴き、意志を統一するための討論集会に他の書記諸君と共に力を注いだ。この討論集会は賃金討論集会、平和と民主主義を守る討論集会など盛んに開かれた。

共産党指導部は私のこうした立場に対し、党の指導性を認めない政治的偏向だ、大衆追随だなどいろいろな批判を強めてきた。共産党指導部と私との緊張関係はだんだんと強まり、安保闘争ではその頂点に達していた。

とくに、安保闘争など、労働組合と革新政党、民主団体などとの共同闘争では、会議では私は東京地評の機関の決定に従って発言する立場であり、しばしば共産党指導部と公然と対立することが多くなった。

党指導部が私に対する批判を強めたのは、東京地評の方針が、ほとんど私たち書記局の企画立案によるものであり、とくに、政治、平和闘争の方針は多くが私の起案になるものと思われいたようだ。事実、政治、平和闘争の方針はほとんど私が起案していた。

心の通いあった書記局

私が入ってから、東京地評書記局は砂川闘争、警職法闘争、最賃闘争、中小企業争議、安保闘争、三池闘争、新島闘争、都知事選挙と休む間もない闘争のあけくれだった。一九五六年から六三年頃まで、書記局の雰囲気はすばらしかった。政治的立場や意見は多様で活発な議論をしたが、闘争の現場では一致して行動した。

書記局のこの雰囲気は専従役員にも共通していた。闘争方針を作る書記局の会議は役員も書記もなかった。みんな自分の意見を率直に出した。

だが、議論ばかりしていたわけではない。政治的立場を超えて心を通いあわせるためによく酒を飲んだ。仕事が終わって家に帰るときに、誰か一緒になると、かならず飲み屋に寄った。行きつけの飲み屋は田町の森永本社前の「ひげ」と駅前の「のみたや」だった。

「ひげ」は髭をはやした親父さんのやっていた一杯飲み屋で、店の前には都電の三田車庫の労働者や日本電気三田工場の労働者が道路に列をつくって待っていた。親父さんは一升瓶をいつも持っていて、客が座るとだまってコップに酒をついでくれる。肴は築地の魚市場から持っ

東京地評の仲間たち

てきたばかりで新鮮でほんとにうまかった。一・二杯飲んで食べたら、すぐに席を立つというのがこの店の不文律だった。簡単な話しはここですませるが、長話しはできなかった。

話し足りないときや、長話しになるときは、近くの駅前の飲み屋街に行った。主に寄ったのは焼き鳥屋の「のみたや」だった。ここは時間の制限はなかった。終電間近の閉店まで粘ったこともしばしばだった。

安保闘争での連日の国会デモの頃にはデモが新橋土橋で解散することが多かったので新橋西口の飲み屋街を根じろにして飲んでいた。

毎日のように飲んでいたが、話はほとんど運動の話だった。闘争は毎日毎日新しい問題を提起してくる。話しの種はつきなかった。この飲み屋での話し合いが意志の疎通に大変に役立った。この飲み代はほとんど自前の割勘だった。

この頃の私の家計に触れておきたい。家計は相変わらず楽ではなかった。給料はまあ普通できちんと出た。しかし、かなりの部分が飲み代と本代に消えていた。この本代も馬鹿にならなかった。労金から借りた家のローンも給料から天引きされ、飲み代や本代の仮払いもあり、それらを清算して持って帰る給料で一家が暮すことはできなかった。妻が子供を抱えながら働いて補っていた。同僚の書記諸君もみんな同じで、大なり小なり奥さんの収入に依存していた。「俺たちは二分の一亭主だな」などとぼやいていたが、誰もあまり苦にしている様子はなかった。

本は忙しいなかで、よく読んだ。いろいろ書くのに必要でもあったので「とどろき書店」という共産党員がやっていた、いわゆる民主書店から買っていた。書店で本を探す暇もなっかたので本の購入は「とどろき書店」の店主にまかせておいた。彼は、私の読みたい本をよく知っていて、興味のありそうな単行本や新しい雑誌がでると、私の机の上においていった。全書物もこの本屋さんが毎月配達してくれた。「レーニン全集」「マルクス・エンゲルス全集」「グラムシ選集」「世界文学全集」などもこの本屋さんが揃えてくれた。本代は総務に請求をまわして集金していったので、給料の明細を見て、今月の本代は幾らだったかはじめて知るという呑気さだった。

非暴力の抵抗――流血の砂川闘争

砂川基地拡張反対闘争は特筆すべき、忘れることのできない闘争だった。この闘争についての経過や全体的な状況については、いろいろな記録が出版されているので、ここでは割愛する。私が東京地評に入って砂川闘争に参加したのは、第二次強制測量にたいする闘いからだった。

私は、砂川に到着して、伝令の任務を与えられた。大野安信動員部長のもとで、伝令長は総評政治部の岩垂寿喜男書記（後衆議院議員、環境庁長官）で、彼とともに、各部隊との連絡にあたる伝令を務めた。岩垂書記とは彼が総評政治部書記で私が東京地評政治部書記だった関係で地評を退職するまで、いつも一緒だった。

五六年十月十三日には、前日の経験から、医療班を編成、山之内虎輔副議長（全逓出身）を医療班総責任者に、中川義和東貨労委員長を現場医療班責任者とし、私がその実務担当者とされた。

十二・十三日の衝突では、非暴力で座り込む、労働者・学生に警官隊は殴り込んだ。警棒と青ヘルメットの庇《ひさし》を使った攻撃はすざましいものだった。丸坊主で団扇太鼓を叩いて座り込む、日本山妙法寺の坊さんたちのところにも容赦なくこん棒は振り降ろされ、坊さんたちが文字どうり血だるまになっていくのを今でも鮮明に記憶している。

スクラムを組んで座り込んだ労働者・学生を警官隊は、こん棒で殴り、顔といわず腹といわずところ嫌わず突きまくった。そして、青ヘルの庇で頭突きを行った。血だらけの労働者・学生はゴボウ抜きされ、警官隊のトンネルに追い込まれた。警官隊のトンネルを通って追い出される労働者・学生にたいして、さらに情け容赦のないこん棒と青ヘルによる攻撃が加えられた。

「火の見ヤグラ」下でスクラムを組んで座込み、警官隊と対峙していた学生の中から、期せずして「赤とんぼ」や「ふるさと」「からすの赤ちゃん」などの童謡の歌声が聞こえてきた。やがてそれは大合唱となった。警官隊も一時シーンとなった。だが、しばらくすると、この大合唱を続ける学生に対しても容赦なく警棒が振り下ろされた。最早、これは同じ人間、同じ日本人のやることではなかった。このシーンは今でも鮮明に思い浮かべることができる。

このなかで、私は負傷者の応急手当の手配、立川病院への負傷者のピストン輸送を行い、そして夜は病院で徹夜の救援活動にあたった。ちなみに、資料によれば、この衝突での負傷者は十二・十三日の両日で一一九五名、二週間以上の重傷者は二五〇名、逮捕者は十三名にのぼった。

この闘いについて、当時の都職労幹部で東京地評常任幹事、副議長を務めた斉藤一雄さん（後に社会党衆議院議員）の以下の記述はその状況をよく伝えている。

「……いよいよ十月決戦を迎えたのです。……暴力的に測量を強行しようとする当局は、五六年十月十二日午後三時十五分、武装警官千名を動員、装甲車を先頭に支援団体のピケ隊に襲いかかり、労組員・学生一八六名（重傷十二名）に重軽傷を負わせました。この時は、装甲車のサイレンと指揮者の〝カカレ〟の号令とともに、乱闘服に身をかためた警官隊が、いっせいにピケ隊のスクラムに突入、殴る、けるの暴行をはたらいたのです。しかし、それにもかかわらずピケ隊は、スクラムを組んで抵抗し、第四ゲート（測量予定地のスグ手前）への三十メートルの地点で阻止、遂に暴力測量をくいとめることに成功、警官隊・測量隊は測量をあきらめ、四時過ぎ引揚げました。

十三日の午後も警官隊は、前日の千人を遥かに上廻る二千人を動員、青ナベとコン棒で武装、〝カカレ〟の声と同時に。私たち都職労部隊におそいかかり、腕をひっぱる、コン棒で胸を突く、青ナベを顔にぶつける、なぐる、けるの暴行を加えました。都職労の責任者であった私は、俵を胸の中に入れておりましたが、警官はその上をコン棒で突いてきました。……

そして、遂に六本の杭は打たれましたが、翌日（十四日）政府・調達庁は一万二千坪の砂川第二次測量予定地の〝測量中止〟を発表せざるを得なくなりました。……」（斎藤一雄著『戦後の大衆運動』）

また、現地医療班責任者の中川義和東貨労委員長（後に東京地評政治部長、議長などを歴任）は座談会で当時の犠牲者の状況について次ぎのように語っている。

「竹内君（元地評書記）がちょうど地評に入ったときじゃないかな。入れてすぐぼくと組んだんですよ。その兵站ということで。兵站っていったって、これは病院とかもふくんでいるんです。しまいには、立川病院、国立病院ね、あそこがケガ人でいっぱいになる。そのピストン輸送をやったことを覚えているんだ。まだ当時少なかった宣伝カーを無理にまわしてもらってね。立川病院なんか、もう廊下まで、血まみれでものすごいわけだよね。」（座談会「〝砂川〟から〝安保〟へ」――戦後東京労働運動史）

また、砂川支援協の動員部長を務めた大野安信東京地評政治部長（全電通出身）は当時のピケ隊の動員状況についてつぎのように述べている。

「……動員から何から、地評がほとんど独自でやったんだから、東京地評の運動のなかでも、地評が全責任をもって行動し、指導したという闘争としては、歴史的にも一番だったと思いますね。五五年の第一次と、五六年と決定的にちがうのは、全学連の諸君が加わってきたということだね。しかも、これは、全学連の歴史のなかで、あのときぐらい純真で統一を保って最も良心的ですばらしい運動を展開したのは、あとにも先にもないんじゃないか。」（前同）

ちなみに、当時の全学連の現地指導部は香山健一委員長（後に学習院大学教授）、森田実平和対策部長（現政治評論家）だった。

この事件について書くことは限りないが、それは他の記録に譲る。

私は伝令として、また、医療班担当として、飛び廻っていたため、幸い負傷することはなかったが、家の方には、私が負傷したという誤報が入り、妻が砂川まで飛んで来るという一幕もあった。

翌日の新聞はこの警官隊の暴行を詳細に報じた。世論は沸騰した。翌日から新宿など、駅頭でのカンパには今までの運動では考えられない多くのカンパが寄せられた。カンパ活動に出かけた労働者や学生は、一般の市民に激励されて目を輝かして帰って来た。また、新聞を見た全国の労働者や学生がどんどん集まってきた。そのなかで、大阪か神戸か忘れたが、道々カンパを集めながら、歩いて砂川に来た青年がいたのを記憶している。一方、労働者と学生、現地農民とのきずなはこの闘いを経験してますます強いものとなっていった。

こうした世論の攻撃にさらされて、政府はついに十五日夜、測量の中止を決定し、砂川闘争は勝利した。

砂川闘争は労働者、農民、学生等がスクラムだけで、非暴力で抵抗するという、メーデー事件などとは全く違った性質の闘いとなった。

そして、人間の強さと弱さ、美しさと醜さをあますところなく描きだした。とくに権力の醜悪さを焙りだしたものとして特筆される。

無抵抗で一方的に警官隊に殴り込まれることを覚悟して、腹や胸に俵を巻いて座り込んだデモ参加一人一人の気持ちに恐怖感がなかったといえば嘘になる。だが、この恐怖を超えさせたものは、正義の闘いだという強い使命感とスクラムによる連帯感だった。そして、この事件は、人は非暴力でも、正義と連帯によって自分でも予想

砂川闘争の現場で。左が筆者

もできないほどの強さを持つことができるということを証明した。

一方、警察官は個人的にはなんの恨みもない、非暴力の同じ人間、同じ日本人に向かって暴力を振るうことによって権力の走狗となった人間の弱さと醜さを白日のもとにさらけだした。この暴力を支えているのは権力への依存と驕りである。いったん暴力を振るいはじめると、その暴力は個人の意志を超えて、集団の意志となってしまう。支配者はこの権力や権威に依存してしか行動できない集団の持っている弱さ（それはヤクザ集団の弱さと同質のものだ）を利用して、彼らをマインドコントロールし、権力の意志を遂行する集団として使嗾する。そして、この集団は時には権力の意志さえ超えて暴走する。まさに権力という怪物の醜さである。

この事件は、一人一人の自発的意志で連帯した集団の人間的な強さと、権力や権威に依存してしか存在できず、暴力という手段でしか意志を表示できない集団の弱さと醜さをきわだたした。

警官隊の包囲のなかで、座り込んだ学生の中から、期せずして童謡が歌い出され、その歌声が闘いの場全体に広がっていったときの感動は、人間的な連帯の美しさを示すものだった。さすがに、狂ったように暴力を振るっていた警官隊も学生が歌いだした童謡の大合唱に、若い警官はうつむき、いっときあたりはシーンとしてしまった。童謡の歌声が、狂っていた警官に人間の心を呼び戻し、ゆさぶった一瞬である。しかし、権力の走狗となった彼らにはどうしようも出来ない哀しさがあったと思う。

このような警官の哀しさに耐えられず、ついに、警官隊から服毒自殺者がでた。彼は中隊長あての遺書で「砂川問題から私の人生観は変わりました。このような手段をとったことを深くお詫びします」と書いた。

私にとって、この闘いは、忘れることのできない貴重な経験であり、その後の活動の大きな教訓となった。

共闘会議花盛り

砂川闘争の勝利は東京地評の指導部に大きな自信と教訓を与えた。また、私自身にとっても、ほんとの大衆闘争とはどういうものかということを身体で学んだ。

この闘争で座り込みに参加した労働者たちは、農民や学生などいろいろな層の人々との人間的な連帯と共同の闘いがいかに強く、美しいものであるかということを実感した。

以来、政治的な課題についての闘争ではなによりもまず、いかにして国民的な連帯を組織するかということが、第一議的に追及された。そして、この「連帯」を実現する組織形態として運動の目標毎に「共闘会議」がつくられるようになった。

「共闘会議」が花盛りとなった。

中小企業労組の争議でも、その争議組合の所属する単産（単位産業別労働組合）本部、総評、東京地評、地域の地区労（行政区ごとに組織された地区労働組合の協議会）などで、争議支援共闘会議がつくられた。

また、政治的な課題では、東京地評、東京中立労連、社会党東京都連合会、共産党東京都委員会、民主団体の東京都組織（原水協、平和委員会、婦人団体、子供を守る会、学生団体、商工団体、国際友好団体など）で課題ごとに共闘会議がつくられた。それは、「〇〇協議会」「〇〇共闘会議」と名付けられた。

この時期、私は東京地評政治部書記として、次から次に提起されてくる政治的課題について、

・その課題についての分析と評価、闘争方針・計画の起案
・集会・デモなどの企画、加盟組合への動員の割当て
・集会・デモなどの会場の準備、警視庁への届出、交渉
・政治的な課題毎の政党、民主団体などとの連携と共闘会議つくり

などの実務で多忙な毎日だった。

この頃の東京地評には専従役員は少なく、芳賀事務局長を除く他の三役は出身組合の委員長などの役員と兼任だった。また、常任幹事も非常勤でそれぞれ、出身組合の役職と兼任が多かった。そのために、大事な闘争のときには、常任幹事会を常任闘争委員会に切り替えて、その闘争期間は、東京地評の仕事に専任して貰うようにしていた。

そのため、オルグ活動や組織活動、企画、教育宣伝などの実務はほとんど書記がやっていた。その書記局も数人で、市毛、水野、佐々木、加藤などの組織・争議対策担当の書記は東京を東部、西部、南部、北部、中部、三多摩の六ブロックに分けて担当し、その地区の争議組合に泊り込みで張り付いていた。本部にいるのは教宣部担

当の池田書記と政治部担当の私の他は総務・経理担当の女性二人がいただけだった。私は一時期には政治部を担当しながらも地区ブロックを担当し、中小企業の争議に直接かかわった時期もあった。女性を除くとみんな昭和一桁世代で、私と同年配か、二、三歳年上の二十台の働き盛りだった。政党の所属は違っていたが、社会的な問題に対して共通の問題意識を持っており、運動の方針について、意見の違いはほとんどなかった。とにかく、忙しいが、張り合いのある毎日だった。

この頃の東京地評の実態ついて一九五八年に常任幹事を務めた東京都教員組合出身の大野昭之氏は次のように述懐している。

「……私は常任幹事として都教組から派遣され……政治部に配属され、稲村政治部長（副議長）、竹内書記と共に活動した。その頃都教組は、日教組の指導の下に、勤評反対闘争を闘っており、常幹になったばかりの四月二十三日の勤評規則制定日に、都教組結成以来初の一日ストライキを構えて体制確立に余念がなかった。……

ストに向け地評や地区労の全組織をあげての支援体制に全力をあげた。国労や全逓のような全国単一組織の単産本部や総評に、動員のためにお願いすることも、しばしばであった。……（地評の）執行部のなかで専従は芳賀さんだけで、あとは書記さんだけであった。すべての相談は、芳賀さんか竹内君しかなかった。芳賀さんは、いつも目をしばたき、ボソボソと的確な助言をしてくれた。おかげで、九九％の突入率で一日ストを遂行する事が出来た」（大野昭之――芳賀民重さんをしのぶ）

砂川闘争の後、私は東京地評政治部書記として、たくさんの共闘会議にかかわった。ちなみに、記憶しているものを挙げてみると

・原水爆禁止東京協議会
・砂川基地拡張反対支援協議会
・東京松川事件対策協議会
・青梅事件対策協議会
・新島ミサイル基地反対支援協議会（一九五八年二月）
・勤評反対東京共闘会議（一九五八年三月）
・エリコン持込み阻止東京共闘会議（一九五八年八月）
・警職法改悪反対東京共闘会議・都民会議（一九五八年十月）
・平和と民主主義を守る東京共闘会議（東京共闘）（一九

五九年二月）

などがある。

東京共闘は警職法改悪反対東京共闘会議を発展的に改組したもので、日米安保改定阻止闘争の東京の母体となった。東京共闘は大田、品川、立川など行政区単位にまで共闘会議を組織したことに特徴があった。地区共闘組織は勤評反対闘争、警職法反対闘争の中でつくられてきた地域共闘組織を発展させて、東京の全地域につくられた。

これら共闘組織は、それぞれの闘争の盛り上げにそれなりに役割を果たしたが、弱点も内包していた。

一つには、共闘組織づくりが大衆運動そのものよりも、先行してしまい、いつのまにか自己目的化してしまう傾向が生まれたことである。

本来、共闘組織は大衆の連帯を実現し、強めるための手段としてつくられるものであるが、組織づくりが自己目的化してしまうと、幹部だけの主観的な共闘組織で、あたかも、大衆の連帯が生じたかのように錯覚してしまう。当然のことながら、組織は大衆から浮いてしまい、本来の目的を果たせなくなる。

二つには、この共闘組織のなかで、党派的な指導権争いが生じ初めていたことである。

組織が大衆から浮き上がったとき、この傾向が生じる。そして、それはまた組織をますます大衆から浮き上がらせる相関関係にある。党派的な主導権争いは、組織を分裂させるだけでなく、運動そのものをも分裂させてしまう。そうした意味で、一九五八年六月の共産党指導部と全学連指導部の対立（六・一事件）とその後の共産党による大衆運動からの全学連排除の主張、社会党の一部からの共産党排除の主張などは砂川闘争以来、高揚を見せ始めていた大衆運動の統一と連帯に暗い影を投げかけていた。

安保前段の闘い

日米安保条約改定をめぐる政治状況

少しさかのぼるが、一九五七年二月に岸内閣が成立してからの政治状況を簡単に振り返ってみたい。

岸首相は一九五七年五月に「自衛範囲なら核兵器保有は可能」と発言し、翌五八年二月には「防諜法」が必要と発言するなど、その反動的な性格をあらわにした。そして、日米首脳会談で「日米新時代」を掲げ、日米安保条約改定のための「安全保障委員会」を設け、この会談でアメリカは日本の防衛力強化を歓迎するという共同声明を出した。

一九五八年十月、岸首相は日米安保条約改定の第一回日米会談に入った。そして、アメリカのＮＢＣは「岸首相が憲法第九条廃止を主張」と報道した。さらに、一九五九年三月に岸首相は「防御用小型核兵器は合憲」と国会答弁した。

岸内閣の目指す日米安保条約の改定がなにを目指すものかは明らかだった。太平洋戦争の戦争犯罪に問われた岸信介は、権力に返り咲くや、自らの過去になんの反省もなく、装いをかえて再び旧体制の復活と軍国主義の道に日本を戻そうとしていた。同時にそれは統制という非民主的なシステムに依拠する日本の官僚の目指す方向でもあった。

この政治戦略に沿って、日本国内を旧体制に復帰させる反動的な政策と法案がつぎつぎに準備された。

教育政策では、教育課程審議会は「愛国心」を教える社会科・国語科の新教育基本方針を決定（一九五七年十二月）、文部省は小学校体育に「回れ右」などの軍隊用語の号令を復活（一九五八年二月）し、また、小中学校の「学習指導要領」で儀式での「日章旗」掲揚と「君が代」斉唱を指示した。さらに、教育課程審議会は一九五七年十月に「修身は復活せず」との方針を決めたにもかかわらず、翌十一月に静岡県教育委員会は、中学での道徳教育の実施を決め、翌年の一九五八年八月に文部省は週一時間の道徳教育の義務化を通達（一九五八年八月）した。

一方、教員に対しては「勤務評定」を実施し、教育の非民主化と官僚統制化が図られた。

治安対策では、旧体制下の治安維持法を思い起こさせる「警察官職務執行法の改正」案が国会に提案された。

再軍備政策では、一九五七年六月に「第一次防衛力整備三カ年計画」を閣議決定した。同じ六月、「暁の強制測量」といわれる砂川基地拡張の予備測量が強行され、これに反対して基地内に入った反対派二十三名が逮捕された。この裁判で第一審の伊達裁判長は行政協定は憲法違反として、全員無罪の判決（一九五九年三月）を行ったが、最高裁で逆転された。

防衛庁は一九五七年に新島にミサイル試射場の建設を計画、一九五八年八月に防衛庁は誘導弾エリコン56を研究用に購入し核武装化の準備に着手した。

このように日程を追って見ると、岸内閣の政治戦略がどのようなものであったか一目瞭然としている。

岸内閣の反動政策に抗して

こうした政治状況のなかで、私は東京地評政治部書記として、これらの岸内閣の政策に対決するありとあらゆる闘争にかかわった。

新島ミサイル基地反対、エリコン持込み阻止闘争

時期的には多少前後するが、一九五七年から一九五八年にかけての闘争や運動で思い出に残っていることや、直接に私が関係した闘争を簡単に振り返ってみたい。

新島は新島本村と式根島からなる住民五千名に満たない小島で、戦争末期には全島が要塞化され、島民は全員山形に強制疎開させられた経験を持っていた。この小島に防衛庁はミサイル試射場を建設する計画を立てた。

都教組大島支部の報告で、一九五七年十二月に東京地評は東京基地連、東京原水協と共に調査団という名でオルグを送り込んだ。初期のオルグは苦労したようだ。村のオンバア達に集まって貰って防衛庁の計画を説明しても、「ミサイルって食べられるのか」などの質問がでる状態だった。このオルグ団に東京都職員労働組合（都職労）の横田中央執行委員（衛生局）がいたので、「東京都の衛生局の人が良くないというのだから反対したほうがよかんべ」位の認識だったと報告されていた。しかし、軍事評論家の林克也氏を派遣したりして、二月には現地で反対同盟が結成される運びとなった。この初期のオルグ活動には、砂川支援協の松本義治、東京原水協の服部成巳、石山潔の諸君がよく働いた。また、社会党都本部から派遣された千葉、橋本君等も現地常駐オルグとしてよく働いた。

これらの活動家の努力により、一九五八年二月には現地反対同盟の結成の運びとなった。この現地反対同盟の結成には私もオルグとして参加することとなっていたが、二月一日に長男が誕生したために島に行けなくなった。これにあわせて東京でも東京地評、社会党、共産党、都

学連、原水協など十六団体で「新島ミサイル基地反対支援団体協議会」を結成した。

この新島闘争では、私は一九六一年の着工時にオルグ団行動隊長として逮捕、起訴されることになるので、詳しくは後述に譲る。

エリコン持込み阻止闘争は、一九五八年八月に防衛庁がスイス誘導弾エリコン56を研究用に購入したもので、この持込みは日本核武装につながる動きとして、持込みを阻止しようとしたものであった。神奈川では「エリコン56陸揚げ阻止共闘会議」がつくられ、これに呼応して東京でも「エリコン56持込み阻止東京共闘会議」をつくり、持込み反対運動を行った。

この闘争で、とくに、印象に残っているのは、横須賀から目黒までノンストップで走り抜いたことである。八月末、エリコンが陸揚げされて、目黒の防衛庁技術研究所に移すという情報が入り、これを阻止するために、横須賀と目黒技術研究所前に緊急動員を行ったときのことである。

横須賀には岡本議長以下数十名が駆けつけ、神奈川共闘の部隊と合流した。しかし、防衛庁はデモ隊の虚をついて裏門から運びだした。直ちに目黒に駆けつけることになり、私は東京地評の宣伝カーに乗り込んだ。乗り切れない人は宣伝カーの屋根に乗った。

この宣伝カーは高橋書記が運転し、飯島淳常任幹事（都教組出身）や全学連小島弘共闘部長（赤い豆腐屋として週刊誌などに紹介されるほど派手な活動をしていた）なども乗っていた。みんな若い熱血漢揃いで、宣伝カーは途中で警察の阻止線を突破し、パトカー数台に追い掛けられながらノンストップで目黒まで走り抜き、目黒に集まった数百名の労組員と合流した。この行動で一人の逮捕者もでなかった。防衛庁技術研究所の前では夜を徹して抗議のシュプレヒコールが繰り返された。秘密裡に持ち込もうとした、防衛庁の意図は失敗した。

勤務評定反対闘争

教員組合の勤務評定反対闘争については残念ながら、あまり正確な記憶がない。「勤評反対東京共闘会議」作りや共闘動員の要請などに都教組出身の大野常任幹事と一緒に働いたこと、都教組の一斉休暇闘争では地区の支援労組と一緒に世田谷の方の学校の前に座り込み、警察にゴボウ抜きされて排除されたことを記憶しているくらいなものである。

この勤務評定に対して日教組は「教育非常事態宣言」を発表し、次ぎのように述べている。

「勤評は教師と校長を反目させ、また教師を互いに競争させて分裂させるもであります。……岸首相渡米後、日米関係は新しい段階に入り、日本がアメリカのアジアにおける軍事基地の一環として、より明確な立場をとってきているのであります。そのために、戦前のような軍国主義、天皇制を中心とする愛国心（を育てるために）教育を自らの支配下におき（おこうとするものである）……いま日本の教育は太平洋戦争前のような危機にあります……」

警察官職務執行法改悪反対闘争

この闘いは、
これに続く日米安保条約改定反対闘争につながる闘いとして重要な意味を持っていた。

一九五八年十月八日、岸内閣は開会中の第三〇回臨時国会に「警察官職務執行法一部改正に関する法律案」を提出した。

この法案の狙いは、一つには、国会、官庁などへの請願、陳情などに対する規制（第三条）、二つには、公安委員会が警察力が不足の場合は自衛隊など他の公の機関にも発動を促すようにできること（第四条）、三つには集会、デモ行進など大衆運動の規制（第五条）である。そして、最も重視されたのは「認めた場合」とか「恐れのある」というあいまいな表現で警察官の主観的な判断で規制できるようにしようとしていることであった。これを、われわれは「治安維持法の復活」「警察国家の再現」を企むものと受けとめた。このこと事態間違いではなかった。しかし、「何のために」「なぜ今なのか」ということを追及することには欠けていた。岸内閣はこの法案を新日米安保体制に移行する計画の一環として提案したのであったが、このことを充分につかめなかった。ここに、この闘争の限界があった。

警職法改悪に対して東京地評は「非常事態宣言」を行い、ゼネストで闘う方針を出した。この「宣言」の起草を私が担当したが、いま資料は残っていない。

この「非常事態宣言」は、翌日の新聞に「東京地評ゼネスト宣言」として、大きく報道され、全国の運動の口火をきった。

また、各民主団体が結集して「警職法改悪反対東京共闘会議」が結成された。しかし、全労、新産別は「東京共闘会議」に共産党が参加しているという理由で参加せず、やむを得ず社会党都連、東京地評、東労会議、新産別東京、総同盟都連などで、「警職法改悪反対東京都民会議」を連絡会議としてつくり、運動を進めた。いわば、ブリッヂ共闘であった。このような二つの共闘組織をつくらなければならなかったところに、この闘争の限界が示されていた。

この闘争で特徴的だったのは、左右含めて、戦前派の幹部が非常に熱心だったことだ。社会党からは、後に民社党に行く春日一幸議員がオルグに来て、戦前の治安維持法の経験談とともに、警職法反対を非常な危機感をもって訴えた。総じて、戦前派の幹部の反応が敏感だった。警職法反対闘争は戦前派幹部の危機感をバネにして急速に盛り上がり、戦後はじめての全国民的な運動となった。

東京地評のこの闘争の中心スローガンは――
・治案維持法を復活する警察官職務執行法改悪阻止
・警察国家を再現する岸戦争内閣打倒
であった。東京地評の山之内虎輔副議長（政治部担当）は「非常事態宣言」とは要するに「物情騒然とした状況をつくりだす」ことだと宣言した。

ここで、山之内虎輔副議長について触れて置かなければならない。彼は政治部担当副議長として後に触れる「安保闘争」でも重要な役割を果たすことになる。彼は全逓東京地本副委員長でグアム島玉砕時、通信関係の軍属として生き残ったとの事だった。全逓の産別民主化闘争の反共の闘士でもあった。彼の口ぐせは「俺は議員と乞食にはならない」だった。政治的な野心は微塵も持っていなかった。だから、何事にたいしても、純粋で、良い事は良い、駄目なことは駄目とはっきりしていた。山之内副議長が現役を引退してから自宅を尋ねたときに「俺は君が当時共産党員だろうと思っていたよ。でも、そんなことはどうでもよい、あの頃は、とにかく、警職法をつぶし、安保をつぶすことだったんだ。みんな力を合わせてやることだったんだ。」と述懐していた。

また、後に東京地評副議長をつとめる国労東京の増田市応氏は『戦後東京労働運動史』の座談会で当時を述懐して

「(増田) 五八年、ゼネスト宣言を出したのは警職法でしょう。般若苑で会議をやったな、岡本さんが当時議長だよ。ゼネスト宣言を出すといって、東交（東京交通局労組）もストライキに入るのか、議長組合がやれないようじゃストライキにならないよとか、論議した覚えがあるよ」

と述べている。

当時、増田氏は国労出身の地評常任幹事として松川事件対策協議会の事務局長を務め、松川現地調査や大行進などで一緒にやっていたように記憶している。

みんな兎に角、真剣だった。争議行為を禁止されている公共企業体や地方公務員の組合が政治ストをやろうというのだから、大変な事だった。民間にしても、政治要求でストライキをやることは決して易しいことではなかった。

警職法改悪反対闘争は、雨の振り続く中で、国会陳情、集会・デモ、駅頭でのビラ撒きと街頭行動が連日行われ、さらに、十月二十八日と十一月五日の二回の時間内職場大会（国労、機関車労組は三時間の職場大会）、時限スト（全国金属労組、関東化学労組の一部では一日スト）で闘われた。

こうして、まさに物情騒然としたなかで、警職法改悪案は審議未了となった。

私は三田の東京地評の事務所に泊り込み、毎日、夢中で集会やデモに駆け廻っていた。

ニセ最賃粉砕と全国一律最低賃金制確立の闘争

警職法改悪反対闘争で法案を審議未了に追い込んだ、一九五八年十二月に東京地評は一九五九年春闘闘争方針を決め、さらに、五九年一月二十一日から二十三日にいたる三日間、網代において春闘討論集会を開いた。この日はたまたま私の二十七歳の誕生日でもあった。

この「網代討論集会」は警職法反対闘争から日米安保反対闘争に向けての闘いをどうするかについての討論で、砂川、警職法でその実力を示した東京地評の方針として、各方面から注目された。

少し長くなるが、この方針がその後の闘争の出発点となっているので、五九年春闘方針の「まえがき」要旨を再禄して置きたい。

「警職法改悪案は総評を中心とする労働者階級のゼネス

トによる抵抗と、社共両党をふくむあらゆる民主団体を結集する国民的規模の反対運動によって臨時国会では審議未了に追い込むことができた。しかし、岸政府、独占資本は予め用意したファシズムと戦争準備のためのスケジュールに従って、安保条約の改悪、防諜法、独禁法改悪、自衛隊の海外派兵、小選挙区制実施、憲法改悪、業者間協定によるニセ最賃制、低賃金政策等一連の反動攻撃を強めてきているし、また、警職法改悪案の再提出を狙っている。

このような情勢にあるとき、もしわれわれが戦略的に後退するならば岸内閣、独占資本は一挙に追撃を開始してくるであろう。そして、われわれは無限の後退を余儀なくされるだろう。従って、われわれは警職法闘争を組織した労働者階級の力を持続し、強化し、岸内閣との対決の態勢を確立して行かなければならない。」

とし、闘争の具体的な進め方では、とくに、差し迫った政治課題である全国一律八〇〇〇円の最低賃金制の確立の闘いを当面の主要な柱とした。そして、一月三十一日には最賃制の闘争について社会党、共産党、総評に対してあくまで全国一律最低賃金制の原則を外さないように、異例の申し入れを行うとともに、二月六日の国会に向けた「ニセ最賃粉砕」の行動に対する協力を訴えた。この申入れには稲村副議長、飯崎副議長、芳賀事務局長と書記局から水野書記、と私が同行した。総評では太田薫議長と話合った。ところが、その日の午後に、河野、勝間田、藤田（社会党）大田（総評）落合（新産別）滝田（全労）柳沢（中立）のいわゆる「八人委員会」は業者間協定を内容とする政府案に反対でなく、修正でゆくことを決めたのである。

二月六日、東京地評は独自で「ニセ最賃法粉砕総決起大会」を開催した。大会は午後六時より、国会正門の手前のチャペルセンター前に一万名を集めて開かれた。大会は整然と開催され、ニセ最賃法反対を決議して、デモ行進に移り、新橋までデモ行進した。

また、二月十三日には東京地評の呼び掛けで、六大都市地評代表者会議を開き、六大都市の地評代表は「全労の方針によって混乱している闘争」を統一するために、全国の地評代表者会議を開くことを総評本部に要求した。しかし、総評の反応はにぶく、全国の代表者会議は開かれなかった。

国会正門前のチャペルセンター前の集会は二月十七日、十九日と続いて行われた。警視庁は総評と東京地評の足並みが乱れ、東京地評が突出しているとみて、地評本部に対する弾圧に乗り出した。

国会デモで逮捕される

任意出頭拒否

二月六日のチャペルセンター前での「ニセ最賃法粉砕総決起大会」の開催とデモ行進に対して警視庁は公安条例違反、道交法違反であるとして、東京地評の三役及び担当書記の私などにたいし任意出頭を求めてきた。

これに対し東京地評は全員出頭を拒否し、警視庁と対決する姿勢を鮮明にした。

警視庁は、任意出頭を逮捕状に切り替え、二月二十四日から三月五日までに、稲村明喜副議長（全国金属東京委員長）、飯崎清治副議長（関東化学書記長）、芳賀民重事務局長、水野邦夫書記、竹内基浩書記、藤芳全金常任書記の六名が逮捕された。

この逮捕は極めて政治的だった。というのは、逮捕された六名のうち全国金属東京地本の藤芳書記を除く五名は一月三十一日に、あくまで、政府の法案に反対するよう、社会党、共産党、総評に申入れに出かけたメンバー全員だったのである。その意図ははっきりしていた。八人委員会の修正案にも反対して、あくまで法案に反対する勢力の先頭に立っているメンバーを叩く狙いを持っていたことは明らかだった。

任意出頭を拒否した私たちは、突然の逮捕を避けるために東京地評本部に泊まり込んだ。すでに、逮捕状が出ていたが昼間は平気で仕事をしていた。そして、夜には書類を整理したり、ストーブで焼却処分したりして、それが終わると酒をのんだりいていた。一緒に泊込んだ総務部長の鈴木一夫常任幹事（全電通出身）はなかなかのサムライで、ときには、夜中に車で新宿まで私達を連れて出て飲み歩き、ストレスの解消を計って呉れたりしていた。

逮捕

そのうちに、稲村、飯崎両副議長が路上で逮捕された。逮捕者が出たし、これ以上泊まり込んでも意味がないということで、私は家に帰った。

私は二年前に品川区の南大井から同じ区内の原町（現西大井二丁目）に移っていた。家には妻と一歳になる子供が居り、妻は二人目の子を妊っていて、もう八か月だった。

家に帰った翌日の朝に自宅で逮捕された。それでも、車は普通の乗用車で手錠もなしで連行された。家宅捜査もなかった。警察なりに気を使ったようだ。あとで聞いた話では、任意出頭が出た頃から、警察の公安が近くのアパートの一室を借りて、私の家を監視していたとのことだった。

警視庁本庁に連行されたが、下稲葉公安二課長（後に警視総監、現法務大臣）は公安の部屋に私を連れていくと、私に言ったことは、

「奥さんが大きなお腹をしていたようだけど、大丈夫かな、ビックリして流産でもされると困るな」

だった。自分で捕まえておいて、「奥さんの流産は大丈夫かなもないもんだ」と思ったが、でも、妻の事を最初に心配して呉れて悪い気はしなかった。お互い仕事で、逮捕した側とされた側にいるが、個人的には憎しみはなかった。私は

「そんなやわじゃないから心配ない」

と答えた。

取調べも奇妙なものだった、お互いに顔も名前も知っているのに、名前も黙秘、指紋の採取も拒否で終わりだった。容疑の事実も「無届けの集会とデモ」の計画と実行による「公安条例違反の共謀」と、デモを先導して、人事院横で無届デモを阻止しようとした警官隊に「道を開けろ」といって、指揮棒ようの棒で警官を掻き分けた「公務執行妨害」「道路交通法違反」の実行行為だというのだ。すべて、黙秘で調書に署名も拇印も押さなかった。警察拘留の三日間の取調べは、差し入れを食べて、タバコを吸って、ほとんど雑談だった。はじめから、起訴する気はなかったようだ。しかし、隣の調室からは女の声で「殺せ！　殺せ！」などと叫ぶ声が聞こえたりした。あるいは、心理的な効果を狙って、わざと聞かしたのかも知れない。

留置場

初めての留置場入りで、どんな調子かなと少しは緊張した。留置場の入り口でネクタイ、バンドなどのヒモ類はすべてはずされ、財布などの持ち物も全部取り上げられた。

最初に雑居房に入るときは、教えられた通りに、入り口で「よろしくお願いします」と数人の前で挨拶した。すると、恐らくいうところの牢名主というのだろう、一番古株の男が

「なにをやって来たのだ」

と尋ねた。私は

「国会にデモをかけて捕まったのだ」

と答えた。すると、

「ホウ！　若いのに偉いもんだ」「ここへ来い」

といって自分の隣を空けさせた。

留置場のなかではその頃はまだ不文律があって、新入りで一番罪の軽いの、例えば、寸借詐欺などで入ったのがトイレの側に寝ることになっていたようだ。政治運動や労働運動などで入ったのは罪の重い、軽いに関係なく別格扱いのようだった。あとでよく聞いてみると、この連中には差し入れがあって、房の食事は食べないから、それをみんなで食べられるからというのが本音のようだった。

このとき、同じ房の中に詐欺かなにかで捕まって来た若い男がいて、とくとくとして女をものにする手口をしゃべっていた。なるほど留置場というのは詐欺やこそ泥などの犯罪の手口を教えるところだなと思ったものだった。

二泊三日で釈放ということになったが、ここで、一悶着があった。呼出しがあって出ていくと釈放だという、そして、この書類に拇印を押せというのだ。単なる手続き上のことだったが、私は完全黙秘で指紋も採らせていなかったので、拇印の押印を拒否した。そしたら、それでは釈放できないという。私は、

「それでは、いつまででも留置場にいるよ」

といって、戻ってしまった。担当者は大分困ったらしい。釈放はできないし、留置場に置くこともできない、結局、弁護士に泣きついたらしく、担当の弁護士が私の説得にきて拇印を押すように言われ、止むを得ず拇印を押して釈放された。

逮捕されてから、国民救援会を通じて、毎日差し入れがあったが、この差し入れが外との繋がりを実感させ、ほんとに心強かった。

政党支持をめぐって

東京地評の姿勢は、すでに見てきたように、岸内閣の政策と真っ向から対決していた。そして、この点では、時には総評を越えて前に進んでいた。総評が大田・岩井体制になってから、高野派の流れをくむ東京地評は政治闘争に偏りすぎるという批判もあった。しかし、東京地評の方針は政党支持を除いて各級の機関で真剣な論議を行って一致点を見つけ、闘いは一致して行われていた。

ただ一点、政党支持については内部で対立があった。社会党支持の組合からは特定政党の支持はしないという考え方の芳賀事務局長にたいして社会党一党支持を方針とする組合から対立候補を立て、一九五九年から六一年頃には大会において事務局長を選挙で争うこともしばしばだった。この間の事情について、当時社会党東京都本部書記長の曽我祐次氏は一九九六年四月に出版された『芳賀民重さんをしのぶ』という冊子のなかで、次のように率直に語っている。少し長くなるが紹介すると。

「……自らの恥をさらすことになるが、東京地評事務局長としての芳賀さんと党（社会党）都本部書記長としての私との間で、一致できないことが一つあった。それは労働組合と政党、私の場合は当然社会党との関係である。

かなり長い間党都本部の書記長であった私としては、東京地評が他の大方の県評のように社会党一本支持を機関決定していないことに不満をもっていた。

勿論、東京地評の構成労組に民間や中小労組を多くかかえ、その統一と団結のためには並々ならぬ苦労のあることも承知であったが、しかし、党の責任者としての責任感もあって、何とかならないものかという焦りもあった。

当時東京の公労協の主力労組、国鉄、全逓、全電通等も同じ思いであった。そういう思いが、芳賀さんの功績を認めながら、事務局長選挙に対立候補を立て、決戦投票になったことがある。結果は東京の労働者の多数は芳賀さんを支持したのである。

社会党と労組の安易な機関依存主義が、その後幾多の弊害を生んだ〝民同〟の歴史を見るとき、社会党との提携、協力を進めながらも、機関による一本支持をとるべきでないという芳賀さんの信念が今更のように思えてならない」

また、東京地評の座談会「〝砂川〟から〝安保〟へ」のなかで、国労出身の幹事だった関口和（後に日本原水禁国民会議事務局長）氏は次のように語っている。

「（関口）……地評大会なんか、よくもめた。うち（国労）から、芳賀さんにぶつけて、細江貞助（後に私と中国に一緒に行くことになる――著者注）を立てたりして。あれは五九年か。

（市毛）そうです。五八年の井上真ちゃん、五九年の細江さんですね。

（関口）それで、細江が立って負けるわけ。負けるんだけれども、喧嘩は喧嘩、たたかいはたたかいということで、安保にまた結集するんですよ。

固い言い方をしたら、敵はだれなのかということを見失わなかった。たたかいの経験から、ここのところはまちがわなかったわけですね。組合員も幹部も。

選挙でいろいろ気まずい思いをしてもそれは全部氷解して、また安保にぶつかっていくわけなんだけれどね。いまからみても、りっぱな話なんでね。」（『戦後東京労働運動史』一九八〇年刊）

芳賀事務局長は社会党員だったが、「労働組合は特定の政党支持を機関で決めるべきではない。」というのが持論だった。この点では共産党とも違っていた。共産党支持の組合は政党支持の自由を言いながら、実際には社会党一党支持に対抗して社共両党支持を主張していた。政党支持の自由と社共両党支持は全く違う概念の筈だった。

私は個人的には「労働組合は政府、経営者は勿論、いかなる政党からも独立していなければならない」という、世界労連議長でイタリア労働総同盟の書記長のデ・ヴィットリオの意見を支持していた。ヴィットリオの主張は、

「……（労働組合）が政党に属し政党色を欲することは、つまり分裂を欲することを意味する。……政党の私物化された組合を欲するものは、統一を裏切る……

労働組合は政党から独立しているべきであり、全勤労者大衆の利益にそう自分の政策を、つまり、労働者階級の、そして、自由と平和の政策をおこなわなければならない」（統一行動）

というのであった。

芳賀事務局長とはこの一点で、年齢は親子ほど違うが、まさに同志だった。

だから、大会で社会党一本支持を主張する対立候補がでるとなると、芳賀擁護で池田雅人書記と飛びまわった。

池田書記は無党派だったが、芳賀擁護でははっきりしていた。芳賀支持の票まとめで彼の果たした役割は大きかった。大会で選挙となると、日放労東京（NHK労組）など、あまり政治的立場のはっきりしていない組合からは地評で古株の池田書記に「誰に入れたらいいんだ」と聞いてきたりしていた。

しかし、この対立は陰湿ではなかった。対立点ははっきりしていたし、社会党支持を主張する組合にしても、本音は各級議員の選挙だった。だから、方針では「革新（階級）政党との協力」となっていても、現実には組合出身議員（大多数が社会党）を優先的に支援したから運動の面では、ほとんど問題はなかった。

だから、政党との協力の方針をめぐって大会で採決するようなことがあっても、カラッとしたものだった。

ある年の大会でこんなエピソードもあった。

大会で多分政党との協力をめぐってだと思うが、修正案がだされ、これにたいして挙手で採決が行われることになった。私は大会書記として挙手を数えていると、「竹内君、竹内君」と呼ぶ人がいる。誰かと思って見ると、国労東京新橋支部の富塚委員長（後に総評事務局長、衆議院議員）と全逓東京の米山書記長だった。二人は両手を挙げて「ホラ二票づつ数えて呉れよ」といっている。勿論二人は私の立場を充分承知のうえでの、軽口の冗談だが、そんな雰囲気のなかでの採決だった。

政党支持問題が深刻になり、書記局のなかで党派的な対立が陰湿になって来るのは、安保闘争後、社会党員協議会（党員協）が、中対オルグや書記に党員協から人を送り込み、対抗して、共産党が人を送り込んでくるようになってからだった。

都知事選挙

一九五九年四月に統一地方選挙が行われた。この統一地方選挙では、東京都知事、都議会議員、区議会議員、三多摩の市議会議員、市町村長の選挙が闘われ、さらに、六月には参議院議員選挙が闘われた。

私は、政治部担当書記として、前から都知事選挙に取り組んでいた。

東京地評は、一九五七年七月の第七回大会で東京都知事候補に東京護憲連合代表委員有田八郎（元外務大臣）を推薦し、運動の準備に入った。この選挙運動も、書記局の中での担当は政治部書記としての私の仕事だった。

東京地評はこの都知事選挙にあたっては、労働者としての都政に対する要求をまとめ、選挙闘争を政策で闘うために、都政綱領を作成することを決め、都政綱領編集委員会をつくった。この綱領編集委員には渡辺要副議長（全電通関東出身）、飯島政則政治部長（国労東京出身）、日原都労連政治部長、小森都政調査会専務が任命された。そして、実務を担当する編集委員会書記には私が任命され、綱領の起草にあたった。この都政綱領の起草では、都政調査会の鳴海正泰氏（後に飛鳥田横浜市政の企画室長を務め、退職後に関東学院大学教授となる）の協力をえた。この綱領は、文庫版六〇頁のパンフとして、一万部を発行し、職場討議の資料とした。

選挙闘争で労働組合としての政策綱領を作って、選挙に臨むというのは初めてのことだった。

そして、五七年内に有田候補とともに、地区労の協力を得て、二七〇の職場を訪問し、休憩時間を利用した職場集会を開いて貰い、有田八郎候補の紹介と演説をさせて貰った。この職場集会もできるだけ、職場や地域の要求や闘争と結び付けるように心がけた。とくに、その地域に中小企業労組の争議がある場合には、その争議支援の訴えと結びつけるようにした。

当初、早まると見られていた、都知事選挙は五八年にはなく、五九年四月の統一地方選挙の一環として闘われることとなった。五九年には統一地方選挙に続いて六月には参議院議員選挙が行われることとなっていた。

この参議院議員選挙に、東京地評は岡本丑太郎議長（東交労組出身）が立候補することになった。選挙闘争は当然のことに、都知事選挙と参議院議員選挙を一緒にして闘うこととなった。警職法反対闘争、最賃闘争など、いろいろな闘争と結びつけて、有田都知事候補、岡本議長と一緒に職場回りを続けた。

五七年後半から五九年にかけての都知事選挙での職場回りで、私は東京の全地区労協の活動家と親しくなり、（職場は地区労協の書記の案内で回った）また、多くの職場の活動家とも知り合いとなった。さらに、東京の地理にも明るくなった。これらのことが、後の安保闘争の企画に大変に役立った。とくに、道路の地理に明るくなったので、都内の東西南北から日比谷に向けて行進する、いわゆる求心デモや都民大行進などのコースの交渉を警視庁とやるのに大いに役立った。

ところで、選挙運動とはあまり関係はなかったが、この職場回りでは、都内のいろいろな食事の専門店も知ることができた。有田八郎候補は結構食事にはうるさかった。昼食はその地域の美味い店を探して食べた。例えば、両国の「ももんじゃ」（猪肉専門店）、蔵前の桜肉（馬肉）専門店、美味い「そば屋」など、いろいろな店で、珍しい食事も楽しんだ。また、帰りが遅くなったときには、ときどき、有田さんの奥さんのやっていた有名な「般若苑」で夕食を馳走になったりした。おかげで、給料は安かったが食事だけは、いわば余禄で、食べるにこと欠いていた数年前に比べると比較にならない贅沢をさせて貰った。それでも、世の中のことというのは、どんなことでもなにかの役にたつもので、この「美味い物店」を知っていたことが、後に、中国の北京市やソ連のモスクワ市の労組代表団を招待して、都内を案内した時の食事の場所選びに結構に役立った。

選挙は一九五九年四月二十三日に都知事選挙、六月二日に参議院議員選挙が行われ、都知事選挙では、有田八郎一六五万票、東竜太郎一八二万票で有田候補は惜敗した。また、参議院議員選挙では岡本丑太郎（第一次推薦）二一万一一〇〇票で惜敗した。ちなみに、地評第二次推薦の岡田宗司（社会党、全電通などが推薦）は二一万九三〇〇票の僅差で当選した。

参議院選挙では、組織内に多少の対立関係が生じ、労働組合の統一という面から見ると問題があった。こうしたこともあって、私は都知事選挙のような運動は別にして、担当書記でありながら、選挙活動にはなんとなく力が入らなかった。

第三章　全力疾走――六〇年安保闘争の渦中で

1960年6月18日国会デモ

東京共闘会議と安保国民会議

平和と民主主義を守る東京共闘会議

日米安保条約改定反対闘争のなかで、「東京共闘会議」という組織が闘争の担い手として、また、常に先進的な部隊として、全国の注目を浴びた。あるときは全国の地方から「たよりになる部隊」として、また、あるときは中央から「危険な部隊」として、常に、全学連と共に注目されてきた。「東京共闘会議」とは「平和と民主主義を守る東京共闘会議」の略称である。この共闘会議は、警職法改悪反対闘争の中で東京地評を中心に作られた「共闘会議」を発展的に改組したもので、その結成にあたって、東京共闘会議はその目的として、「各層の諸要求を統一して岸政府の戦争政策と闘う」という目標を掲げた。結成大会は、一九五九年二月二十日、港区芝の中労委会館で、それまでの、いろいろな闘争や運動で協力し、共闘を行ってきた団体を集めて開かれた。

この共闘会議に参加した主な団体は東京地評、電機労連東京、社会党東京都連、共産党東京都委、東京原水協、東京基地連、護憲連合東京、東京都平和会議、東京都学連、東京商工団体連合会、全国青年婦人協議会、社会党都連青年部、民青東京都委、人権を守る婦人協議会、東京都生活と健康を守る会、福祉連（東京都労働者福祉団体連絡協議会）、東京民医連、東京都患者同盟、婦人民主クラブ、母親大会東京連絡会、子どもを守る会、沖縄復帰協議会、基地問題文化人懇談会、日中友好協会都連合会、日ソ協会都連合会、日朝協会都連合会、国民救援会東京、大学生活協同組合連合会、東京生活相談連絡会、一粒会、朝鮮総連東京（オブザーバー）などであった。

代表委員には岡本丑太郎（東京地評議長）、有田八郎（東京護憲連合代表）、内山完造（日中友好協会東京都連代表）とし、このほかに、文化人代表、婦人代表各一名を選出することとした。

常任委員団体は東京地評、都労連、東京基地連、東京原水協、東商連、福祉連、都生活と健康を守る会、基地問題文化人懇談会、日中都連、青婦協、人権を守る婦人協とし、社会党都連、共産党都委はオブザーバーとして、常任委員会に出席できることとした。

事務局は事務局長芳賀民重（東京地評事務局長）、事務

局次長喜田康二（東京護憲連合）事務局の実務は竹内基浩（東京地評政治部書記）、松本義治（東京基地連事務局）が担当することとして、闘争の態勢を整えた。

この東京共闘会議の特徴は、大別すると次の三つにまとめることができる。

一つには、この共闘の目的がそれまでのように個別の課題毎の共闘会議ではなく、岸内閣の戦争政策と国民の民主的権利を奪おうとする反民主主義的な政策に対して闘い「平和と民主主義を守る」ために、岸内閣と対決することを最初から闘争の目標としていたことである。したがって、必然的に闘争の節々では中心スローガンに「岸内閣打倒」が掲げられた。

二つには、この東京共闘の組織に呼応して、東京全域に地区共闘会議が組織されたことである。この地区共闘会議は都内二十一区及び三多摩地区に組織された。この地区共闘会議は東京共闘会議と密接な連携を持って闘争を進めた。地区共闘会議は、さらに地域共闘会議と小単位となった。私は今、正確な資料を持ち合わせていないが、労働評論家の高島喜久男氏は『芳賀民重さんをしのぶ』という小冊子のなかで

「芳賀さんから貰った一つの資料によると、六〇年安保のとき、東京では九十三の地域共闘があった。驚いたことにはその内の幾つかの事務所は、地域の個人の家に置かれている」（「下部からの闘いを重視した芳賀さん」）

と記している。

これが、どういう資料によるか判らないが、私の記憶では把握されていない地域共闘会議はこんな数にとどまらず、もっとたくさんの地域で、作られたように思う。共闘会議といわなくても「声なき声の会」などのようなものも含めれば、その数は無数に作られたように思う。「行動のあるところ必ず共闘会議あり」と言っても過言ではなかった。この地域共闘に統一戦線の萌芽を予想したのは私だけではなかったと思う。東京地評書記局の水野邦夫君などは、翌年の連日の国会デモの時に、ひっきりなしに国会請願に来る、いろいろな地域の共闘会議の旗とデモ隊を見ながら首相官邸の前で

「竹内君、いま、二重政権をつくるような政党があったらなあ、地域には政治的な統一戦線の準備ができつつあるよ」

と本気とも夢ともつかずに語っていた。まさか、この

時点で本気で臨時政府ができるなどと考えてはいなかったと思うが、ついそれを連想してしまうような地域共闘組織の発展とその統一行動の急激な高揚だった。

三つには、東京共闘会議の地区共闘会議との民主的な意志統一の方法だった。東京地評は春季賃上げ闘争などでは地区労を含めた「春闘討論集会」を開くなど、全都的な闘争の意志統一を図っていたが、東京共闘会議でもこの地区共闘会議を含めた「討論集会」という方式を採用した。討論集会は正式な機関ではないが、各級の機関で決めた方針を地域、職場にまで浸透させ、意志統一を図る方法として、また、職場、地域の意見を組み上げる方法として最も重視した。この討論集会には労働組合だけでなく社会党、共産党の地区組織の代表や民主団体の地域組織の活動家が縦割りでなく参加し、それぞれの組織の中央の方針をテープレコダーのように発言するのでなく、実際の地域での活動のなかからの意見をのべ、討論できたことに大きな意味があった。この討論集会は闘争方針に現場からの意見を反映させるのに大変に役立った。

一方では、東京共闘会議の討論集会の集約が、社会党や共産党の中央や総評や平和委員会などの各団体の中央の方針（と言ってもその団体が社会党系か共産党系かによって概ねそれぞれの党の方針に左右されているのだが）と食い違うことがしばしばだった。とくに、共産党のような、いわゆる「民主集中制」といって、中央の方針を絶対とする組織にあっては、この問題は深刻だった。安保闘争前後には、東京地評および東京共闘の行動計画が中央より先行することが、しばしばだったため、共産党の地区組織や共産党員が役員や職員の多くを占めている組織の下部組織では、一度賛成し、あるいは積極的に自ら提案しておきながら、後で、中央から違った方針がでると、自分も参加して決めた方針に反対するという大衆団体の構成員としては全く非民主的行動を採らざるを得なくなり、多くの共産党員活動家が、この矛盾に苦しんだ。

私は東京地評の担当書記として、あるいは東京共闘会議の実務担当者として、闘争方針や行動計画を起案する立場にあり、後に共産党の方針と対立することが、しばしばだった。私が共産党員だからといって、党の方針がでたら、自分が起案して民主的な討論を経て決定した方針や計画が党の方針に違うからといって、反対したり、変更したりすることなど出来る筈がない。この場合、私は党の方針を無視し、あくまで大衆団体の民主的な運営に徹することにした。安保闘争では陰に陽に共産党中央からの私に対する圧力が加えられた。

ある時（安保闘争の最中）、総評の共産党員の書記三人（元高野派の清水、内藤、石原の諸君）が岩垂書記（当時、岩井事務局長の側近と言われていた）と一緒に東京地評に尋ねて来て市毛書記（総評の高野派で地評の書記となってから共産党員となった）と共に三田の東急アパートのレストランで話合ったことがある。安保闘争の戦術をめぐってだったと思うが、総評の三人と市毛君が党中央の指示で私を説得するために来たことは見え見えだった。激論になったが、岩垂書記が仲裁に入り、私を支えてくれてなんとか収まったこともあった。

安保改定阻止国民会議

中央の安保改定阻止国民会議は東京共闘会議の結成に遅れること一カ月の三月二十八日に結成された。国民会議の幹事団体には、総評、中立労連、社会党、日本原水協、憲法擁護国民連合、日中国交回復国民会議、日本平和委員会、日中友好協会、全国基地連、全日本農民組合、青年学生共闘会議、人権を守る婦人協議会、平和と民主主義を守る東京共闘会議の十三団体が選ばれた。共産党はオブザーバーとして幹事会に出席することとなった。また、全学連は青年学生共闘会議のメンバーとして国民会議に参加することとなった。

事務局長に水口宏三（護憲連合、後に参議院議員）、事務局次長に岩垂寿喜男（総評政治局書記、国民運動部長、後に衆議院議員、環境庁長官）、伊藤茂（社会党国民運動局員、後に衆議院議員、運輸大臣、社民党幹事長、副党首）を決めた。

私は幹事団体の東京共闘会議代表としての東京地評の中川義和政治部長（東貨労委員長）、後に大門隆二政治部長（専従、国労東京出身）と共に国民会議の幹事会に出席した。

また、国民会議の行動計画の実務的な企画作業にも加わった。東京の実働部隊の書記として国民会議の事務局の打合せには頻繁に参加し、とくに、総評の岩垂氏とは密接な連絡を取り合っていた。

この国民会議は名称に安保廃棄を入れるかどうかで、最初から意見が対立し、結局「阻止」という一点で統一するという、限界を持っていた。その点で東京共闘会議や全国の道府県の共闘会議とは性格を異にしていた。そして、それが、そのごの中央と東京を含めた地方との意見の齟齬を生み出す原因ともなっていた。

結局、国民会議は最後まで連絡会議的な限界から抜け出すことは出来なかった。この弱点が、その後の闘争の弱点となり、いつのまにか、名前だけの共闘組織となって自然消滅したように記憶している。

この点について私は、安保闘争における「安保改定阻止国民会議」の限界について、『月刊労働問題』での座談会で次のように述べた。

「竹内　……五・一九以後の時点ではすでに請願の範囲を超えて、大衆的な抗議行動がむしろ自然発生的に高まって、連日国会デモが繰り返されたわけです。そこで国民会議の指導性が問題になるのだが、国民会議の性格は、どちらかといえば、各団体の連絡調整機関的性格が強い。五・一九以後の闘争の発展のなかで、国民会議の明確な指導が強く求められていたにもかかわらず、国民会議の構成が依然として、連絡機関的な機能しか果たせなかったために、国民会議に対する不満が相当起こってきた。こういう点からいっても、今後いろんな共闘を組んでいく場合、強力な指導部がどうしても、大きな問題になりますね。」（『月刊労働問題』一九六〇年八月号「安保——かくたたかえり」）

最初の大衆闘争／六・二五

第三次統一行動と新たな闘争方針

安保改定阻止国民会議は四月十五日に第一次、五月十六日に第二次統一行動を行うことを決めた。だが、四月の統一地方選挙、六月の参議院議員選挙に埋没して、見るべき大衆闘争を組織することが出来なかった。

安保は重いと言われていた。参議院議員選挙での岡本派と岡田派の競合が東京地評内の対立を生み出していたが、選挙が終わるとともに対立も解消し、統一して安保闘争に取り組める条件も整って来た。

東京地評は六月二十五日の安保改定阻止第三次統一行動に本格的に取り組んだ。この第三次統一行動に向けて、当面の闘争方針を決めた。この方針は主に私が起草したが、起草にあたっては、情勢の分析で前野良氏（当時社会主義政治経済研究所員、後に長野大学教授）の協力を得た。

この第三次統一行動にむけての当面の闘争方針の特徴は、安保闘争の目標を条約改定阻止とともに独占資本と岸政府が企む反民主主義的は安保体制の粉砕とし、中小企業労組の争議、合理化反対、ニセ最賃反対、勤務評定反対闘争などと結びつけた点にあった。とくに、中小企業の争議に対する暴力団と警察の介入を「安保体制下の争議」として捉えたことは重要であった。そして、闘争方針は、安保闘争と中小企業争議、合理化反対、勤評反対闘争をつなぐ闘争の戦略的な環を「岸戦争内閣打倒」とした。

東京共闘会議も「安保改定阻止」と「岸内閣打倒」は密接不可分のものとして主要闘争目標に掲げることを満場一致で決めた。

この新方針のもとで、東京地評の役員、書記、オルグ全員が一つになって動きだした。それまでは、安保反対の集会やパレード、駅頭ビラまきなどの動員は、なんとなく、政治部まかせという感じがあったが、こんどは俺たちが主体だと実感したようだ。担当地区の中小企業争議に張り付いていた地評オルグと地区労協の活動家が本気で動きだした。また、社会党支部、共産党地区委員会も動きだした。六月半ばから毎日二、三カ所で討論集会、研究会、講演会、地域共闘会議などが開かれた。急速に安保闘争が動きだした。各ブロックの集会と争議団共闘会議を中心としたブロック内の求心デモが準備された。

ちなみに、一九五八年から一九五九年にかけて闘われていた中小企業労組の争議をみると、

東部ブロック　全金山葉精機支部、田原製作所支部（暴力団、武装警官の介入で五九年八月には組合員の塙さんが殺された）浜田精機支部、全国一般自転車月販労組、全印総連日本教図分会、関東同盟互恵観光労組

中部ブロック　外銀連印度インドシナ銀行労組、全印総連小森印刷労組、出版労協主婦と生活労組

南部ブロック　都教連慈恵医大労組、全金高山精密支部

西部ブロック　関東化学高村建材労組

北部ブロック　全金秀工社支部

などがあった。この時期の争議の特徴は第二組合、暴力

団との乱闘とそれを理由とする、武装警官隊の介入だった。この特徴について、全国金属労組が七月に発表した「現在の中小企業争議の特徴」と題する文書では次のように述べている。

「……労働者のもっとも初歩的な要求にたいしても、会社側はすべての場合に団交を拒否し、実力でロックアウトをしかけ、刑事弾圧を狙っている。また大半の組合に暴力団をしかけている。独占資本は組合をつくらせないこと、つくられたら早い機会につぶす、又は御用化するという積極的な系統的な対策をもっている。これを要約すれば、憲法で保障されている団結権、団体行動権、争議権を否認し、争議を非合法化し、組合運動そのものを犯罪化することをめざしている。これこそ、かっての産業報國会にすりかえようとするものであり、安保体制とよばれる新しいファシズムの一環とみなされるものである」(『戦後東京労働運動史』)

三万人の安保改定阻止統一行動と都民大行進

こうして、新たな方針のもとに、動きだした六月二十五日の安保改定阻止第三次統一行動は、労働組合では炭労が合理化反対で二十四時間ストを決め、東京では都教組が勤評反対と結びつけて午後二時の授業打切り、民間組合は中小企業争議支援と結びつけて時限スト、官公労は合理化反対などと結びつけて時間内職場大会を行った。こうして、重いと言われた安保闘争は不十分ではあったが、職場の闘争と結合しはじめた。

また、学生は全国の約四〇の大学で授業放棄を行い、東大では破防法闘争以来七年ぶりに構内での全学集会を開いた。

この職場、学園の大衆行動は東京ではブロック集会と都民大行進として組織された求心デモで日比谷野外音楽堂での中央集会に集約された。

私はブロック集会から日比谷野外音楽堂の中央集会への求心デモの準備にあたった。初めての経験である、東西南北ブロックからの求心デモを短期間に準備するのは楽ではなかった。

求心デモの起点となるブロック集会は、東部ブロックは隅田公園、西部ブロックは渋谷宮下公園、中南部ブロックは目黒自然公園、北部ブロックは小石川大塚公園、三多摩地区は立川競輪場で開催されることとなった。

私はデモと日比谷集会のための警視庁交渉にあたった。デモコースは初めてのコースのため、警視庁警備課の茂垣警部補と実地調査のためにブロックの求心デモコースを含めて全コースを実地調査して回った。そして、必要な個所では交通規制をして貰うよう交渉した。都知事選挙で有田候補と歩き回ったのがこんなところで役立った。

この時期から私の仕事は警視庁とのデモ交渉に忙殺されるようになった。ときには、総評の岩垂書記と一緒のときもあったが、いつの間にか私一人で交渉することが多くなった。「警視庁に机を置いたらどうか」と言われる位警視庁に日参していた。

この統一行動は東京では予想をはるかに超える三万人の大衆行動となった。そして、この六・二五の闘争は政府の七月調印の計画を後退させるという成果をあげた。

だが問題がなかったわけではない。

六月二十五日の中央集会の名称、スローガンについて、国民会議幹事会で意見の違いがでてきた。総評は当面の行動目標として、「岸内閣打倒」をかかげることを提案していた。集会の名称について、私も参加した事務局案には「岸内閣打倒」が含まれていたが、幹事会では共産党、原水協、平和委員会などが反対し名称から削られてしまった。私は中川政治部長と東京共闘代表として、幹事会において、東京共闘会議の方針によって、名称にあくまで「岸内閣打倒」を含めることを主張したが、入れられずスローガンに入れることで妥協せざるを得なかった。職場、地域での行動の盛り上がりとともに、中央と現場とのズレが目立つようになってきた。

安保闘争の戦略をめぐる論争

岸内閣打倒をめぐる国民会議での論争

六・二五第三次統一行動の中央集会で、集会の名称に「岸内閣打倒」を入れるかどうかで意見が対立したが、安保国民会議幹事会では八・六第五次統一行動をめぐって再び蒸し返された。

岸内閣打倒に反対したのは共産党と原水協、平和委員会だった。当時、共産党は国民会議のオブザーバーだったが、全労や新産別の参加が期待できない以上、最早、意味のないことだった。事実上の幹事団体としての発言権をもっていた。しかも、地域や職場での運動に対する影響力を考えれば、共産党の反対を無視することはできなかった。

一方、岸内閣打倒を強く主張したのは東京共闘会議だった。東京共闘会議は『「安保改定阻止」と「岸内閣打倒」は密接不可分のものとして主要闘争目標に掲げる」ことを社会党都連、共産党都委、東京原水協などを含めて満場一致で決めていた。

幹事会の論争は共産党と東京共闘会議との論争となった。共産党からは、神山茂夫中央委員、松島治重幹部会員（?）などが出て来ていた。後に金子満広氏（現副委員長）が幹事会に出席するようになる。この他に平和委員会の代表としてだったかと思うが、伊井弥四郎氏も出席していたように記憶している。共産党の代表は交替で出席してきたが、共産党が代表を替えるときは、意見を変更することが多かった。彼らの共通した討論のしかたは、自分と違う意見に対しては「それは正しくない」と独善的に決めつける言い方だった。異なったいろいろな意見を討論を通じて一致点を見出すという民主的な討論方法ではなかった。東京共闘会議からはこの時期は主に中川政治部長と私が幹事会に出席していた。私は共産党員だからといって、共産党や平和委員会の代表との論争を避けることはできなかった。

この論争での一つの問題は、第五次統一行動と第五回原水爆禁止世界大会と重なっていたことである。この点について、信夫清三郎（名古屋大学教授）はその著書『安保闘争史』（世界書院刊）のなかで次のように述べている。

「国民会議は、時をうしなわずに（六月二十五日の第三次統一行動から――筆者注）追撃すべきであった。追撃は七月二十五日の第四次統一行動、八月六日の第五次統一行動とひきつづいておこなわれた。しかし、そのなかから深刻な論争がまきおこった。

……第五次統一行動を予定した八月六日は、第五回原水爆禁止世界大会がひらかれている日であり、その日を第五次統一行動の日とえらんだのも、世界大会と相応じるためであった。追撃の安保反対闘争が決定打を岸内閣にあたえるかどうかは、第五次統一行動を成功させると同時に世界大会のなかで原水爆反対のエネルギーを安保反対のエネルギーとしてどこまで組織しうるかにかかっていた。

問題は二つあった。一つは原水爆反対運動と安保反対運動の問題であり、もう一つは、岸内閣にたいする態度の問題であり、しかも、それらの二つの問題は相互にふかく連関していた。」

論争の混乱は安保反対の統一行動で「岸内閣打倒」を闘争の目標に掲げることと、原水爆反対運動での目標とを混同していたことである。論争の焦点は、安保闘争を平和運動としてのみ捉えるか、条約改正阻止を含めた安保体制打破の運動として捉えるかという安保闘争の戦略をめぐる論争だった。

私が東京共闘会議の方針として主張したのは、

（1）安保闘争は日本の核武装化をめざす日米軍事同盟に反対する平和闘争であると同時に、それは、岸内閣が強行しようとしている、反民主主義的な安保体制打破をめざす闘争である。

（2）したがって、安保闘争は、反民主主義的な安保体制の確立をめざす「岸戦犯内閣」と真っ向から対決する政治闘争とならざるをえない。東京共闘会議が「平和と民主主義を守る」ことを目的としたのはこのためである。したがって「岸内閣打倒」は絶対に外してはならない。もし、これを外せば、現実に自分たちに加えられている独占資本とその政府の暴力的な攻撃との闘いの中から安保反対闘争に立ち上がった労働者を裏切ることになる。

ということだった。これは、東京共闘会議の方針であると同時に、現実に中小企業の争議に参加しての私の実感であり、また、第三次統一行動に取り組んだ経験からの実感でもあった。

これに対し、共産党、平和委員会、原水協の代表は、あくまで「岸内閣打倒」を闘争の目標にすることに反対した。その理由は、

（1）安保闘争は安保(条約)改定阻止の一点で結集した闘いであるから岸内閣(打倒)を入れることはたたかいの幅を狭くするということ、とくに原水協は自民党の一部の人も入っているのでこの層が脱けていくことは平和運動にとってマイナスである。

（2）安保改定をすすめようとしているのは岸内閣だけでなくアメリカ帝国主義も同じなのだから二つの敵を明らかにしてアメリカともたたかわなければならない。

ということであった。

原水爆反対運動には自民党系も参加していたことは事実だった。私も原水爆禁止運動にはかかわっており、初期の署名運動や世界大会などには自民党の地方議員や支持者も参加していたことは知っていた。

東京原水協も結成のときは、会長は自民党の中西都議会議長、副会長には米田区議長会長、新井市議長会長など自民党議員が名を連ねていた。また、広島の世界大会では私の家の近所にいた品川区の自民党宇都宮徳馬系の府中区議会議員と同室したこともある。だが、この時期には自民党の議員などは、すでに、ほとんど運動から離れていた。しかし、この原水協のなかで、私たちは、岸内閣打倒を主張したことはなかった。なぜなら、原水協は原水爆反対という一点で結集した組織であり、同時にそれは国際的な平和運動だと考えていたからである。たとえ、自民党が抜けたとしても、この原則ははずしてはならない。こうした性格の運動と「安保条約改定と反民主主義的な安保体制に反対する」政治闘争である安保反対闘争とを混同すべきではないと考えていた。それは、日本の核武装阻止という点で重なり合い連携すべきであるが、安保闘争を原水爆反対運動のなかに埋没させ、敵をあいまいにすべきでないと私たちは考えていた。

岸内閣打倒を論議しているのは、まさに、戦争に反対し反民主主義的な安保体制を打破する安保闘争の戦略であり、その共闘組織である安保国民会議幹事会での討論なのであり、原水協での討論ではなかったのである。

共産党の主張の誤りは安保闘争を条約阻止闘争に限定し、日米安保体制にたいする闘争であることを軽視していたことにあった。この点では岸内閣打倒に反対はしなかったが社会党も同じであった。『戦後東京労働運動史』の編者はこの論争を単に「社共の考え方の食いちがい」とのべているが実際は闘争の戦略をめぐる深刻な論争だった。

結局幹事会では決まらず、共産党、原水協、平和委員会と東京共闘会議との話し合いで、八・六第五次統一行動の中心スローガンは東京共闘会議の主張を通し「原子戦争へ通ずる安保改定絶対反対」「岸内閣を打倒し、戦争政策を粉砕しよう」に決まった。私が共産党員であるにもかかわらず、東京共闘会議の代表という立場で、共産党代表と論争するという構図だった。しかし、私は大衆団体の決定を受けて、その代表として発言している以上、共産党中央と意見が違うからといって、その主張を曲げるわけにはいかなかった。官僚的な体質の共産党中央からは別の場所で、私に対して陰湿な圧力がかけられてきたのは当然といえば当然だった。私はそれを覚悟していた。しかし、七月に開かれた、東京共闘会議の討論集会で、少なからぬ労組内（都教組、全電通、全逓、金属、化学など）の共産党員活動家や社会党、共産党の地区活動家、また、多くの無党派の活動家が同じ意見を持っていることを知って元気づけられた。

東京共闘会議の討論集会――箱根左派

安保国民会議が闘争の戦略をめぐる意見対立によって立ち往生している状況のなかで、東京共闘会議は、第三次統一行動以降の闘争の進めかたについて意志統一をはかるために、七月十六、十七日に箱根で討論集会を開いた。この集会には東京共闘会議加盟の各団体代表、地区共闘会議代表百数十名が参加した。地区共闘の代表は社会党支部、共産党地区委員会、区労協の活動家が中心となっていた。集会は二日間にわたり、熱心な討論を繰り広げた。一日目の夜は集会終了後も各部屋で討論が続けられていたのを記憶している。私も春闘討論集会などいくつかの討論集会に参加したが、こんなに熱気のこもった討論集会は初めてだった。

この討論集会は誰が名付けたか知らないが「箱根左派」の集会と呼ばれ、その後の闘争に大きな影響を与えた。この討論集会の講師は前野良氏が招かれ、討論に理論的な筋道をつけてくれた。この集約はその後の東京共闘会議の闘争の戦略となった。長くなるが、討論の集約の全文を再録する。この集約は討論のまとめとして私が起草した。

（1）安保改定の本質は、双務的な軍事条約であり、アメリカの核戦略を基礎とした。日米軍事同盟をつくりあげ、日本核武装、海外派兵を実現し、中ソに敵対するＮＥＡＴＯを組織せんとするものであり、日本独占と岸政府は、この軍事同盟を背景にアジア侵略を策し、帝国主義復活を狙いとするものである。

（2）日本独占と岸政府は、こうした帝国主義的政策を遂行する国内体制の確立のため合理化を強行して独占の基礎を固め、勤務評定の強行と、道徳教育を復活し、民主組織の破壊と大衆運動弾圧のための警職法改悪、労働法改悪、低賃金を固定化しダンピングをおおいかくすニセ最賃法、ごまかしの国民皆保険、国民年金法による大衆収奪、新聞など独占物価の値上げなどを押しつける一方、これに抵抗し、平和と生活と権利のために起ち上がった労働者にたいして首切り、第二組合、暴力団のなぐり込み、警察権力の弾圧、分裂支配による労働組合のたたきつぶしなどきわめてファショ的な攻撃を加えてきている。

（3）このようにみてくるとき、安保改定を積極的に要求しているのは、明らかに日本独占資本と岸政府である。彼らは日本帝国主義体制の強化のためにこの体制に全力を傾注し国内における反動的支配体制を急いでいる。これが現にわれわれが直面している合理化、低賃金政策、組織破壊等々の政治的背景である。したがってわれわれのたたかいは日本独占資本と岸政府と対決せざるをえない。これがわれわれの安保改定を阻止し反動的体制打破のたたかいの基本的な路線である。

（4）したがってわれわれの「安保改定阻止」のたたかいは、こうした政策をおしすすめる岸内閣と真っ向から対決するものであり、「安保改定阻止」と「岸内閣打倒」は密接不可分のものとして「闘争方針」に掲げたのである。（戦後東京労働運動史）

この討論集会で私は非常に自信を持つことができた。そして、たとえ、共産党の中央からどのような圧力が加わろうとも、闘争の原則を断固として守り抜く決意を固めた。

安保闘争の記述を省略した『戦後東京労働運動史』

ここで、『戦後東京労働運動史』の記述についてふれておきたい。「運動史」ではかなり細かい資料を掲載していたが、第八次統一行動から、急に記述が省略されるようになることである。当時の事務局長の芳賀民重さんが生前私にこの「運動史」について、「僕が提供した資料のなかで、安保闘争関係の部分がほとんど削られてしまった。君にその資料を渡すよ、機会があったら発表してくれ」と言っていた。その後、その資料を受け取る前に芳賀さんは亡くられてしまい、ついに資料を頂く事が出来なかった。それを思い出して「運動史」を読んでみると、確かに、第八次統一行動の国会乱入事件以来、安保闘争についての記述は非常に簡略になっている。

例えば、第八次統一行動についての記述はわずかに十四行である。さらに、六〇年の闘争についての記述は、六、七月にわたるあれだけの大闘争が一一三四頁の中で、僅かに十二頁に過ぎない。ちなみに、第二次砂川闘争の数日だけでも十八頁を割いている。第八次以降の安保闘争の評価が八〇年の時点でも定まっていないか、あるいは、編集者の政治的な意図が働いたのかも知れない。とくに、この時期の闘争では文書で記録されていない様々な動きがある。私が「運動史的自伝」として、これを書き残したいと思ったのは、この公式の「運動史」に記述されていない様々な動きについて、私が実際にかかわったことを記録として書き残したいと思ったことと、今一つはすでに亡くなられた芳賀民重さんの思いを実現したいと思ったからでもある。

第八次統一行動に向けて

第五次統一行動——六万人の求心デモ

八月六日の第五次統一行動では中央集会として、安保国民会議と東京共闘会議の共催で「安保改定阻止、核武装反対、岸内閣打倒国民集会」を小石川運動場で開催し、西部——四谷外堀公園、東部——上野公園、北部——竹早公園から求心デモを行い、六万人が参加した。だが、職場での実力行使は見るべき成果をあげることができなかった。

そして、国民会議幹事会では、相変わらず「岸内閣打倒」問題をめぐる論争にあけくれていた。私はこの時期、この論争にかなりのエネルギーを割かれていた。

中央の指導部が「岸内閣打倒」是か否かの論争を続けているなかで、九月の第六次統一行動は「安保改定阻止、伊達判決支持、岸内閣打倒集会」を砂川で開き、五万人が集まった。また。十月の第七次統一行動は職場での活動に重点をおいた統一行動が闘われた。しかし、中央指導部の混乱を反映して、運動の停滞感は避けられなかった。

第八次統一行動をめぐる政治状況と闘争態勢

十一月に入ると安保条約改定をめぐる政治情勢は急速に動きだした。

「……八月十六日、岸内閣の藤山外相は十月調印をほのめかし、九月二十三日、岸首相は自民党の外交調査委員会で国会における安保の単独審議をほのめかした。十月の調印は実現されなかったが、十一月十日、岸内閣は折から開かれていた第三十三回臨時国会で、改定交渉の中間報告をおこない、さらに、十一月二十六日には、藤山・マッカーサー会談で調印の日どりを翌年の一月と決定した。

　第三十三臨時国会は、安保論争でゆれ、さらにベトナム賠償（ニワトリ三羽に二〇〇億といわれた――著者注）の支払が真実は賠償支払の名におけるベトナムの反共軍事化にあることをあきらかにしたした。追いつめられた岸内閣は審議打切りを強行し、十一月二十七日、暁の国会で衆議院を通過させた。」（信夫清三郎『安保闘争史』）

　一方、安保反対勢力は、社会党は、九、十月の大会で分裂し、西尾派の脱落により、右の足かせがはずれた。共産党は十一月十日の「アカハタ」で安保闘争スローガンを発表し、「アメリカ帝国主義はアジア人民の敵、売国と反動の元凶岸内閣打倒」をかかげ、それまでの「岸内閣打倒」に反対するという態度を転換した。この方針転換について、共産党は「その後の情勢の発展に対応して補足したものである」と説明した。だが、これは、東京共闘の討論集会など、下部の共闘会議が共産党中央の反対にもかかわらず「岸内閣打倒」を闘争の目標にかかげた状況に対応した方針の転換であったことは明らかだった。あれだけ「岸内閣打倒」に反対し「正しくない」としていたものを「補足」でかたづけて方針を転換してしまう共産党中央の無責任な体質には改めて唖然とした。だが、ともあれ、共産党中央が方針を転換したことは闘争にはプラスに作用した。

　九月十六日には、安保阻止国民会議の全国代表者会議が開かれ、全国四十六の都道府県で労組、社会党、共産党を中心に共闘会議が作られ、地区の共闘会議は六〇〇に達することが報告された。九月二十日には東京地評青婦協と都学連などにより東京都青年学生共闘会議（東京青学共闘）が結成された。東京地評書記局では加藤松雄書記が担当した。

十月三十日には、全学連の指導でゼネストが行われ、全国で九〇校・百二十一自治会で三十万の学生が授業を放棄した。

十一・二七国会デモの準備

岸内閣は調印に向けて動きだした。一方反対勢力は内部の矛盾を克服しながら、調印阻止に向けて足並みを揃え初め、下部のエネルギーは爆発点に近づいていた。この状況のなかで、国民会議は十一月二十七日の第八次統一行動を労働組合の職場における、全国的な実力行使を行うとともに、中央では国会請願と陳情行動を行うことを決定した。このこの中央行動の主力部隊は東京共闘会議の東京地評と全学連だった。私はこの国会に向けた中央行動の準備に全力をあげることとなった。

国会包囲計画

東京地評はこの国会にむけた中央行動にあたって三方面から陳情行動を起こし、「一歩でも国会に近づく」ことを目標とした。そして、陳情隊で国会を包囲するとした。国民会議の多くの幹部は実際に警官隊の阻止線を破って国会を包囲することは出来ないと考えていたので、東京共闘会議の「一歩でも国会に近づく」という方針を承認した。

だが、私たちは国会構内に入ることまでは考えていなかったが、国会の包囲はなんとか実現したいと考えていた。そのために、あらゆる状況を考えて、計画を練った。

当日の動員は労働組合を中心に八万名を計画し、各組合に動員目標人数の割当てを行った。その配置は、

(1) 国会正門のチャペルセンター前付近に都労連（都教職員組合連合会、都職員労組、東京交通労組、東京水道労組）、自治労東京を主力とする三万名

(2) 人事院、外務省周辺に公労協（国鉄労組、全逓労組、全電通労組、全専売労組など）を主力とする三万名

(3) 特許庁周辺に民間労組（全国金属労組、関東化学労組、全印総連、私鉄総連、合化労連、全日通労組、東貨労、全国一般労組、日放労、新聞労連、出版労協、医労連、全自交など）を主力に二万名

デモ隊の行動計画は、

(1)警官隊の阻止線を破った時は、首相官邸横の民間労組部隊を先頭に公労協部隊、都労連部隊の順に第一議員会館方面に進み、参議院通用門で右に周り国会を八万名のデモで包囲する。解散は人事院横を通って、日比谷公園横の防衛庁(合同庁舎)前の道路に集結し、解散大会を開いた後、新橋方面に流れ解散する。

(2)警官隊の阻止線を破れない時は、午後三時頃から、それぞれの部隊毎に大会を開き、国民会議代表、社会党、共産党の国会議員の報告を行い、人事院から防衛庁前の道路に集結して、全体集会を開催した後に新橋方面に流れ解散とする。

とし、国会周辺地図を作成し、行動経路を示して、指揮者に配布することとした。この周辺地図は大沢悟書記と宣伝カーの運転も兼務していた、高橋順書記が作成した。

警視庁交渉

この計画にもとづいて、私が警視庁との交渉にあたった。警視庁では、主に、警備課の加藤警部、茂垣警部補が交渉に応じた。私はこの二人とは年中公安条例による届出で親しい関係にあった。しかし、今回の交渉は公安条例による届出ではなく、あくまで、不測の事故を防ぐための打ち合わせという性格の折衝だった。

私の主張はこの行動は、憲法で保障された、請願権の行使であり、集団的な陳情行動である。したがって、紹介議員としての、社会党および共産党の議員が陳情を受け付ける衆議院議員面会所と参議院議員面会所まで通すよう主張した。

警視庁は、八万人という人数を面会所まで通せば、事実上国会を包囲するデモ行動となるから認められない。したがって、もし、この行動を強行するなら、警視庁は武装警官隊によって阻止するという言い分だった。

これが、表向きの双方の態度だった。勿論、これは初めから予想されたことだった。そこで、交渉は、どこまで陳情隊を通すかという非公式の交渉になった。その結果

(1)陳情隊は午後一時頃に集まり始める。これに対し警視庁は約五〇〇〇名の警官隊と装甲車で、それぞれのコース、すなわち、民間部隊に対しては特許庁付近、都労連部隊に対してはチャペルセンター入り口手前付近、公労協部隊に対しては人事院、外

務省付近を中心に国会に通ずる道路の入り口に部隊を配置する。

（2）これに対し、陳情隊は、約二時間をかけて警官隊を押し上げる。警官隊は徐々に後退し、特許庁の部隊は首相官邸下まで、チャペルセンターの部隊は国会正門近くまで、人事院の部隊は人事院の少し上付近まで後退して阻止線をはる。

（3）陳情隊は午後三時頃から、その場所で大会を開き、社会党および共産党の議員が国会報告を行い、指揮者がその後の行動を指示する。

（4）陳情隊の解散に際しては、解散のためのデモを警察は妨害せず、スムースに道を開けることを話しあった。

もちろん、公式には警視庁は国会デモは認めないという立場であり、私たちは国会陳情はたとえ集団であっても、憲法で保障された国民の基本的権利であるから、警察が阻止しても「一歩でも国会に近づく」という立場であった。

交渉の終了後、茂垣警部補は私を近くの農林省食堂まで連れていって、当時まだ珍しかった「洋モク」を何箱かくれながら、ホントのところを教えてくれと低姿勢で要求した。しかし、その時点では、私は全学連の計画は承知しておらず、「警察に阻止された場合は話し合った方法しか考えられない」と答えた。茂垣警部補は三時の報告で解散にうつると解釈したようだった。私は実際問題として、装甲車を先頭にした五〇〇〇名の警官隊の阻止線を破ることは容易ではないと考えていたので、あえて否定しなかった。

この交渉の時点で、おそらく、警視庁は全学連の計画も掴んでいるだろうし、東京地評の計画も掴んでいるだろうとは思っていたが、東京地評が万一にも、警官隊の阻止線を破ることができた場合の行動を計画していることは、仮定の計画でもあったのでおくびにも出さなかった。

鈴仙会議——東京地評と全学連の非公式会議

警視庁との交渉のあった夜、東京地評会館の近くの慶応通りにある「鈴仙」といううなぎ屋の二階で、全学連との非公式の会議をもった。この会議はほとんど知られていない。今だから、語れることかも知れない。

この会議に出席したのは、東京地評から、稲村明喜副議長、飯崎清治副議長、芳賀民重事務局長、私と青学共闘担当の加藤松雄書記だった。中川義和政治部長、伊東潔常任幹事も参加していたように思うが記憶はさだかでない。全学連からは、糠谷君等二、三人ではなかったかと思うが記憶はあまりはっきりしない。当時年中東京地評に来ていた、小野寺君もいたかも知れない。私から警視庁交渉の経過を報告し、全学連からは、警官隊の壁を破ってから国会を包囲して座りこむ。東大の生活協同組合で二日分位の炊き出しを用意するとのことだった。

そこで、議論はどうしたら警官隊の壁を破ることができるかということになった。話し合いは「警視庁交渉の経過から考えると、警官隊が装甲車を並べて阻止線を張っているところを破るのは難しい。ただ一つチャンスがあるのは、警官隊が隊形を変えるときだ。それは、三時頃の報告が終わった直後だ。デモ隊が報告集会を始めたら、警官隊は、デモ隊が解散し始めるとみて、横の隊列から縦の隊列に隊形を変える行動をとると思う、そのとき、横に並べられている装甲車も縦形に移動を始めると思う。その時を逃さずに装甲車を乗り越えよう」ということになり、先頭の学生諸君が装甲車を乗り越えれば、金属をはじめ、民間の部隊が続くようにするという結論になった。この戦術で突破口は首相官邸下で作るろうということになった。ここで、成功すれば、デモ隊は正門や人事院口の警官隊のうしろにまわることになり、警察の警備態勢は混乱を起こすことになるだろう。そのチャンスをとらえて、全方面で阻止線を破ることが可能となるだろうという結論になった。

ただ、全学連が考えている座り込みは警察に態勢を立て直す時間を与えることになるので、あくまで、デモで国会を包囲することにし、東京地評の予定のコースに従って解散大会の予定地に集結するようにして貫いたいと要請した。全学連も大筋を了承したように記憶している。その時点では国会構内に入ることは予想していなかったし、かりに全学連の一部に国会構内に入る計画があったとしても、不可能だろうと考えていたので、この点については議論にもならなかった。

雑誌『世界』での新聞記者の座談会でも、

「A——事前に警視庁が入手したという全学連の計画文書をみましても、要するに地下鉄の穴を利用して、ここをまずかく乱するとか、そのあと何々グループがどこどこを突破して、そして労組員を導入するとか、そういう計画はあっても、導入した以後の計画はなにもないですよ」と語っている。(信夫清三郎『安保闘争史』)

これを見ても分かるように、全学連にも、警官隊の阻止線を破る計画は東京地評との打合せ通りに立てたが、構内に入る計画は立てられていなかったのではないかと思う。

十一・二七国会デモと構内突入事件

十一月二十七日の第八次統一行動は国民会議指導部の予想をはるかにこえた盛り上がりをしめした。全国で三五〇万の労働者、学生、市民がストライキ、集会、デモに参加した。

この全国的な闘争の高揚に支えられて、東京では集団国会陳情が組織された。

社会党本部での指揮者会議

デモに先立って指揮者会議が三宅坂の社会党本部の会議室でひらかれた。指揮者会議は「一歩でも国会に近づく」という東京共闘会議の方針を確認し、国会に向けての行動を行ったのち、阻止線が破れない場合は(大多数の人は阻止線は破れないと考えていた)午後三時頃から、それぞれのコース毎に集会を開くこととし、各コースに派遣される国会議員の配置を確認した。

この会議の決定について、さまざまな見解がある。

この見解の違いによって国会包囲デモと国会構内に入ったことについての評価が違って来る。

三時頃の議員の国会報告の後、解散予定地に向かうと決定したというのが、社会党、共産党、総評などの見解である。

東京地評は「一歩でも国会に近づく」という目標を基本として、警察に阻止されて行けない場合の次善の策として、三時頃の議員の報告とその後の解散地への行動を打ち合せたのであって、警官隊の壁を超えるのは難かしいとしても、初めから否定していたものではない。

という見解をとっていた。だが、警官隊の壁を破った場合にどういう行動をとるかについて、この会議では検討されなかった。東京地評はすでに述べたように、警官隊の壁を破ることは難しいとしても、不可能ではないと考えていたし、その場合の国会包囲とデモ行動のコースも計画していた。また、警官隊の壁を破る戦術についても「鈴仙会議」で検討していた。

しかし、それを提案しても、会議は混乱するだけだし、しかも、われわれの戦術が警視庁に筒抜けになってしまうと考えて、あえて、具体的に提案せず、「一歩でも国会に近づく」という方針を確認すればよいと考えていた。

集団陳情行動と国会構内突入

午後一時頃から、三方面への労働者、学生は続々と集まり始めた。私は特許庁前の民間部隊に配置されていたが、集まった人数は予想をはるかに超えていた。予定通り、スクラムを組んで警官隊を押し上げた。警官隊はデモ隊の力に押されたかたちで、少しずつ後退し、午後三時頃には首相官邸の石垣付近に達していた。予定通りの進行である。警官隊は装甲車を横に並べて阻止線を張っていた。止むを得ず報告大会を開くこととし、稲村副議長の司会で社会党国会議員の報告が行われた。この報告の最中に警察が動きだした。阻止の隊形から攻撃の隊形への移動とみられた。警察の隊形が一時崩れた。この機をつかんで、先頭にいた東大、早大の学生が突っ込んだ。一部は装甲車を乗り越え始めた。これを見た全国金属などの民間の労働者が学生に続いた。一挙に阻止線は破られた。警察の阻止線を破った労働者を計画通りに首相官邸を左に見て第一議員会館方面に誘導した。この指揮には中川政治部長があたっていたように記憶している。

私はそれを見て、第二・第三議員会館方面に向かった、議員会館の横に出る狭い道からデモ隊が来るのが見えた。その方に行くと、日放労東京の韮沢委員長（地評常任幹事）と東京地評書記（佐々木、大沢書記だったかと思う）の指揮で民間部隊の後方にいた日放労、日通などの部隊に出会った。特許庁の裏の道から迂回して来たものだ。私はすでに首相官邸の方は突破したことを伝えると共に議員会館横に出る道に誘導した。そのとき、議員会館前の道を人事院方面から迂回してきた公労協の部隊が上がって来た。民間部隊はこの公労協部隊と合流し、国会の南門方面に向かった。

議員会館の前の道を出て国会横の道路と交差する三叉路の所で警視庁警備課の加藤警部と顔をあわせた。加藤

警部は以外と落ち着いた様子で
「竹内君、デモは構内に入ってしまった。どうするんだい」

と声をかけて来た。私は、

「ここで、警察が実力行使にでると大混乱になるからしばらく時間をくれ、構内で労働者を組合毎に掌握してだんだんに道路に出る」

と話したように記憶している。

この話し合いの結果かどうか判らないが、警察はどこかに後退し実力行使にはでなかった。だが、私の印象では、警察は国会構内へのデモ隊の突入は全く予想しておらず、こうした事態に対する方針が決まっていなかったので、止むを得ず待機して様子を見ながらどうするかを検討しているのではないかと判断した。あまり時間はかけられないなと思った。

その頃には学生だけでなく、一部の民間労働者も土手を乗り越えて国会構内に入り初めていた。その頃、国会正門からもデモ隊がなだれを打って入ってきた。正門は中からカンヌキがはずされて開いたので、正門前付近にいた都教組などの都労連部隊は指揮者の指揮で構内に入った。日教組の宮之原書記長の「はいれ！」の号令で入ったとか、都労連の藤沢中執の指揮で入ったとか、デモ参加者の記憶はいろいろだった。おそらく、門が開いたので、数人の指揮者が突入を指示したのだと思われる。これは、大衆的なデモを指揮する場合の常道だった。大衆が一定の方向に自発的に動きだしたとき、それを無理矢理止めようとすれば大混乱に陥る。大衆の向かっている方向に全体を動かしながら漸次隊列をととのえて統制を回復するというのがデモ指揮の常道である。しかも門は完全に開かれているのだから当然の措置だった。「蛇行デモ」などの指揮のときと同じである。

余談だが、このときの正門のカンヌキを誰が抜いたかということで、話題になったことがある。私は数人から「俺が抜いた」というのを聞いた。その一人に東京地評書記局の同僚の加藤松雄君がいた。おそらく何人かがカンヌキに手をかけたのだと思う。そして、こういう時は自分では落ち着いていたつもりでも、隣に誰がいたかなど気がつかないほどの興奮状態にあったのではないだろうか。

構内では、社会党や共産党の議員が青くなって「出てくれ、出てくれ」といって、おろおろしていた。

どこかの宣伝カーのうえでは、総評の岩井章事務局長、社会党の浅沼稲次郎、共産党の神山茂夫などが「混乱をおこさないよう引揚げよう」と呼びかけたがデモ隊は混乱していた。全学連の幹部が宣伝カーにかけあがってなにかわめいているのが聞こえた。

外の様子を見ようと外に出たとき、国労新橋支部の矢吹執行委員（共産党員）がいて

「竹内君、どうするんだ早く出させろ」

と食ってかかって来た。共産党中央の方針に忠実な彼とはしばしば意見が対立していたので、適当にあしらって再び中に入った。デモ隊はどんどん増えていた。

国会構内の玄関の前で、全逓東京地本の米山書記長と会った。さすがに全逓の部隊は組合員のほとんどを掌握していたようだった。彼は、

「竹内君、こんなことをしていてもしかたない、各組合毎にまとめて、まず座らせろ。俺のところが最初に座るから続いて座るように各組合に連絡してくれ」

というようなことを言って、組合員に座るよう指示していた。

私も、この事態を収集するには、それが最善の策だと考え、顔見知りの労組幹部を見つけては、「とりあえず座り込むよう」連絡に飛び回った。労働組合員はだんだんに座り込みはじめた。

その頃に共産党の志賀義雄が、たぶん共産党の地区の部隊だと思うがデモ隊の先頭にたって外に誘導しようとやっきになっていたのを見た。

こうして、東京地評の役員や書記が跳び回っているとき、女性を含む総評書記数人が、国会正面玄関のところに座ってのんびりと眺めているのが見えた。そのなかには顔見知りの共産党員の書記数人もいた。こんなときになにをやっているのだと思って不愉快だった。

周りはかなり暗くなり初めていた。そのうちに、社会党の議員が練馬の駐屯地から自衛隊が出動した言いだした。警察が動いていないのに、いきなり自衛隊が出て来ることなどありえないとは思ったが、あまり長居はできないと思った。この話しは後に聞いたことだが、自衛隊が解散集会予定地になっていた、合同庁舎の防衛庁の警備のために一個中隊が防衛庁に向かったのを、国会に向けて出動したというふうに伝わったのだった。

学生を除いて、労働組合の部隊はほぼ掌握されたのを見て、現場に居合わせた東京地評の幹部、書記、各組合

東京地本の幹部等（誰々がいたかはっきり記憶していない）が集まって協議したが、ここで集会を開いて国会報告を行って整然とデモに移るべきだという意見もあったが、社会党、共産党、総評などの指導部が動揺しているとう状況のもとでは集会は無理だから、整然と隊列を整えて当初の解散予定地（防衛庁前道路）に向かうように誘導することになり、国会に向かって右の方に座っていた部隊から、スクラムを組んで正門から解散地に向かうよう誘導した。労働組合は整然とデモ行進をして、国会正門から解散大会予定地に向かった。さすが現場の幹部たちだと思った。誰も慌ててはいないし、議員たちのようにうろたえてはいなかった。組合員を完全に掌握してその引揚げかたは見事なものだった。時間は午後五時を過ぎていたように思う。

デモ隊は人事院横、農林省前を通って、防衛庁前に終結し、新橋方面に向い流れ解散した。労働組合の解散を見届けて東京地評の芳賀事務局長、飯崎副議長等の役員や書記が新橋の飲み屋に集まった。テレビではさかんに「国会デモ」を放送していた。みんな「やったぞ」という気分で焼き鳥をつつきながら乾杯していた。その後の社会党、共産党、総評からの「国会デモ」とくに「国会構内突入」に対する否定的な発言など予想だにしなかった。

これが、当日の現場で私が経験した集団陳情と国会構内突入事件である。もちろんこの闘争の全体像を描いたものではない。この全体像につては、雑誌『世界』の新聞記者の座談会「座談会・国会デモ事件を目撃して　昭和三五年二月号」など多くの記録が残されている。

この日の情景について、『戦後東京労働運動史』は

「……国会の前庭は赤旗とプラカードでうずまり、労働歌と鬨の声が沸き立った。すでにうす暗くなりはじめた国会議事堂前の広場を、無数の赤旗と二万名の群衆が埋めつくした情景は、異常ではあったが、もっとも感動的な美しさをもっていた。……」

と記している。私は異常とは思わなかったが、「感動的な美しさ」であったことは確かだった。

第八次統一行動をめぐる評価と第九次闘争の挫折

十一・二七の第八次統一行動での集団陳情行動と国会構内突入は、その日の夜にテレビで全国に報道された。この闘争の評

価と第九次の闘争について社会党、共産党、総評の中央指導部と東京地評の間で深刻な論争がおこった。それは、社会党、共産党、総評などの中央指導部が、第八次統一行動を一応評価しながらも、とくに国会構内突入を理由にこの行動の否定的側面を強調し始めたことである。

総評の岩井事務局長は、われわれが、「やったぞ」といって乾杯していた二十七日夜記者団に「警察の挑発に乗ったのは遺憾である」と語った。そして、翌二十八日には声明を発表し、

「……国会デモ事件は『陳情団にたいするどはずれな挑発』であり『計画的に警官隊のかこみをといて国会内におびこんだ』ものであるといいながら『われわれの側における行動についても、若干のものによって統制が維持できなかったのは遺憾である』とした。」（斎藤一郎『安保闘争史』）

社会党は二十七日夜に声明を発表し、

「全学連などの一部の国会構内乱入者があったことはまことに遺憾である。国会の秩序をたもつためにも、乱入した全学連など一部の人びとにたいして、断固たる態度で反省をもとめる……わが党は……乱入者にたいしては、すみやかな退去をうながした」

と述べて、責任逃れにやっきとなっていた。そして、二十八日には中央執行委員会で、すべての責任を全学連にかぶせて「全学連の国民会議からの離脱をもとめる」ことを決定した。（同上）

共産党は二十八日の「第八次統一行動にたいする自民党、岸内閣の弾圧と謀略を粉砕せよ」という幹部会声明を発表し、

「岸内閣は国会周辺に装甲車、トラックなどでバリケードをきずき、五〇〇〇人以上の警官を動員し、自衛隊を待機させ、弾圧し阻止する態勢にでてきた……このとき、反共と極左冒険的行動を主張していたトロッキストたちは、右翼の暴行や警官の弾圧などによって緊張した情況を利用して、挑発的行動にで、統一行動をみだす行為にでた」（同上）

とのべた。

これらの中央指導部の態度は現場の実感とはかなり違ったものだった。

私には警視庁交渉や現場での警官隊の態度からみて、「計画的にデモ隊を国会構内におびこむためにかこみを

といた」などとは到底考えられなかった。現場では彼らは懸命にデモ隊を阻止していた。デモ隊がこの阻止線を破ったのは、警官隊の隊形変更の虚をついたものだった。われわれの戦術の成功だったのだ。虚をつかれて、警官隊は一時方針を失ったというのが実態ではなかったかと思った。

また、全学連に対しても、一部に勝手な行動をとるグループがいるかも知れないが、このグループが全学連全体を動かしているとは考えられなかった。少なくとも、東京地評に出入りしていた小野寺、小島などの幹部は砂川闘争以来の労働組合との信頼関係を大切にしていると思った。国会突入という予想外の事態の責任を全部全学連にかぶせて、政府、自民党や一部マスコミの攻撃から身を守ろうとする中央指導部の方針には同調できなかった。むしろ、ここで全学連全体を孤立させることは、結果的に全学連全体を突出した行動にかり立てることになるのではないかと考え、そのことの方が心配だった。

デモ隊と警官隊の違いは、前者が状況に応じて現場指揮者あるいは、自分自身の判断で動くことができるのに対して、後者は上からの指示がないと動けないということだ。したがって、デモ隊には明確で具体的な行動目標が示されていないと、ときには行き過ぎがおこりうるのである。

だから、東京地評は十一月二十九日の戦術会議で、第八次統一行動で示された大衆的な闘争の高まりを大きな前進と評価した。そのうえで、統制のみだれについては、闘いを前進させつつ内部で克服すべきだと総括したように記憶している。

第八次統一行動の評価について、私は『月刊労働問題』の座談会で次のように語った。

「竹内　……十一・二七闘争では、十一・二七闘争前にこれだけの力が貯えられていたことを見通せなかった国民会議の弱点があったと思う。東京地評でも、成果を確認しつつも、統制の乱れについては、国民会議の一員として反省し、闘いを前進させつつ内部で克服すべきだと総括しています」（『月刊労働問題』一九六〇年八月号「安保――かくたたかえり」）

そして、東京地評では、二九日に戦術会議をひらき「十二月十日（第九次）にはふたたび国会デモを組織する」ことを決定した。私は、国会構内突入という計画にはなかった事件について、それほど、重要な問題とは考えなかった。大衆闘争には起こりがちな行き過ぎがあったにしても、むしろ、指導部を乗り越えた大衆のエネルギーを評価すべきだと考えていた。しかも、行動自体は「国会陳情・請願」という行動の目的からいささかもはずれてはいないと思っていた。

そして、この「事件」をとらえての政府、自民党や一部マスコミの攻撃には、憲法で保障された国民の請願権の行使という立場から断固反撃し、国会請願行動を拡大すべきだと考えていた。これは東京地評指導部の一致した考えでもあった。

十一月二十八日の国民会議の幹事会では、十一・二七の行動について議論になった。社会党、共産党、総評の代表は、社会党本部での指揮者会議では「三時の集会の後に解散する」という決定だったと主張した。この主張にたいして東京地評の代表と出席した山之内副議長は、「全員請願をおこなうということを基調とするという点では、全員一致していた。……。ただわれわれは、全員請願はできないと考えたので、一歩でも国会へ近づこうと考えたのだ。実際、国会構内に入ったとき、われわれは、よくここまできたという感じだった」

と発言した。全逓出身の山之内副議長の発言は若い私などの発言と違って、それなりの重みと説得力があった。

そして、十一月三十日の国民会議幹事会では、中川政治部長と私は、

「国会構内に入った大衆に、陳情の経過も報告せず、つぎの行動も指示せず、ただちに解散を命じた指揮の側に問題がある。……即時解散せよという命令に応じなかったのは、学生だけでなく、労働者もおなじだ。国会へ行くという姿勢のなかには、多少の行き過ぎがおこるのはあたりまえだ。それを退くというかたちで収拾しようとしたことに問題がある。退くという形では大衆を納得させることはできない」

とこもごも発言した。しかし、十二月十日の第九次統一行動に再び国会請願行動を行うという東京地評の提案は決まらなかった。十二月三日の幹事会でも、同じ議論の蒸し返しだった。

一方「十二月十日に再び国会へ」という東京地評の方針は全国の支持を集め、大阪、愛知など各地からは大規模な代表団を送る準備をしているという電話連絡が連日

入ってきた。

十二月五日には、関東各県の地評事務局長が東京地評事務局に集まり、十二月十日の国会動員には……群馬県評はバス四台、神奈川県評はバス二十台で大衆を動員すると報告された。

だが、十二月七日の国民会議幹事会は社会党、共産党、総評の反対で十二月十日の国会請願行動をとりやめ、「生産点の実力行使」を中心とする行動とすることを決めてしまった。

最初の挫折である。政府は一月調印に向けて着々と準備を進めているとき、われわれは、有効な闘争の手段を失ってしまった。職場の実力行使も国会への行動と結びついたときにはじめて有効な闘いとなる。当時の状況のもとでは国会へのデモこそが労働者と国民を結び付ける最も有効な行動形態だったのである。

この第八次統一行動の総括と第九次統一行動の方針はかなり長文の文書としてまとめ、東京地評の機関紙にも方針案として印刷され配布したと記憶している。だが、この新聞は「再び国会へ」という方針が国民会議で認められず、地評評議員会でも共産党系組合や公労協関係組合などの反対により否決され、新聞も回収されたのだった。公労協などは中央行動については本部の指示がなければ動けないという組織の実情にあったため、止むを得ない面があったが、共産党の組合介入は、この第八次統一行動以降、極めて露骨になり、労働組合や共闘会議での民主的な討議をへた方針に露骨に介入するようになっていた。

ともあれ、この時期の東京地評の闘争計画は、中央の国民会議幹事会で決められなければ動けないという実情にあり、私たちの運動は地域や職場の運動を盛り上げながら、中央との調整にもかなりのエネルギーを使わなければならなかった。この組織の実情を知らない、全学連の新しい幹部たちには、地評たのむにたらずという空気になったのは止むを得ないことだった。こうした空気を反映して、私は第八次闘争以降、ほとんど全学連指導部との接触はなくなっていた。だが、東京青学共闘会議を担当していた加藤書記とは連絡がとられていたようだった。

この間の状況について、東京地評の『戦後東京労働運動史』のなかでは一言も触れられていない。したがって、この部分についての日程などは斎藤一郎『安保闘争史』、信夫清三郎『安保闘争史』によって、記憶を確かめた。

岸渡米抗議と羽田闘争の中止

岸渡米抗議行動方針をめぐる混乱

第九次統一行動と第十次統一行動の挫折のなかで、私たちは今後の闘争の方向を模索していた。

一方、政府は一九六〇年一月十六日に岸首相が渡米し調印を行うことを決定していた。

岸渡米にたいして、社会党は十一日の中央委員会で「岸渡米の日には羽田空港にいたる道筋に大規模な動員をおこなって調印阻止の統一行動を組織することを決定していた。」（信夫清三郎『安保闘争史』）

総評は十五、十六日に開かれた春闘討論集会で岩井事務局長が「岸訪米の際にはみんなで羽田へおしかけ文句をいい、これを来年の出発としたい」と述べた。（同上）

十二月十七日、国民会議は幹事会を開き、岸の渡米と調印に反対する第十一次統一行動の方針を討議した。討議の中心問題は岸渡米の日に羽田動員を行うかどうかにあったが、共産党が反対した。幹事会はさらに十九日に開かれた。その日の共産党は反対せず、幹事会は岸渡米の日に「羽田空港にいたる沿道に大規模な動員を行って、だんことしてたたかいを展開する」とする方針を決定した。（同上）

翌二十日、幹事会は羽田付近の現地調査を行った。参加した人で私が記憶しているのは、社会党――大柴滋夫国民運動局長（後に衆議院議員、山梨学院大学教授）、共産党――橋本某、総評――岩垂寿喜男書記（国民会議事務局次長）、東京地評は中川義和政治部長と私だった。現地調査の後、羽田に近い産業道路沿いの「そば屋」の二階で打合せ会を開いた。ここで、羽田空港にいたる沿道への労働組合や全国の地方代表団などの配置を相談した。

現地調査を終わって、芝の総評会館に帰った。このとき、総評には共産党の宮本書記長がきていて、太田総評議長と会談していた。

羽田沿道動員をつぶした太田・宮本会談

この会談で宮本書記長が羽田デモの中止を申しいれたとのことだった。その理由は「岸渡米の日に全学連がヘリコプターを飛ばして、岸の飛行機に石を落す計画がある」というバカげた理由だったと聞かされた。

要するに理由などどうでもよかった。第八次統一行動いらい、全学連のトロツキスト攻撃に躍起になっていた共産党の狙いは全学連を孤立させることだった。

もともと羽田動員に腰の引けていた総評太田議長は共産党のこの申し入れにとびついた。

この太田・宮本会談をうけて、総評は十二月二十一日の幹事会で羽田動員を中止することをきめてしまった。

東京共闘会議は二十二日に全体会議を開き、一月十六日には羽田動員をおこない、岸の渡米に抗議することをきめた。この決定のときに総評の中止決定の情報が入っていたかどうか記憶していない。

羽田動員中止で全国代表者会議は混乱

十二月二十五日には国民会議の全国代表者会議がひらかれた。会議は羽田動員を中止した総評とそれを支持した共産党に批判が集中した。東京だけでなく、大阪、京都、福岡、神奈川、静岡、兵庫、新潟などが羽田での抗議行動を主張した。この代表者会議の討論は、「一月十六日には全国の代表を含めて代表団を羽田に送る。これについて反対もあった」と集約され、具体的行動は「二十六日の国民会議幹事会で最終的にきめる」とした。二十六日の国民会議幹事会は総評、共産党が羽田動員に反対し、地方代表の主張は無視された。

そして、岸渡米に反対するために「一月十四日に全国的に抗議集会をひらき……中央では文京公会堂で〝渡米調印反対・抗議団結成大会〟をひらき、十六日には日比谷野外音楽堂において〝渡米調印反対抗議中央大会〟をひらく」ことを決定し、地方が要求した「羽田での抗議行動」は、地方代表を含む代表団の抗議にすりかえられてしまった。

そして、羽田での抗議行動をきめて、準備に取り組んでいた東京共闘会議、とくに東京地評にたいする、総評、共産党からの切り崩しの工作が執拗につづけられた。

一・一六羽田抗議集会実行委員会

一月六日、東京地評常任幹事会は総評の羽田動員中止の決定をうけて、方針の再検討を行ったが意見は割れた。おもに、公労協（国労、全逓、全電通など）関係の組合出身の常任幹事は総評が中止を決定しているのに中央を無視して動員することはできないということだった。全国単一組織のこれらの組合の意見は組織の実態から理解できた。一方民間出身の常任幹事は、すでに、下部では動員の準備に入っており、いま、中止をすれば、闘争の意欲をそぐことになると主張した。要するに組織形態の違いからくる意見の違いだった。そこで、東京地評としての動員は行わないが、個々の組合の判断で羽田に集まった組合については責任をもって指導にあたるということにした。東京共闘会議も、ほぼ同様に方針を変更せざるを得なかった。

これらの決定を受けて、すでに羽田動員を決めている組合を中心に社会党の平和同志会のメンバーと連絡をとり、一月十日に打合せ会を議員会館の会議室でひらいた。そして、この会議では、一月十二日に「一・一六羽田抗議集会実行委員会」を結成し、十六日に空港近くの萩中公園で集会を開くことをきめた。

この会議には社会党平和同志会から飛鳥田一雄、岡田春男議員らが出席し、東京地評からは芳賀事務局長、稲村（全国金属東京委員長）、飯崎（関東化学書記長）の両副議長、伊東（全印総連東京委員長）、中川（東貨労委員長）、大平（全駐労東京書記長）、倉持（全国一般東京委員長）、杉本（全国金属東京常任）の各常任幹事が出席し、書記局からは、政治部担当の私と青学共闘担当の加藤書記が出席した。他に全学連、社青同なども出席した。この会合には出席しなかったが、日本平和委員会も参加をきめていた。

この実行委員会の準備では、私は、おもに社会党平和同志会の議員との連絡にあたった。

この実行委員会の動きにたいし、共産党はこれらの民間組合の執行部内の共産党員に対して羽田動員の決定を中止させるよう指令し、大がかりな切り崩し工作を行った。その結果、これらの組合も一度出した羽田への動員を中止せざるをえなかった。

抗議団結成大会での混乱

一月十四日、全国の抗議代表団が続々と文京公会堂に集まった。この大会に集まった地方からの代表団は一〇〇〇名をこえていた。福岡、広島、大阪などの地方の代表団は羽田での抗議行動を要求した。

しかし、議長団は大会での討議や動議を一切認めず、会議を閉じようとした。これに怒った地方代表は壇上にかけあがって抗議し場内は騒然とした。私はこの時、広島の原水爆禁止大会で顔見知りの共産党の松江澄県会議員（広島県委員長）が壇上にかけあがるのを見た。私は地方では県評、社会党、共産党が完全に一致しているのを実感したたし、また、私たちの主張は全国で支持されているることを実感した。この大会について朝日新聞は「主催者側は混乱をさけるため、動議を大会で討議せず、国民会議の幹事会でとりあげて〝意見を尊重する〟こととし、おしきろうとした」（一月十五日）と記した。

その夜、国民会議幹事会が開かれたが、地方の意見は無視され、総評の柳本政治部長、共産党の代表（金子幹部会員？）等の強引な主張で「羽田動員はおこなわず、十六日に都内五方面から日比谷野外音楽堂に向けた求心デモを行い中央集会を開く」ことをきめた。そして、「地方代表には十五日に代表者会議を開いて説得する」こととした。この幹事会で社会党は党内に羽田動員をすべきだという強い意見もあり、態度はあいまいだった。また、共産党の強い影響下にあった平和委員会の代表は組織内の地方代表の意見を反映して、羽田動員を主張していた。

地方代表の要求におされて、どの会議だったか記憶はあいまいだが、幹事会では共産党の代表が「一〇〇〇人でも代表だし、一万人でも代表だ」などと発言し、あたかも地方代表全員が羽田にむかうことを認めるかのような、ごまかしの発言まで飛びだした。こんなごまかしを言わなければ、地方を納得させられなかったのである。共産党中央や総評がいかに孤立していたかを示す一幕でもあった。

十五日の代表者会議でも地方代表は納得しなかった。社会党中央、共産党中央、総評はそれぞれの組織別に分かれて話し合うことを提案したが、地方は動こうとしなかった。このやり方は地方の共闘組織を分解させてしまうものだった。縦割りの話し合いを拒否する地方代表から、最初に共産党の代表が連れだされた。中央の統制の最も強い共産党がこの縦割りの口火を切ったのだった。共産党を皮切りに、総評、社会党の組織が別々の部屋に集められて説得が行われ、地方代表はしかたなしに、有無をいわせず黙らされた。

雨の中の求心デモと日比谷中央集会

一方、東京では仮りに羽田動員がきまったとしても、最早、数万の大衆をあっちこっちに動かすことは物理的に不可能だった。私は羽田集会実行委員会が解体されたときから羽田動員をあきらめ、全国代表者会議や国民会議幹事会の合間をぬって求心デモと中央集会の準備に取り組み、私の担当だった警視庁との交渉にあたった。十一・二七の国会デモ以来、警視庁の担当者とはなんとなくギクシャクした関係になっていた。十一・二七の国会陳情のとき、警視庁の担当者にすれば、いろいろな情報から三時には解散に移るものと思い込んでいたのに、結果として阻止線が破られたことについて、彼らの庁内の立場が微妙になっていたことは容易に想像できた。そして、十一・二七では私に騙されたのではないかと感じでいたとしても止むを得ないことだった。私は交渉をスムースに進めるために、常任幹事の大平氏などと複数で警視庁交渉あたり、警視庁も警備係長の浜崎警視が同席するようになっていた。

中央集会には雨にもかかわらず、都内五地区から求心デモで二万五〇〇〇人が集まった。この集会の模様について、斎藤一郎は『安保闘争史』でつぎのように記している。

「地方代表三〇〇〇人をふくむ二万数千の大衆は、つめたい氷雨にぬれながら、日比谷の中央集会についたとき、ひさしのある壇上には国民会議の幹事団体の代表がならんでいた。大衆はいかりにもえた声で叫んだ。

『おれたちはぬれてきた。おまえたちも前にでろ』。野坂参三が『批准を阻止し……さらに安保条約の破棄をめざして……たたかいをすすめよう』と挨拶しているとき、ある地方代表は『岸の渡米を阻止するために、おまえはなにをやったか』とくりかえしどなりつけた。全学連の学生が『羽田デモの報告をさせろ』と要求して、壇上にかけあがったとき、マイクのスイッチはすでにきられていた（一月十八日『アカハタ』）」

どこからが『アカハタ』の記事か分からないが、この記事は会場の模様をよく伝えている。

『アカハタ』で思いだすのは記者の由井誓君（離党後、自動車事故で重傷、回復後『労働運動研究』編集長、八十六年死去）のことである。この記事もおそらく彼の記事と思うが、彼は安保闘争時には、毎日、東京地評の事務所に詰めていた。同じ頃、全学連の小島弘君も東京地評に毎日のようにきており、私たちは個人的によく話し合った。彼は、とにかく現場の声を正確に報道しようと一生懸命だった。彼の記事がどれだけ採用されたか知らないが、共産党の本部にも彼のような活動家がいることに随分と勇気づけられた。

広がる活動家の挫折感

岸渡米に抗議して羽田で抗議の意志を伝えるべく上京してきた地方代表と羽田動員にむけて運動を盛り上げてきた東京の労働者の挫折感と中央不信は、一時的ではあったが、その後の闘争の停滞をまねくこととなった。

一方、全学連は十五日夜から約一〇〇〇名が羽田空港のロビーにすわりこみ、これを排除しようとする、警官隊や右翼との乱闘となり、学生七八名が逮捕された。この全学連の行動をめぐって、またまた論争となり、のちに、共産党は逮捕された学生の救援をしないことをきめ、所属する弁護士による弁護すら拒否させるという常識では考えられない行動にでたのであった。たとえ、学生の行動が国民会議の決定にしたがわないものであったにしても、現に権力の犠牲にあっている学生の弁護すら拒否するなど、私には考えられないことであった。

学生が国民会議の集会やデモ隊と乱闘したというならともかく、彼らは彼らなりに正しいと信ずる方法で闘ったのである。その指導部が国民会議の方針に従がわなかったという問題があったとしても、また、指導部が共産党指導部と対立する共産主義者同盟（共産党中央指導部と対立し除名された全学連指導部を中心に結成された）の影響下にあったとしても、参加した学生はみんな自分の判断で行動しているのである。その結果の犠牲者である。それを救援しないなど明らかに間違いだった。

ともあれ、安保条約は調印された。そのことに挫折感はなかったが、第八次統一行動以降、ほとんどの闘争計画は職場の盛り上がりにもかかわらず、中央の指導部によって挫折させられた。闘った上での挫折ではない。このことに私はやりきれない気持ちだった。

こうした気持は私だけではなかった。活動家の間に広がった空気について、社会党の機関紙『月刊社会党』二月号の共同討議では

「昨年の十一月二十八（二十七？）日の第八次統一行動

から以降、安保闘争をたたかっている活動家たちのなかには一種の停滞感があらわれて」おり「その停滞感につながって、運動の主体である民主陣営の内部では、安保闘争にたいするかまえや認識についての混乱と不統一と、そして無視できない相互不信がはたらいているとさえいえる状況がある」と指摘し、それが「なによりかかって指導の体制——とりわけ政治指導の最高の責任をになわなければならぬ党の指導性の問題に帰結する」ことを反省し、その原因を追及した。(信夫清三郎『安保闘争史』)

それはひかえめではあるが、当時の状況をよくあらわしていた。

中国を訪ねて

北京市総工会との交流

一月十九日の条約調印以後、安保闘争は第十二次統一行動、第十三次統一行動と休むことなく、批准阻止にむけて署名運動、デモと中央集会をつづけていたが、闘争の極め手を欠いていた。

安保闘争の停滞感がひろがるなかで、今後の運動の進め方を模索して、芳賀事務局長、中川政治部長と相談しているとき、中国ではわれわれの闘争を支持してくれており、日本における闘争の状況をよく説明し、社会党や共産党にたいする中国の影響力を考えるべきではないかという話しになった。

東京地評ではそれまでに、芳賀事務局長、山之内副議長、飯島政治部長(国労東京)などを総評代表団、日中友好協会代表団などの一員として中国に派遣し間接的ではあったが接触があった。その機会に労働者の交流を提案してあったので、直接に中国訪問を打診してみようということになった。私が文書を書き、総評国際部に依頼して、英文で中国北京市総工会に打電してもらった。三月末に中国北京市総工会から、七名の代表団の招待状と羽田から香港までの航空券が届いた。

急遽、代表団の編成がおこなわれた。この代表団の派遣が今後の定期的な交流の最初の派遣となることを考慮して、代表団には都労連、公労協、民間の組合代表を網羅するようにした。同時に安保闘争についての東京地評の運動に中国の支持をとりつけるという趣旨から、実際に安保闘争の指導にあたった役員と書記局からは私が参加することとなった。

東京地評訪中代表団は、団長に岡本丑太郎（議長・東交委員長）、団員に飯崎清治（副議長・関東化学書記長）、伊東潔（常任幹事・全印総連東京委員長）、細江貞助（国労関東委員長）、三田朝丸（都職労委員長）、杉本安次（常任幹事・全国金属東京）、竹内基浩（書記・書記局）が決まった。

また、代表団は北京市総工会と安保闘争についての共同声明をだすことも任務とされた。この仕事は代表団事務長の杉本さんと代表団書記の私の仕事とされた。そして、共同声明が調印されたら、中国の新華社通信社と日本のアジア通信社の協力を得て、できるだけ早く日本に伝えてもらい、東京の労働者に知らせることにし、この手配を中川政治部長がおこなうこととした。アジア通信にこのことを依頼したところ、こころよく協力を約してくれた。準備がととのい出発を待つばかりとなった。

私の訪中にたいする共産党の干渉

ところが、予想もしないところから、横やりが入った。

或る日、共産党都委員会の杉本文雄副委員長から私に呼出しがかかった。何事かと彼の指定の場所に行くと彼一人が待っていた。話は私の訪中について、党の中央から今の状況では私を中国に行かせることは出来ないと言ってきているので困っているということだった。大衆団体がきめたことに党が正面から異論を挟むことはできない。とにかく君が自己批判してくれれば、中央の方は話をつけるとのことだった。

私は自己批判書を書くことを拒否した。

だが彼は「君の立場も判らないわけではない。だがそれでは問題は解決しない。六中総（共産党第六会中央委員会総会）の決議について、意見はあるが理解しつつあるということでいいから、書いてくれ」ということだった。ここで問題を紛糾させれば、共産党中央は地評加盟組合のなかの党員を使って妨害工作をやりかねない。そうすれば、今回の訪中団員に私を加えてくれた、芳賀さんや中川さんの期待を裏切ることになると思い。やむをえず、私は杉本副委員長の言う趣旨で文書を書くこととした。

ところが、二、三日して書記局の佐々木君が「竹内君が中国に行くについて共産党に自己批判書を出した」という話が流されているから気をつけろと言ってきてくれた。党中央が意識的に漏らしたのかどうか判らなかったが、私の党にたいする不信は増幅された。

出発の数日前に都委員会の井上労対部長が、春日正一都委員長が中国に行く前に君と話したいので自宅にきてくれといっているという連絡を持ってきた。

日曜日に川崎の春日委員長の家に行くと、特別な話はなく、とにかく帰ってきたら中国との話し合いの内容を報告してくれとのことだった。後の話しになるが、井上労対部長からは会うたびに早く都委員長に報告してくれということだったが、帰るすぐから忙しく、結局、私が書いた代表団の報告書を渡しただけだった。実際に報告書（数百部印刷して配布した）に書いた以外に特別に報告すべきことはなかった。

私を誹謗した党中央統制委員会議長の中国への手紙

出発を目前に控えたある日、日本国際貿易促進協会（国貿促）の望月という事務局員が私の自宅に尋ねてきた。用件は国貿促の手紙を中国に届けて貰いたいということだった。望月という男には私も妻も面識はなかったが、国貿促は前に私も妻も関係していた団体でもあり、封筒が協会の封筒だったので何の疑問もなく引き受けた。

手紙の中味を見ることもなく、封をしたまま中国で北京市総工会に渡した。いま考えてみれば迂闊なことだった。せめて、国貿促に確かめる位のことはすべきだった。

後に明らかになったことだが、この手紙は党中央統制委員会からの私に関する文書だった。そのことを私に明らかにしてくれたのは、当時の中央統制委員会議長の春日庄次郎氏だった。これから数年後、社会主義新党の全国準備委員会で彼と同席したときに彼から明かされたのだった。

その内容は一言でいえば「竹内は反党分子だから、そのつもりで対応してもらいたい」ということだったそうで、春日氏は「俺がサインをしたが、事情もよく調べずサインして済まなかった」と話してくれた。

ともあれ、私は中国の党へのそんな手紙を自分で持っていったのだから、お人好しもいいところだった。しかし、中国滞在中に中国側は私に不審を抱かせるような態度は少しも見せなかったので、そんな手紙を持っていったことも知らずに帰国したが、中国の党の判断によっては他の代表団と一緒に帰れなくなることもありえたのだった。

革命十年の中国を訪ねて

四月二日、七名の代表団は羽田を出発した。当時はまだ中華人民共和国との国交がなかったのでビザは香港までだった。香港に着くと中国の係員が出迎えに出てくれて、その案内で列車で国境に到着した。国境の橋を歩いて渡り中国に入った。税関はフリーパスで北京から迎えにきていた通訳の案内で広州市のホテルに入った。

翌日には飛行機で北京に向った。北京空港には北京市総工会の王主席以下数人の幹部が出迎えにきてくれ、新僑飯店にはいった。

その夜、歓迎レセプションが開かれ、中華全国総工会の幹部も出席した。そして、数日後には千名をこえる労働者を集めた大衆的な歓迎集会も開かれた。この歓迎集会は同時に日本の安保闘争を支持し激励する大会でもあった。

この中国訪問では、私たちは、北京の他に南京、上海、ハルピン、長春などを訪れた。各地では、各地の工場や人民公社、新旧の住宅街などの視察と交流をおこなった。職場の労働者代表との交流では「日本の安保闘争支持」を訴えた。また。歴史博物館、民族文化宮、革命殉難烈士の碑、紫禁城（故宮博物院）、万里の長城、万壽山などの名所旧跡も見学した。

各地の工場などでは、中国語の「日本人民の日米安保反対闘争を支持する」というスローガンがいたるところにかかげられており、挨拶では必ず、「日本人民の安保闘争を支持する」という言葉で始まった。

この工場訪問で、一つの印象に残ることにでくわした。長春の工場を訪問したときだと思うが、工場の門を入ったところに壁新聞が貼られて労働者が集まっていた。案内の人は見えないようにしようとしたようだが、大きな文字なので少し離れても読めた。簡化漢字だが大学時代に中国語を多少は学んでいたので、およその判読はできた。それは、工場内にいた国民党のスパイを摘発したもので、氏名が書かれていた。それを見て、中国はまだ中華人民共和国が成立してから、十年しかたっていないということに気がついた。まだ、国民党の残党と闘ってい

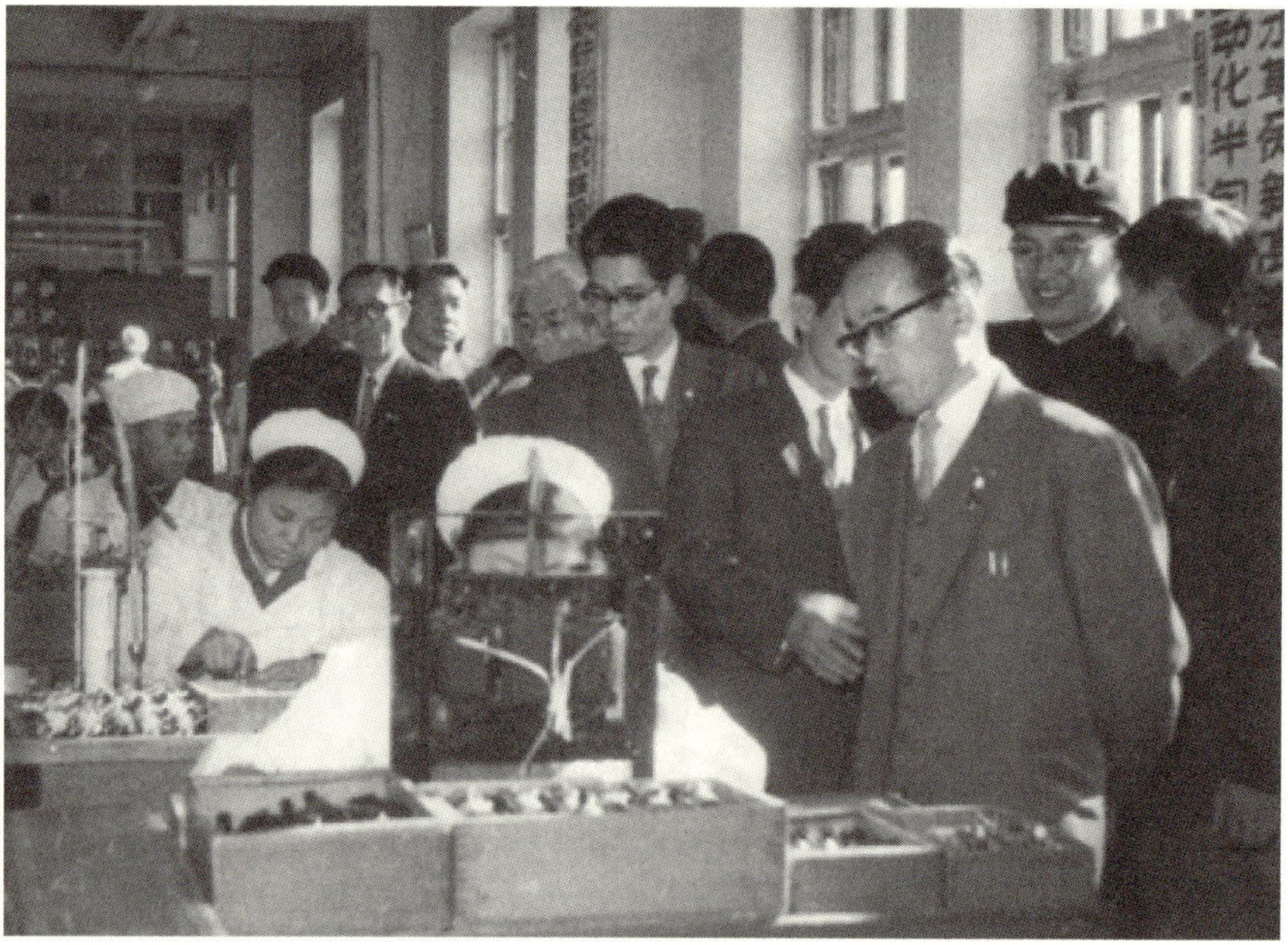

中国の工場訪問

たのだ。毎日の歓待でついそのことを忘れるところだった。この時から、中国側の感情を刺激するような言葉に気をつけるよう心がけた。

共同声明の話し合いと調印

まだ、北京に滞在しているときに私たちは、共同声明をだしたいということを申し入れた。北京市総工会は中華全国総工会と協議して、東京地評の提案に賛成すると回答してきた。この時点では、中華全国総工会と総評との間の共同声明はだされていなかったので、東京と北京の労働組合の共同声明が事実上、日本と中国の労働組合の最初の共同声明となるものだった。中国側が全国総工会の意向を重視したのは当然だった。むしろ、私たちのほうが、そのことに気がついていなかった。

共同声明をだすという合意ができてから、その内容についての話し合いには、北京市総工会からは私たちに同行していた北京市総工会の石国際部長と全国総工会国際部員で私たち代表団の通訳を担当していた孫さんが出席し、東京地評代表団からは、杉本さんと私が出席した。

北京から南京、上海と交流をつづけながら、共同声明の内容の討論に入った。ほとんど毎日、公式の交流日程の終わったあとホテルで討論をつづけた。私たちが主張したのは、箱根左派といわれた、東京地評の安保闘争についての基本的な方向を声明に盛り込み、これに対する北京市総工会の支持をとりつけることだった。

だが、意外と話し合いは難航し、南京、上海での交流を終わり、再び、北京に帰るまでつづいた。

この話し合いで私たちは「われわれが闘っている安保闘争は、双務的な日米軍事同盟をめざす日米安保条約改定に反対する闘いであると同時に、反民主主義的な安保体制の強化に反対する闘いであり、われわれは、この政策を強行している岸内閣打倒を不可分の目標として闘っている」と説明し、これを共同声明に明記し、この闘争にたいする中国人民の支持を明記するということを希望した。

これにたいして、中国側は、直接的な表現でわれわれの岸内閣打倒の闘いを支持することとなる表現に難色を示した。北京市総工会の見解は、話し合いのニュアンスから、アメリカ帝国主義の戦争と侵略の政策に協力しながら、日本の帝国主義的復活をめざし、日米軍事同盟をめざす日米安保条約は国際問題であり、中国人民自身の問題だが、岸内閣打倒は日本内部の問題であり、これを直接支持する表現になると内政干渉になるため難色を示しているのだと理解した。微妙な外交問題を含んでいたのだった。

だが、一方で、代表団が北京大学を訪問し、学長と会談した際、われわれが、東京地評の安保闘争についての立場と実情を報告したのにたいし、学長からは「前衛の論文をよく読んで下さい」という答えが返ってきたのには、率直にいってがっかりした。そして、中国では、日本の闘争の実情は、『前衛』『アカハタ』という日本共産党の見解を通じてしか知られていないのだということも実感した。

結局、話し合いは北京に帰るまで持ち越され、北京では北京市総工会の王主席と岡本議長の会談が行われた。その結果、この点については共同声明に両論を併記して声明文を作成することで意見が一致した。

いま、手元に声明文がないので、実際の声明の記述について正確に記憶していないが、趣旨は、「東京地評は……と述べた」としてその主張をそのまま記載し、北京市総

中国での共同声明。左端が筆者

工会の主張は「北京市総工会はアメリカ帝国主義の戦争と侵略の政策に反対し、日米安保条約に反対する日本人民の闘争を支持すると述べた」という表現で記載することとした。

私たちは中国側との討議で、東京地評の考え方も充分に理解されたと判断し、また、北京市総工会の立場もよく理解できたので、双方の意見は基本的に一致しており、両論併記という方法は最も妥当な方法と判断し、この内容で調印することとした。

四月二十日には中華全国総工会の陳国際部長の立会いのもとに共同声明は調印された。この共同声明はただちに新華社通信から配信された。

特別機で帰国へ

共同声明の調印を終わり、私たちはハルピン、長春と交流をつづけた。

長春まで来たとき携帯ラジオで日本の放送を聴くことができ、日本の四月二十六日の国会請願デモのニュースを聴いた。すでに共同声明の調印も済んだことだし、早く日本に帰ろうということに意見が一致し、北京市総工会に申し入れたが、王主席からは折角来たのだから、メーデーに招待したいのでそれに参加してからの帰国してほしいと申し出られた。われわれはこの招待を受け入れ、メーデーが終了次第できるだけ早く帰国の途に着くことになった。そして、北京市総工会はわれわれの意をくんで、北京から広州まで、専用特別機をだしてくれることになった。

メーデー終了後、朱徳人民大会常務委員長との接見などの公式行事を済ませて、ただちに帰国することになった。

帰国の前に珍しい人が訪ねてきた。元総評事務局長の高野実さんだった。高野さんがどういう関係で中国に滞在しているのか知らなかったが、みんな面識があったので大変に喜んだ。高野さんは今回のわれわれの中国訪問を中国側も高く評価していると語ってくれた。そして、中国共産党の機関誌『紅旗』編集部の論文の日本語版を十数部持ってきてくれた。この論文は問題になりはじめていた「中ソ論争」での中国の見解をまとめたもので、日本語版ができたばかりの冊子だった。私たちが初めて日本に持って帰ることになった。

われわれの専用機は十数人乗りのプロペラ機で、北京市総工会の王主席以下多数の幹部に見送られて、われわれ七人の代表団は機上の人となった。通訳の孫さんは日本の総評メーデー代表団もいて多忙のため同行できず、通訳なしの旅行となった。

ところが、湖南省に入って気流が悪くなり、瞬間的に二〇〇メートルも落ちるというような激しい機体の揺れに見舞われ、長沙の地方空港に不時着をしてしまった。

通訳がいないため、言葉は通じず、機長もわれわれが日本人だということは判っても、どういう代表団か知らされておらず、一時難民収容所に入れられてしまった。やむをえず、国労の細江さんが戦前に大連にいたことがあり、多少中国語ができたので、彼が筆談を交えて湖南省総工会に連絡をとって貰ったところ、すぐに総工会幹部が来てホテルに案内され、その夜には歓迎レセプションをひらいて歓待してくれた。私も大学時代には多少中国語を習ったが、本の上での語学ではほとんど役にたたないことを思い知らされた。

その日に、広州の総工会に細江さんが電話をいれて打合せの結果、翌日の列車で広州に向かうこととなった。

こうして、五月初めに四十数日の中国訪問の旅を終え、代表団は無事帰国の途についた。

この中国訪問で私が得た大きな収穫は「大局を見る」ことと、「運動を客観的に評価する」ことが大事だということを学んだことだった。それは、自分たちのやっている運動を、また、そのなかでの自分の意見や行動を客観的に置いて見て、運動の目標と大局的な流れに照らして振り返って点検してみることの大切さを痛感したことだった。

中国に来て、日本の安保闘争を眺めたとき、日本に居たときには気がつかなかったいろいろな側面がよく見えた。全学連の問題にしても、外から見るとそれは運動内部の矛盾であり、運動の大目標に照らして解決すべき問題だということがよく分かった。仮りに全学連の闘争に行き過ぎがあったとしても、また、共産党の対応が間違っていたとしても、闘争の大局を見失わなければ、結局は大衆の運動そのものが解決することになるだろうと思った。目から鱗が落ちる思いだった。

ともあれ、この中国訪問は私にとって、貴重な経験であり、日本共産党の私にたいする対応をふくめて、印象深い旅行となった。

われわれ代表団が帰国した頃、中国では共同声明にそって、行動をはじめた。五月九日には北京市で「日本人民の安保闘争を支援する大集会」が開かれ、一二〇万人の北京市民が参加した。この集会では「中国人民は日米軍事同盟に反対する日本国民の反米・愛国のたたかいを一貫して支持しており、日本国民のこの闘いをわれわれ自身の闘いとみなしている」という、日本国民へのメッセージを決議した。この集会をかわきりに、上海など全国各地で一二〇〇万人の集会をひらいた。

条約の国会批准に反対する闘争

四・二六統一行動

安保改定条約調印のための岸渡米に反対する闘争での「羽田闘争」をめぐる混乱のなかで、全国の活動家のなかには中央指導部にたいする不信感と一種の挫折感が広がっていたことはすでに触れたが、この運動の停滞に突破口を開いたのは、第十五次統一行動の最終日の四・二六国会請願行動であった。

この行動計画について、国民会議の幹事会では、例によって、その行動方針をめぐって意見が対立していた。私はこの時期に中国を訪問していたため、この討論に参加していなかったが、帰国後に聞いた話では、社会党、総評、東京共闘会議、青年学生共闘会議などが、国会への集団抗議行動を主張し、共産党のみが反対するという構図だった。当時一対十三の国民会議といわれていた。

この間の状況について、信夫清三郎はつぎのように記している。

「その日（四月二十六日）の行動方針を討議するためにひらかれた十二日の国民会議幹事会でも、社会党・総評・東京共闘会議・青年学生共闘会議などの代表は、あくまで全参加者による国会への集団抗議を主張した。ただ、共産党だけが反対した。反対の理由は（一）デモか請願か集会かのケジメが不明確なかたちで多数が国会周辺にあつまることは、警察とトロッキストの挑発の危険にさらす結果になり、前年十一月二十七日の第八次統一行動の混乱を再現させるおそれがあること、（二）国民の権利としての正当な請願権の行使は、現在すでに多面的におこなわれており、それは発展させせなければならないが、それと大衆動員の戦術とを混同してはならないこと、（三）それにかわる他の戦術としては、中央集会・デモ・代表による請願などによるべきであり、整然たる行動こそが、敵にたいする圧力となり、味方の統一をいっそう強めること、などにあった。」（アカハタ四月十四日）（信夫清三郎著『安保闘争史』一三二頁）

また、斎藤一郎はこの十二日から十四日にかけての動きについてつぎのように記している。

「しかし、この会議は十三が一（共産党）にひきまわされて結論をだすことができず、社会党、共産党、総評、中立労連、東京共闘（東京地評）の五団体で小委員会をつくり、そこで討議することになった。この日のうちに共産党は『まきかえし』をはじめ、個別のくどきおとし工作に入った。十三日に共産党の宮本顕治と総評の岩井が会見し、四・二六デモ形骸化の相談がまとまった。それを明瞭にしめしたものが、十四日の小委員会の結論であった。それは、国会請願にあたって二十人単位で責任者をえらび、整然と請願権を行使すること、その請願者は、あらかじめきめられた時間割りにしたがって三ヵ所の受付で請願書をだすこと、終わったものは日比谷公園など三ヵ所にわかれて『国会での安保審議状況をみまもりながら大会をひらき、そのあとできめられたコース（国会をよ

けた）のデモにうつる』ことをふくむ『七原則』であった。」（斎藤一郎著『安保闘争史』一八七頁）

岸渡米反対闘争のときにも、共産党は安保国民会議幹事会・全国代表者会議という大衆団体の正式な機関の討議とは関係なしに共産党宮本—総評太田会談という、ボス交渉でひっくりかえしてしまい、縦割りの指導で中央・地方の大衆的な共闘組織を形骸化してしまうという官僚的な手法を、このときも宮本—岩井会談というかたちで採用したのだろうということは容易に想像できた。

帰国してから、このような事情を聞き、また四月二六日の国会請願行動を「お焼香デモ」という批判の声もきかれたが、私はこのような批判も理解はできたが、不思議にそれに積極的に同調する気にはならなかった。また、宮本—岩井会談の経過も聞いたが、直接討議に加わっていなかったこともあってか、「またやったか」という感じだった。

私自身のこの変化は、中国の長春市のホテルで聞いた「十万人の国会デモ」の日本からのラジオ放送の印象が、日本にいてこうしたデモを企画して活動していたときとは、まったく違った印象と感動をもって聞くことができたことが影響していたように思う。国内にいて、しかも直接に行動の企画に加わっていると、どうしても行動全体の評価よりも、目先の戦術、闘争の形態に目が奪われて、行動全体のマクロの政治的評価を見失い、ミクロの戦術にこだわりがちになるが、外国にいて、客観的に見ると、国際的国内的な全般的政治状況のなかで「十万人の国会デモ」のもつ政治的な意味を高く評価することができた。物事を見るときに自分の行動を含め客観的に見ることの重要さを学んだ結果だった。

もちろん、だからといって運動の戦術を軽視してよいということにはならない。大衆運動における行動の形態とその結果は、その行動に参加した人々の、また、その運動に関心をもつ人々の意識に大きな影響を与えることになるからである。

その意味で、この請願行動において国民会議の採用した行動形態はいくつかの問題を含んでいた。私がこの時日本にいて討論に参加していたならば、結果的に戦術を変更させることはできなかったであろうが、おそらく「お焼香デモ」と言われたこの戦術を主張した共産党と鋭く対立することになったであろう。

この戦術について、「諸組織への要請」で「いまこそ国会へ」という訴えを出した学者文化人グループの一人である清水幾太郎学習院大学教授はつぎのように疑問をなげかけている。

「たしかに一〇万人をこえる大衆が請願に参加してはいるが、どうして、この巨大な請願者の群れが二〇名ずつの小グループに分断されねばならないのか。どうして、多くの組合が一つの連続的な流れになって国会へすすむことを禁じて、各組合の強弱をたくみに計算して、その行動を時間的にズラせたのか。どうして、旗も歌もプラカードもすてさせて、請願者を投降者の群れのように仕立ててしまったのか。どうして、ただ国会の外庭の外部の一点にふれることを請願者にゆるしただけで、国会をとりまかせなかったのか。疑問はいくらでもある。……

もちろん、あれは前代未聞の大請願である。それなりの力や意味があったことを私たちは忘れてはならない。あれだけの人数が参加したこと自身、組織者の大変な努力の結果には相違ないが、それ以上に全国民的なエネルギーの結果である。たしかにエネルギーの存在はりっぱに証明された。しかし、残念なことに、それはりっぱに発揮されるにいたらなかった。もしこのエネルギーが高低強弱の差異に応じて立体的にくみたてられ——それが組織者の仕事であろう——ていたら、それは安保をたたきつぶすに足るだけの実力を発揮することができたであろうが、実際は、〝統一〟の名のもとに、いちばん弱い低い線へむかって画一主義的にしめつけられたにすぎなかった。……」(「週刊読書人」一九六〇年五月二三日、清水幾太郎「最悪の事態に立って——請願行動をどう評価するか」)

この論評はかなり遠慮しているが、私が中国から帰って多くの労働組合活動家から聞いた不満を代弁してしていた。問題は各団体の連絡機関にすぎない安保国民会議の指導部の問題というよりも、社会党、共産党の政治的指導の問題であった。

五月一九日の強行採決に反対する闘争

五月の初めに中国から帰国してから、休む間もなく私は再び大衆行動の戦列に復帰した。

この時期の政治状況は、当初は五月一一日の採決は社会党などの抵抗、民社党の硬化（若手の突き上げなど）、自民党内反主流派、中間派の慎重論（石橋派、河野派、三木・松村派など）によって変更せざるを得なくなっていたが、自民党主流派は六月一九日のアメリカのアイゼンハワー大統領の来日までになんとしても自然成立させなければならないという政治日程に迫られて、五月一九日に強硬採決する方針を極秘にきめていた。

こうした政治状況のなかで、安保国民会議は五月九日以降を第一六次統一行動として、国会請願、職場スト、時間内職場大会をきめ、第一段階を九日から一五日まで、第二段階を二〇日から二五日までとし、一四日に第一段階の山場として、四月二六日規模（一〇万人）の請願行動を行うことを決めていた。

この時期、私は集会、デモの届出を担当し、毎日、国会の参議院社会党議員控室にあった国民会議事務局、警視庁、三田の東京地評事務局との間をかけずりまわり、集会の準備、動員要請、デモの誘導などで、ほとんど家に帰る暇もない状態だった。

警視庁の交渉窓口となっていた警備担当者からは、警視庁に専用の机をおいたらどうかと「ヒヤカサレ」たほどで、交渉がまとまり、届出をすますと、地評の事務所に帰って各組合への動員要請を書いて発送し、電話をかけ、椅子を温める間もなく、集会と国会請願、デモの現場にかけつけるという毎日であった。

集会、国会請願、デモの準備も大変で、集会場での組合の配列、デモの順序などを企画しなければならなかった。数万人の参加者を混乱なく配置する企画は結構大変な作業だった。とくに、一四日の集会、デモは雨の中でのデモでデモ隊の誘導に苦労したことを記憶している。

こうして、一九日を迎えた。自民党は朝一〇時に秘密代議士会を開き、五〇日間の会期延長をきめ、議員運営委員会で一方的に本会議上程を議決した。この時点で同時に安保条約の議決を行う計画が密かに練られていたことは、自民党でもほんの少数しか知らなかったといわれている。まさに岸派のクーデター計画であった。この計画にしたがって、衆参両院議長は四〇〇〇人の警官隊の国会構内への出動を要請した。そして、議決まえの午後一〇時五〇分には五〇〇名の警官を院内に導入した。

この動きに呼応して、総評・東京地評は午後一時に一万名の緊急国会動員をきめ、各組合に要請した。この連絡はすべて電話連絡で、地評書記局の全員が手分けして連絡にあたった。この一万名動員というのは四号動員として、加盟各組合の動員目標数が決められていたもの、緊急にもかかわらず、きわめて迅速に行われた。国鉄、全逓、全電通、都教祖、都職労など公労協、都労連などの組合員から順次集まりはじめ、少し遅れて、全国金属、私鉄総連、全印総連、関東化学、全国一般、出版労協など民間の組合員などがぞくぞくと集まった。夜に入ると情報を聞いた地区共闘のメンバーも集まり、折からの雨にもかかわらず夜八時頃には予定をはるかに超える三万人以上の労働者、学生が国会裏の第一議員会館前に終結した。

最早、旗をまくとか、小人数づつの隊列を組むとかの、いわゆる整然たる行動などという行動方針など誰も守らなかった。集まった大衆は自民党のクーデターにも等しい暴挙にたいして、怒りをデモで表現するしかなかった。第一議員会館で社会党議員の院内報告を聞いたあと、自然発生的に国会を包囲するデモに移った。

院内では清瀬議長が本会議場に入った五〇〇名の警官に抱きかかえられて、一九日深夜に会期延長を、そして二〇日の午前零時過ぎに安保条約批准の強行採決を行った。国民会議幹事会はこの事態をうけて、第一議員会館会議室で各組合代表者会議を招集し、集まったデモ隊の今後の行動について議論していた。このまま朝まで座込みと抗議のデモをつづけるべきだという意見と、今後の闘争にそなえて一先ず解散すべきだという意見に分かれて結論がでず、私は各組合の代表者の招集に飛びまわっていた。

そして、ようやく「今後の闘争に備えて解散する」という結論がでたのは午前三時過ぎであった。私はこの結論をもって各組合への連絡にあたったが、この時間では家にも職場にも帰る電車はなかった。そして、翌日の仕事のある人々は、それぞれに交通手段を手配して自主的に帰途についており、残っていたのは、座りこむ覚悟をきめた人たちと交通手段のない人々だった。

二〇日の夜明けとともに、私は中川政治部長とともに地評の宣伝カーで労働者の終結を呼かけて国会の周辺を回った。この呼かけに応じて国会周辺の随所から、雨にぬれて徹夜で座り込んでいた労働組合員が集まってきた。その数は五〇〇〇人にたっした。私たちは独自の判断で集会をひらき、あくまで安保に反対し、民主主義をふみにじった岸内閣の打倒をめざして、職場や地域に帰って活動を強めることを確認し、デモの隊列を組んで有楽町駅に向いそれぞれ帰途についた。このとき総評や社会党、共産党の幹部はだれもあらわれず、その大衆運動にたいする無責任さを露呈したのであった。彼らの言い分は三時に解散を決めたのだから、残っているのは勝手だといわんばかりの態度であった。

指導性を失った国民会議

ここで、私はこの頃の安保国民会議の状況、いいかえれば闘争主体の側の状況についてふれておきたいと思う。

安保国民会議といっても、その実態は社会党、共産党、総評が事実上の指導権をにぎっていた。それに、東京共闘（東京地評）が動員部隊として、それなりの発言権をもっていた。しかし、東京地評は総評の東京組織であって、基本的には総評の方針の影響下にあった。また、行動部隊としては、全学連が青年学生共闘会議のメンバーとして加わっていた。

こうした構成のなかで、発足当初から、闘争の戦略戦術について、意見が異なっていた。運動の目標についても、安保条約反対とともに安保体制をすすめる岸内閣打倒を目標にすべきだという意見と、岸内閣打倒を目標にいれるべきでないという意見が対立していた。

そして、統一行動の戦術についても、いろいろな団体の力量と意識に応じた戦術を認め、それを全体として統一していくべきだという意見と最も低い層も参加できるようないわゆる整然たる行動（この主張は行動の画一主義と結びついていた）に限るべきだという意見が常に対立していた。前者の意見を表明していたのは社会党の平和同志会などの左派、総評の左派、東京地評をはじめとする多くの総評地方組織、全学連、社会党青年組織などで、後者の主張をしていたのは、共産党、社会党右派、総評の右派などであった。もちろん、これらの主張は単純ではなく、社会党右派、総評右派などは、運動の目標に岸内閣打倒を掲げることには必ずしも反対はしなかったが、統一行動の戦術などについては、しばしば共産党の意見に同調した。

それに、表にはでなかったが、政府の公安機関（公安調査庁。警視庁公安部など）のいろいろな団体や幹部への働きかけも影響をあたえていた。

この政府公安機関の情報収集活動は活発におこなわれており、総評本部の某幹事は警視庁公安と密接に連絡しあっていたことは、なかば公然の秘密だった。恐らく社会党、共産党にも、このような情報提供者がいるものと思われていた。

余談になるが、私自身の経験でも、国民会議の幹事会で集会の計画を決定し、その直後（一〇分位後）に警視庁に集会とデモの届け出に行ったところ、警備担当者が会議の内容をすべて知っていて唖然としたことがあった。国会内の会議が盗聴されていたか、或るは連絡員がいたのかもしれないと思った。

また、ある日、公安調査庁の職員が私の自宅に菓子折をもって尋ねてきて、話を聞きたいといって来たこともあった。私は家にいなかったので家内が「話すことはないでしょう」といって帰したこともあった。また、東京地評で青学共闘会議を担当していた加藤書記のところにも来たということを聞いた。われわれ現場の若い担当者の家にまで来る位だから、幹部には当然に執拗な働きかけと情報収集活動が行われていたであろうこうとは容易に想像できた。

こうした状況のなかで、このころ、私はある思いにとらわれていた。それは、当事者が意識しているか否かに関わりなく、いつのまにか、共産党、社会党右派、総評右派のなかに、安保条約反対・岸自民党内閣打倒の運動を「最も意識の低い層、力の弱い層の行動にあわせた画一的統一行動に押し込めようとする」共同戦線が形成されつつあるのではないかという思いである。そして、その動きを裏で、操っているのが、ほかならぬ政府の公安機関ではないかという疑いを払拭することができなかった。全学連・トロッキスト攻撃に夢中になっていた共産党も主観的な意図は別にして、客観的にはこの流れを作る重要な役割を果たしているし、また、全学連も共産党に挑発されて、結果的にこの流れの形成に利用されているのではないかと考えるようになっていた。もちろん、これは疑心にすぎなかったが、私自身のさまざまな体験からの疑心だった。

意見の対立は、とくに統一行動の戦術（行動形態）について、前年の第八次統一行動でデモ隊が国会構内に入ってから、全学連との対立が激しくなり、一月の岸渡米反対闘争で決定的となった。共産党は「全学連のトロツキストの統一行動を混乱させる戦術」と全学連の行動を連日非難した。

　こうした、共産党や総評右派の全学連非難を受けて、国民会議は全学連の国民会議からの離脱を求めることを決めるにいたった。そして、共産党は全学連を分裂させ「全自連」という共産党、民主青年同盟系の学生組織を作るにいたった。もっとも、共産党は全学連の分裂はトロツキストのせいだというのだろうが。

　こうした、共産党や国民会議の非難をうけて孤立した全学連指導部は独自行動を強め、ますます激しい物理的戦術を採用するようになっていた。

　私は砂川闘争や原水爆禁止運動などを通じて、全学連指導部の諸君（香山、森田、小野寺、小島、土屋、塩川、糠谷君等）とは同年代ということもあり、また、かっての共産党の同志として、かなり親しくつきあっていた。全学連グループがいわゆる共産党の六・一事件で除名されていたことも承知していたが、この関係は変わらなかった。全学連指導部の諸君もよく東京地評の事務所に尋ねて来て、地評幹部と話し合った。私はこれらの話合いにいつも加わっていた。また、小島弘君などはほとんど毎日のように地評に来ていた。これらの接触のなかで、ときには労働組合内の事情を説明して自重を求めたこともあった。全学連指導部の諸君もときには不満を示しながらもよく私たちの意見を聴いてくれた。東京地評の役員も右派、左派に関係なく砂川闘争の経験者で、心情的に学生に信頼を置いていた。だから、第八次統一行動では「鈴仙会議」などという行動戦術の打合せを行うこともできたのである。

　しかし、第八次統一行動から共産党の全学連指導部にたいするトロツキスト攻撃と安保国民会議からの全学連指導部にたいする批判が激しくなるにしたがって、また、全学連指導部も若返り、六〇年に入ってから、私はほとんど全学連指導部との接触はなくなっていた。一つには東京青年学生共闘会議が学生指導部との討議の場となり、この担当は加藤書記だったこともあって、彼に全学連との接触はまかされるようになていたことも、私が直接彼らと話し合う機会がなかった原因かも知れない。安保闘争の英雄のように書かれた、唐牛君などとは一面識もなかった。

中国から帰って、安保闘争のなかでの全学連の位置と、孤立すればするほど、過激化していく全学連の動きには心情的に同情はしながらも、危うさも感じていた。しかし、わずか四〇日間、日本を離れていただけだったが、事態は最早どうしようもないところまですすんでしまっていた。

条約発効阻止と民主主義を守る闘争

国民の怒り爆発――請願から国民的抗議デモへ

五月一九日の岸政府のクーデターともいえる強硬採決によって、闘争の目標は六月一九日の自然発効を阻止する闘いとなった。同時にこの運動には、民主主義を守るという目標が大きくクローズアップされてきた。

安保国民会議は一夜あけた二〇日の幹事会で、強硬採決にたいして、「いま国民のいかりは爆発し、全国的な抗議の波が潮のように拡大している」として、つぎの方針を決定した。

一、本日以降、国会解散をかちとるまで、「安保批准阻止・岸内閣打倒・国会解散要求」の請願行動および署名を継続し、発展させる。

二、「岸内閣の退陣」を直接岸首相に電報・電話・手紙・面会によって要求する。

三、五月二六日は、全国の安保地域共闘を中心として、「岸内閣打倒・国会解散要求・安保批准阻止」ならびに、「国会真相報告」の大集会・大抗議デモを実施する。

そして、国会の衆参両院の議員面会所の前には社会党・共産党議員による「請願受付所」が設けられ、連日、いろいろな団体やグループの請願行動がおこなれるようになり、自然にデモになっていった。それは最早、組織されたデモではなく、文字通り国民の行動となってきた。

二一日には地方代表団もぞくぞくと上京してきた。その数は五〇〇〇名に達しった。地方代表は首相官邸を取り囲んでデモを繰り返した。また、数百名の地方代表団はアメリカ大使館に向い、マッカサー大使に面会を申し入れた。大使は日曜日を理由に会見を拒否した。

夕方には東京からの参加者を含めて、三万人の決起大会が赤坂の清水谷公園でひらかれ、岸首相の私邸に抗議にいくことを決議し、渋谷南平台に向かった。夜には南平台のせまい道路は群衆でうめつくされた。デモ隊には労働組合員や地方代表だけでなく、沿道の大衆もどんどん参加した。それは、それまでの組織されたデモとは明らかに変化していた。

二一日からは連日地方代表団が上京し、東京のいろいろな団体や地域の市民と合流し終日、国会・首相官邸・南平台の私邸の周辺を抗議のデモと座込みで埋めつくした。また、アメリカ大使館にたいしてもアイク訪日反対のデモと座込みが行われた。

このデモ行動を契機に私の警視庁通いは必要なくなった。デモは特別の統一行動日以外は計画されたものとしてではなく、群衆の自然発生的な行動として行われたからである。私は地理のわからない地方代表やデモ隊の誘導に毎日を追われることとなった。

こうして、五月二六日の統一行動には東京で一七万人に達する集会・デモとなった。

警視庁は、この事態にたいして、官邸には有刺鉄線をはりめぐらし、装甲車数十台をならべて警備にあたり、官邸と国会周辺に四〇〇〇名の警官を配置した。

この頃から、官邸前に赤坂周辺の料亭の板前さんや、仲居さんらが集まり、怖いものしらずで官邸の門の前に並べられた装甲車のうえにのぼってデモ隊を応援する姿がみられるようになった。デモのために赤坂近辺の料亭は開店休業の状態だとのことだった。さすがに、警官もステテコ姿の板前さんや、着物姿の仲居さんには手のだしようがなかった。

これらの人々は半分野次馬気分できていたのかもしれない。だが、警官隊にたいしては、さかんに野次をとばしていた。大衆というものはどのような動機で参加するにせよ、警官隊とデモ隊の行動をみれば、何が真実かを見分ける賢さをもっているものだ。結果として、これらの人々は巧まずしてデモ隊にたいする警官の実力行使をさえぎる役割を果たしていたのである。

立ち上がった学者文化人と芸能人グループ

五月一九日の事態に最も敏感に反応したのは学者文化人グループだった。五月二四日には、安保批判の会（学者グループ）と安保批判の会（作家グループ）が世話役となって「岸内閣総辞職要求・新安保採択不承認学者文化人集会」が神田学士会館で開かれ、二五〇〇人の学者文化人が全国からあつまった。

　また、芸能人のなかでは新劇人会議が組織され、独自に抗議デモをおこない、統一行動日には、千人を超えるデモ隊を組織して統一行動に参加した。何日だったか記憶は定かではないが、統一行動のデモ行動のなかで、この新劇人のデモ隊が右翼暴力団に襲われ、数多くの負傷者をだすという事件も起こった。

　こうした、学者文化人・芸能人グループの活動はマスコミへの影響力も大きく、民主主義を守れという広汎な世論の形成に大きな役割を果たすこととなった。

　この運動について、竹内好都立大学教授（国会の強硬採決に抗議して、都立大学教授を辞職）はある集会で次のように指摘している。すこし長いが、このときの文化人が一挙に立ち上がった動機と考え方を示すものとして引用しておきたいと思う。

「第一に、この戦いは民主主義か独裁かという非常に簡単明瞭な対決の戦いであるということであります。権力の独裁化は進んでいるのです。ファシズムが日毎に成長しております。これにたいして私たちの民主主義がいつどこでこの独裁の進みを止めて、芽を摘み取るかという戦いであります。……新安保条約については、私は反対の意見をもちまして反対運動をやって参りましたが、いま安保に賛成の人と論争しようとは思いません。論争している暇がないのです。まず民主主義を建て直しましょう。目標が新安保条約をつぶすことなんだから、その手段として民主主義を再建するんだ、という考え方がありますが、これは私は反対です。これは順序が逆になっております。歴史の順序はそうであるが、論理の順序はそうではないのであります。このことを皆さんと御一緒に運動を進めてゆく上で忘れないように、胆に銘じて忘れないようにしましょう。…………もし私たちが、いま民主主義を自分の手で建て直すという運動を進めていく上で、その運動と抱合せで安保阻止までやろうということでは、本当の強い戦いは出来ないのです」（筑摩書房刊、臼井吉見編『安保１９６０』――『月刊みすず』一九六〇年八月号より転載）と述べて、「民主主義か独裁か」という問題を提起した。

　日時や会議の名前などの記憶ははっきりしないが、私はこれらの学者文化人や芸能人の会合に招かれて、闘争の状態と今後の行動計画を説明する仕事が加わった。

私は、いくつかの学者文化人の会議や集会、大学の教職員の研究会などに招かれて、われわれの闘争の状況を報告する活動をしていたが、特に鮮明に記憶しているのは、次の二つの会議である。

一つは、学者文化人の会議で、おそらく五月二四日の集会の準備会合ではなかったとおもうが、神田の如水会館（学士会館の前にある）の会合（十数人の学者や作家の方々が集まっていた）に招かれた。東大教授の日高六郎さんが会議をリードされていたように記憶している。私は主に安保国民会議の行動計画と労働組合の闘争体制について説明した。

もう一つ印象に残っているのは、六本木の俳優座で開かれた、新劇人会議の会合に出席したことである。この会議には都内のほとんどの劇団の代表が数十人集まっていた。みんな有名な俳優や女優さんたちだった。とくに記憶しているのは脚本家の村山知義さんと俳優の宇野重吉さんが出席されていて会議の主要な役割を果たされていたことである。ここでも、私の役割は国民会議の行動計画と労働組合の闘争体制の報告だった。

また、学習院大学の教職員の研究会にも出席して報告したことも記憶している。このほかにも、いろいろな会合に招かれて報告したように思うが、いまでは会や場所の名前を明確には記憶していない。

これらの会合になぜ私が招かれたのか、また、どうゆうルートで連絡がきたのかも記憶していない。安保国民会議幹事会からというのであれば、水口事務局長（護憲連合事務局長）もいるし、岩垂事務局次長（総評政治局）、伊藤事務局次長（社会党国民運動局）もいたから、これらの人々が招かれて出席する筈で、私が招かれたのはやはり東京地評からということではなかったかと思われる。

学者文化人のなかでは、安保国民会議の画一的な行動方針と学生運動にたいする対応に批判をもっている人が多かったが、この点で東京地評が異なった見解をもっており、しかも、闘争の主力である東京の労働者の指導は東京地評がになっていたということから、東京地評に声をかけてきたのではないかと思う。

私は東京地評と他の階層との連携の機会をもてることにたいへんな意義を感じて、なにをおいてもこれらの会合に出席した。

私はこれらの会合で安保国民会議の当面の行動計画を説明するとともに「統一行動の形態については画一的でなく、国民のいろいろな階層の多様な行動の立体的な統一が必要だという東京地評の見解をのべ、私たちは、学者文化人や芸能人の方々がそれぞれの影響力を駆使して独自の活動で——共同声明、講演、執筆活動、独自の抗議活動などを通じて——国民に訴えて欲しいこと。そして、そうした活動の集約としての抗議行動の形態を考えて欲しい」と訴えた。そして「国民会議のデモに参加されるときには連絡を緊密にして欲しい」とお願いしたことを記憶している。

同時に私はこれらの会合に参加することによって、これまでの安保闘争が安保国民会議のワクを超えて、文字通りの国民的な運動の広がりを持ちはじめたことを実感した。しかも、その統一の重要な環は竹内教授が指摘しているように、それは「民主主義か独裁か」という戦いであり、その一点で広汎な国民戦線を形成すべきだと考えた。そのためには、国民会議の改組を含めて、戦略の立て直しをすべきだということを実感した。

しかし、安保国民会議はこのような状況の変化をふまえて機敏に対応できるという状態ではなかった。社会党は「岸内閣の退陣と国会解散を要求する」ことを二〇日の中央執行委員会できめたが、具体的には、「院内では審議拒否の態度をつらぬき、院外の空気がもりあがりあれば、議員総辞職も考慮する」(浅沼委員長の記者会見)というものだった。そして、岸内閣退陣・国会解散のキメ手は何かという記者の質問に、結論的には「キメ手をつくるのは大衆自身」と「政治家としての岸首相の良心だ」としか答えられなかった。共産党は相変わらず請願署名運動と全学連のトロッキスト攻撃にに熱を挙げていたし、総評は五月二〇日の声明で一九日の事態について、「日本の全民主勢力にとって戦争に反対、暴力から民主主義をまもるたたかいが、非常事態に入ったことを確認し、安保体制打破のため、体制づくりをはじめなければならない。民主主義擁護の戦線が、この段階で再編成される必要がある。さらに強化される必要がある。民主主義擁護の一点にしぼって、できるだけ広範囲の戦線が確立されなければならない」(機関紙『総評』五月二〇日号)と問題を提起しながらも、なんらの具体的な戦線形成の方針を示すことはできなかった。

私は、こうした状況のなかで、毎日休む間もなくデモの誘導や、いろいろな会合に出席して、状況を報告するという仕事に追われていた。

蛇行デモの規制とフランスデモ

安保国民会の指導部は、この間、一貫して「整然たる統一行動」を訴えることに汲々としていた。そして「請願行動」という形式を固守した、岸一派による警官に守られた強硬採決という、議会制民主主義の破壊という危機的な事態にもかかわらず、この画一的な請願行動という「形式の統一」に固執していた。そこには何らの創意も状況の変化に対応した戦術の転換もなかった。

とくに、この「整然たる行動」(画一的な行動)に熱心だったのは共産党指導部だった。それは、同党の全学連攻撃と密接に関連していた。

国民会議幹事会は五・二六統一行動の総括で「国民会議の統制を中心として秩序整然とした統一行動を展開した」とのべ、さらに「……とくに、婦人、老人、子供づれなどをふくむデモ行進についてジグザグ行進は、参加者のはばをせばめ、交通妨害などの市民のめいわくをおよぼすことが少なくない……から、こんごジグザグ行進はみずから規制するように指導する」ことをきめた。(斎藤一郎著『安保闘争史』二三二頁)この方針は共産党の提案によって議論されたように思う。

このころ、共産党はさかんにジグザグ行進反対のキャンペーンをはっていた。この問題について機関紙『アカハタ』は六月一日に「示威行進といえば、時も場所もかんがえないで、いたるところでジグザグ行進をやる。『ワッショイ、ワッショイ』のかけごえで右や左にゆれながら、電車を止める、交通はふさぐ、市民の目のまえで行進の隊列を乱し、その政治目的を忘れ、自分だけきせいをあげる、というのでは江戸町人の『ミコシかつぎ』といわれてもしかたがない」とのべ、翌二日の『アカハタ』では「ジグザグ行進もだんこ排除しなければならない」とまで主張していた。

蛇行デモというのは、従来、メーデーなどデモの解散地の近くで、隊列を組み、長い行進で疲れてだれ気味になったデモがそのままだらだらと解散するのでなく、解散地近くで隊列を組み直し、スクラムを組んで改めて連帯感と団結を確認し、次の闘争への前進を確認しあう行動であった。それに、ジグザグデモで抗議の意志をより強く訴えるという意味も持っていたのである。五月一九日以後の行動でこのようなジグザグデモが常態化したのは、大衆の抗議の意志がそれだけ強まったことの表現と評価すべきであった。

共産党や国民会議幹事会は、労働者や学生の怒りの表現としての激しいジグザグデモに仰天し度を失って、全部のデモを自ら規制しようとしたのである。このデモ規制を主張した幹部の中で、一九日以降の一般の労働者のデモの先頭にたって指揮した者がどれだけいただろうか。この共産党などの蛇行デモ規制の主張を待っていたように、警官隊のデモ規制は一挙に強化された。それまで、デモコースでは、自動車の通行を規制していたのが、逆に嫌がるタクシーなどをデモ隊のほうに誘導し、デモ隊に突っ込ませるという方法で、デモ規制をはじめた。デモ隊はこれに反発して、ますます激しい蛇行デモを行うようになり、いつ事故が起こっても不思議ではない状況となった。

警察は国民会議が自己規制すればするほど、デモの抑制行動を強め凶暴化し始めた。なにかあれば、すぐ学生、労働者、一般市民の見境なく警棒をふりあげて、デモ規制をするようになった。この警察の方針に呼応して、自民党岸一派とつながる行動右翼、暴力団の暴行も頻発しだした。警察の警備方針は「引けば押す、押せば引く」というものだったが、国民会議の自己規制の方針を契機に攻勢に転じて最終的にはデモができなくするという方針であることは明らかだった。

だが、国民会議は「蛇行デモの自己規制」「整然たる統一行動」を訴えるのみで、大衆の怒りを表現する方法を提起していなかった。要するに中央の幹部は、何万という大衆の心理もまた、その大衆行動を指導する方法を知らないのだった。唯一このデモ隊の心理状態とそれを指導する方法を知っていたのは、東京地評傘下の労働組合の現場の幹部たちだった。

そこで私は東京地評の常任幹事や書記・オルグたちと相談して、国民会議幹事会に、いわゆる「フランスデモ」を提案した。それは、デモ隊が手をつないでだんだんと隊列を広げ、最終的に道路いっぱいに隊列を広げてデモ行進をしようというものだった。フランスなどのヨーロッパなどで行われるデモに似ていることから「フランスデモ」と名付けた。

そして、それは結果的に国会・官邸周辺の道路をうめつくしてしまおうということだったが、全学連の激しいデモに目を奪われていた国民会議の幹事会では、「蛇行デモ」をやらないということで、反対はなかった。しかし、この方法は共産党のいう「交通をとめて市民にめいわくをかける」どころではなく、成功すれば、国会周辺とデモコースの交通を完全に遮断するものだったのである。この「フランスデモ」について、共産党はジグザグデモに変わるものとして、あたかも共産党が提案したかのようにいっているが、実際は地評の書記・オルグ諸君が考えだし、生みだしたものだった。

国民会議幹事会の承認をえて、私は東京地評の書記・オルグたちと相談して、各コースの分担をきめ、先頭にたっての誘導と各組合幹部との連絡にあたることとした。この方法は完全に成功した。道一杯に手をつないで来るデモのなかに突っ込んでくる車は一台もなかった。各組合幹部の指導によりデモ隊が道いっぱいに広がるのを見届けて、地評の書記・オルグたちはデモ隊の進路にあたる前方にでて、車の迂回の誘導にあたり、デモ隊のコースの安全を確保した。このデモにより、いままで、参加したくても入りにくかった沿道に集まった一般市民がどんどん自主的に参加し始めた。デモはどんどん膨らんだ。

激動の十五日間

全電車がとまった
——六・四スト

安保国民会議は、六月一〇日までを、第一七次統一行動期間とし、その中心の統一行動を六月四日の労働組合のストライキによる抗議行動とすることを決めた。

このストライキの中心は、社会の世論に訴える影響からみて、交通関係労働組合のストライキだった。国鉄労働組合は、六月四日に始発から七時まで国電を止めることをきめた。

私たちの活動は、この国労のストライキを成功させることに集中した。

国労のストを支援し、乗客に協力を訴えるために、主な駅頭にその他の労働組合員を動員した。私は三日から各駅への国民に訴えるビラの配布に都内を書記の高橋君が運転する宣伝カーで走り回った。そして、夜には品川駅の支援活動を担当した。

三日の夜、品川駅には、国会請願を終えた、民間の労働組合員や劇団の俳優たち、学生たち、婦人団体の人々、一般市民など多くの人々が集まってきた。みんな、自民党主流派のクーデターに怒り、このままでは日本の民主主義は駄目になると感じて、国労のストライキを応援しようと集まった人々だ。時間とともに群衆は増えていった。

国労のストは三日の夜、運転手を確保することから始まった。到着する電車から勤務を終えて降りて来る運転手を国労の幹部がつき添って、予定された宿舎に向かった。駅前に集まった群衆はこれを拍手で送った。国労の幹部が連れていく形をとったのは、当局からの現場の運転手に対する責任追求を避けるためにとられた戦術だった。

品川駅の状況について、ラジオ東京報道部員の杉山美智子さんはつぎのように伝えている。

「〈六月四日　午前一時〉

ゼネスト直前の品川駅、労組、新劇団体、学生が駅前に集結している。どの顔も険しくない、むしろ明るい。たえずわきおこる拍手。歌声。漠然と想像していたような『異状』な雰囲気はまったくない。ごく当りまえのことが行われている、というカラッとした明るさ。山手線ホーム。乗務員の奪いあい（国鉄当局との）も一応終わったらしい。終電がはいると労組員が乗務員をとりかこむ。『お互いに頑張りましょう』改札口に全金属（全国金属労組員）が新聞紙をしいてごろねしている。……

駅前に創価学会のグループがいた。お山詣りにゆくのだという。これもまた明るい一団だ。整然と並んで眼前の赤旗を眺めている。『岸さんもお題目を唱えりゃいいんです。折伏あるのみ』現在は昭和の元冦だという役員のことばに、周囲のおばあさんがうなずいている。

町に出てサラリーマンに聞く。………『全学連の諸君がお願いしますってやっとったよ。若い諸君にそういわれると、ぼくも四時ごろ応援に来てやろうかなって気がしてね』『そのとうりですよ。ぼくら家族持ちはようやれないけど、ありがたいなと思いますね』

ゼネストへの、あの紋切り型の苦情が出ない。そのことはとにかく私に大きな驚きを与えた。ただそれだけで、二つのことが私に見えてくる。

五月二十日の新安保強硬採決のニュースが、安保の是非をこえて、市民たちのいわば新憲法感覚とでもいったものを逆なでにし、そのショックが、一切の事象の価値判断の基礎にいまやおかれつつあるということ。また、それが、安保への無関心層までを運動の底辺にひきこんだということ。

〈品川駅　午前五時〉

電車は動かない。ひとつだけトラブルがあった。全学連がホームに座りこんで動かないというのだ。が、それも説得されて引き払ったらしい。……労働者の声が学生を動かした。学生のなかのリーダーよりも、もっと深いところで学生たちをとらえた。」（筑摩書房刊、臼井吉見編『安保1960』一五〇頁）

六月四日――東京では国労東京地本の一五電車区全部が始発から午前七時までの職場大会に入った。国電は全部ストップした。ゼネストは整然と実行され、岸内閣にたいする労働者の強い意志を示した。当初、安保国民会議や総評など中央指導部にたいする不信から、「俺たちが電車を止めるんだ」として、ホームに入った学生たちも、現場の幹部の強い決意と具体的な説明により、国労に協力する態度に変わった。

この全学連の行動について、私の砂川闘争以来の先輩であり、友人である国労新橋支部の木田忠さんはつぎのように述べている。

「……品川では学生を入れて、まったくすばらし統一行動を組むことができた。……私も東京機関区を指導したけれども、学生から応援の申し込みを受けた。私は機関の責任者ですから、総評の指令で断るといったけれども、事実上学生はどんどん入ってきた。こっちは状況を具体的に説明し、学生諸君の行動指針を明らかにして統一行動に入ったから、学生諸君も正しく協力してくれました。……」（『月刊労働問題』一九六〇年八月号　座談会『安保――かくたたかえり』）

この事実は、非常に重要な示唆を含んでいた。それは、労働者がほんとうに闘う決意を示し、誠意をもって一般学生に訴えるなら、学生との協力は可能だったということである。そして、全学連指導部の方針が間違っていれば、学生たち自らがそれを克服するだろうということである。だが、この貴重な教訓にもかかわらず、中央の指導は依然として変わらなかった。

ハガチー事件と中央指導部の責任逃れ

日米政府は、日本における安保条約の批准（自然承認）に合わせてアイゼンハワー大統領の来日を計画した。それは、この来日によって、岸内閣の政権延命を策したものであった。

　安保国民会議幹事会は五日以降連日会議をひらき、四日のゼネストからさらに運動を拡大させるために、六月一一日から一九日を第一八次統一行動とすることを決め、一一日にメーデー規模の集会、デモを行うことを決めた。そして、一〇日のハガチー大統領秘書の訪日にたいし、「アイク訪日反対」の意志表示を行うことを決めた。

　当面の行動の焦点は一〇日のハガチー来日にたいする、「アイク来日反対」の意思表示の方法をどうするかだった。

〈七日、国民会議幹事会は次の方針を決めた。

一、一〇日正午、国民会議加盟団体は（組合の場合は単産ごと）二名ずつ芝公園に集合する。そこからバスに便乗して羽田飛行場ロビーに入り、ハガチー氏にたいし会見の申入れを行う。

二、京浜国道にたいし二万人以上の動員をおこなう（この具体化については、総評・中立・地評・社・共を中心として立案する）。動員者は赤旗に黒い章をつけ、「アイク訪日反対」の英文プラカード・横幕をもって整然とならび、意志表示する。

三、略〉（信夫清三郎著『安保闘争史』三六〇頁）

　国民会議幹事会では、二万人の動員と行動の方法の具体的な計画は、総評・地評・社・共などにまかせたが、私は地評の担当者として、この計画の立案に参画した。参画したというより、事実上の計画は総評の岩垂書記と私で相談して立案した。この計画で組合の配置などをどのように決めたか正確に記憶していない。ただ、空港入り口の稲荷橋と弁天橋周辺に動員の主力をおいたように思う。この行動計画をつくるときに感じた特徴は、一月一六日の岸渡米のときに、あれほど強引に反対した共産党が今度は大変に積極的だったことだ。そして、学生は全学連主流派ではなく、共産党の指導で作られた反主流派の全自連が動員の主力だったことだ。

　その時、私は東京の労組の主力が集まっていた稲荷橋周辺に地評の宣伝カーと一緒にいた。労働組合員は各組合毎に整然と隊列を組み、車が通れるように道路をあけて沿道に待機していた。それは決して烏合の衆ではなかった。

空港ロビーには右翼暴力団や自民党が動員した婦人団体が多数集まっており、右翼が国民会議の代表団になぐり込んできたという情報も伝わってきた。ハガチーは空港からヘリコプターで大使館に向かうという情報も伝わってきた。ハガチーの乗った米空軍機が着陸した。稲荷橋や弁天橋にはこれだけ多くの労組員や学生が集結しているのだから、おそらく、ハガチーはヘリコプターで大使館に行くのだろうと考えて、ぼつぼつデモ隊を解散させて、私たちは赤坂の大使館に向かおうと地評の幹部や書記たちと相談していた。

ところが、ハガチーは車で弁天橋方面に座り込んでいたデモ隊（主に全自連系の学生）の中に突っ込んできたという情報が伝わってきた。私たちは、宣伝カーですぐにその方向に移動した。自然にそこに集結していた労組員も移動を始めた。

ハガチーの車はデモ隊に囲まれて立ち往生していた。車の周囲は多分ボデーガードだと思うが、数人のアメリカ人が立っていた。現場に到着した私たちは、すぐ整理に入った。その時、近くに米軍のヘリコプターが着陸しようとしている。ヘリコプターの風圧にあおられて、デモ隊は後退し車から離れた。

警官隊に守られてヘリコプターに乗り移ったアメリカ大使やハガチーは大使館に向けて飛び立った。

この事態のなかで、国民会議を構成する団体の幹部たちはほとんどロビーの方にいっており、現場の指揮は自然に地評の幹部や各組合の幹部があたることになった。

この状況について、江藤淳氏は、私たちとは違った立場ではあったが、「ハガチー氏を迎えた羽田」と題して『朝日ジャーナル』誌でつぎのようにリポートしている。

「社会党の国会議員は東京湾際の片隅にあつまって、文字どうり手をこまねいて傍観していた。国民会議の指導者の姿はみえない。私たちは車を降り、ふたたび群衆に近づいた。かれらは興奮しながら、おびえている。警官の警棒にこづからながら、……気の毒な学生たち。君たちのその『気持』を賢明に政治的に作用させる指導者がいないのだ。あそこにいる議員たち、あれは無能の象徴だ。国民会議の幹部たち、あれは無責任の象徴だ。

……私は社会党議員団に近づいていった。『こうなることを予想していましたか』ひとりが答える。『全然思いもかけませんでした』『責任はだれがとるのですか』『そ

れは君、地評かな、これは』………」(筑摩書房刊、『安保1960』、一七四頁――『朝日ジャーナル』より転載)

また、現代政治研究集団の座談会でC氏とB氏は

「C――………さっそくその幹部(国民会議の)と二人で車に乗って弁天橋までみにいった。そしたら、みんなすわっちゃっているんだ。稲荷橋のほうにいってみたら、こっちは労働組合のほうが、………車一台ぐらい、片道通行ぐらい許すかっこうですわっている。………あきらかにあのときの反主流派(全学連の)は共産党のいわゆる反米的な指導によってすわりこんだとおもう、あの段階では、国民会議の行動にあれだけ公然と共産党本部がのりだしてきたというのははじめてなんだ。共産党の本部は幹部がほとんどきていたんじゃないか。

B――………共産党の宣伝カーは、『諸君はそこへすわりこんでくれ』といい、地評の宣伝カーは、『きょうはこんなことをするのは目的じゃないんだ、みなさん、………帰りましょう』と両方でやっていたというじゃないか。」(信夫清三郎著『安保闘争史』三四一頁――『自由』八月号より転載)

事実は東京地評は、混乱のなかで、各組合毎の組合員の掌握とハガチーが飛び立ったあとの流れ解散を指示したのだった。

後に私は、江藤淳氏のレポートを読んで、社会党の国会議員が「責任はだれがとるのか」という問いに対して「それは地評かな」と答えたというのには唖然とした。そして、この指名とうり、ハガチーの暴走によって引き起こされた混乱のなかで、組合員の掌握にあたった私の直接の上司である東京地評政治部長の中川義和氏が責任者として逮捕されることになったのである。さらに、この事件では鉄鋼労連川鉄労組の幹部なども指導の責任を問われて逮捕された。すべての責任は予想されなかった混乱のなかで、実際には大衆行動の統制と整理にあたった現場の労働組合指導者にかぶせられたのであった。

六・一五事件と樺美智子さんの死

翌六月一一日にはメーデー規模での統一行動の日だった。この行動には、東京では二三万人をこえる大衆が参加した。それから、連日、学者文化人や婦人たち、高校生の集団など、その他ありとあらゆる階層の人々が請願デモに参加した。家庭の主婦た

ちもいろいろな仲間を組んでデモに参加してきた。中には、自分の子供がデモにいっているというので、心配して見にきていて、あまりの警察の暴行に憤激してそのままデモに加わるという人も多数いた。私の妻も二歳になる子供を背負ってデモに参加していた。子供づれということでテレビのインタビューを受けるという一幕もあった。

このときの私は、ただ、毎日、安保国民会議の事務局での打合せとデモの誘導に飛び回っていた。とにかく、集会デモの連続で、いつどこでなにがあったかということの記憶はさだかでないが、連日、国会周辺はデモでうずまり、国会正面付近では全学連と警官隊の衝突が繰り返されていた。

そして、私はこの頃には、持病の痔のために出血がひどく、下着はいつも真っ赤で、そのままで飛び回っていた。家に帰って着替えることもできず、ときどき、妻が地評の事務所に届けてくれた下着と着替えたりしていた。それでも間にあわないときは、近くの官庁の売店で下着を買って着替えをして、デモの誘導にでかけるという毎日だった。

ただ、特徴的だったのは、この頃から、いわゆる行動右翼と称する暴力団の活動が急速に激しくなったことを記憶している。彼らは主に婦人や学者文化人、新劇人、「声なき声の会」などの組織力の弱い一般市民の請願、抗議の行動を狙いうちした。デモに棍棒をもってなぐりかかるなどは日常茶飯事で、ときには、デモの中にトラックを突っ込むという暴挙もあえてした。一五日には、全学連と警官隊の衝突のまえに、「維新行動隊」と称する暴力団が新劇人会議のデモになぐり込んだ。そして、警官隊が教授団へなぐり込んだ。そして、全学連主流派と警官隊との衝突、流血事件へとつながってゆき、多数の負傷者が続出し、ついに死者を出すにいたった。

これら行動右翼と暴力団の集団の動員の資金が自民党から出て、警察上層部ともつながっていたことは公然の秘密だった。彼らの任務は大衆行動にたいする直接の暴力行為とともに、警察による暴力的な規制を合法化するための口実をつくる役割をもになっていたのであった。

そして、それはついに社会党河上丈太郎委員長にたいする刺傷事件という(六月一七日)テロ行為にまでエスカレートした。そして、このテロは浅沼稲次郎社会党委員長の刺殺事件へとつながっていった。

そうした中で、いまでも鮮烈に記憶しているのは、六月一五日の樺美智子さんの死である。

この六月一五日の行動については、多くの安保闘争史が、それぞれの立場から、具体的に記述しているので、ここでは多くはふれない。

ただ、非常に残念に思ったのは、同じ学生が、一方では、国会正門から南通用門の付近で警官隊と激しい衝突を繰り返し、死人まで出るという状況のなかで、一方では別の反主流派の学生の集団（共産党指導下の東京都学生自治会連絡会議）がいわゆる請願行動をおこないながら、一方で、国会正門前にすわりこんでいる傷ついた学生たちにむかって「トロッキストたちは国民会議の統制にしたがわず、挑発的な国会構内突入をやった」と敵意をむきだしにして悪罵しながら通りすぎていった。（斎藤一郎著『安保闘争史』二五〇頁）ことである。

確かに全学連主流派の行動は一般市民が参加できるようなものではなかったし、国会構内突入という行動計画自体は自制を欠いた無謀なものであったかもしれない。そして、その行動に参加できない学生も多くいたと思う。また、その行動に加わらないのも各人の自由である。だが、同じ学生が警官の暴行をうけているとき、それにたいして「トロッキト挑発者」の悪罵をあびせるという反主流派の学生の心情は理解できなかった。

もし、学生が統一していたなら、学生全体の行動はもっと自制された違ったものとなっていたろうし、政府により強い政治的圧力をかけることができたろうと思うと残念でならなかった。

共産党中央指導部に言わせれば、全学連主流派の行動は敵（岸一派）を利するための「トロッキスト」の挑発行動だという。私はむしろ当時、共産党によって彼らのいうところの「トロッキスト（？）」を生み出したのは、実は共産党自身ではなかったのかという思いが強かった。そして、全自連という別組織をつくることによって、全学連という大衆組織を分裂させたことにも問題があったのではないかと考えていた。

主題からそれるが、この頃の私と共産党との関係、東京地評という大衆組織の中での私の立場についてにふれておきたい。

この時期、宮本書記長を中心とする共産党中央指導部は、党内で意見の違うものは容赦なく排除し、「トロッキスト」その他、さまざまなレッテルを貼り、その行動を敵を利するものと決めつけて、孤立化させるという方針をとっていた。この方針が大衆行動のなかで顕著に現われたのが全学連指導部にたいする対応であった。共産党の攻撃を受けて全学連指導部は安保国民会議のなかで孤立させられた。全学連指導部は孤立感と悲壮感から、その行動をますます先鋭化させることによって、その存在を誇示せざるをえない状況に追い込まれることになったのである。もちろん、その根底に安保闘争の戦略の違いがあったことは否定しない。だが、人は十人よれば十に意見があるのはあたりまえである。そこに意見の違いがあったとしても、それは、民主的な討論と話合いによって解決し、一致点を見出すべきであり、全力をあげて、学生組織の統一をまもらなければならなかったのだ。だが、現実には、共産党の指導下の全自連という組織をつくって、全学連という大衆組織を分裂させてしまったのである。このことは、結果的に安保条約反対、民主主義を守る国民的な統一をも阻害することとなったのである。

まえにふれたように、当時、私は全学連主流派の指導部とは接触はなくなっていたし、その内部で、いわゆる「ブント」からの指導がどのように行われ、内部でどんな討論がなされていたか知るよしもなかったが、この考えは変わらなかった。

このような考え方をもっていたために、私は、共産党指導部から「トロツキスト同調者」というレッテルを貼られることになったようだった。もっとも、のちには、私にたいしては「ケネデー・ライシャワー路線」だとか「自由分散主義者」だとか、いろいろなレッテルが貼られたが、要するに共産党中央指導部の方針に無条件に従わないのがけしからんということであった。

だが、私は共産党員であると同時に大衆運動の活動家であり、なによりも、大衆組織と運動の統一を優先させなければならない立場にいた。同時に、思想的にも統一こそ力であるという考えは変わらなかった。だから、私の行動は私自身の内部では思想的にも矛盾はなかった。

そして、運動の統一のためには、運動に参加する組織や人々の条件に応じた運動形態の多様性を認めることが必要だと考えていた。運動の画一主義（一番低い層にあわせるという戦術）は運動の活力を失わせ、結果的に運動の発展を妨げることになると考えていたのだった。

私にとって、この時期、大変に恵まれていたことは、東京地評という職場や地区の活動家のなかで同じように考える多くの先輩や友人（その中には多くの共産党員活動家がいた）に囲まれていたことであった。これらの先輩、友人に支えられて、私は、東京地評政治部書記としての闘争計画の起案や、さまざまな活動をほとんど自らの信念に反することなしに行うことができたことである。もちろん、一部には反対意見もあり、とくに共産党中央の指示に忠実な人たちからは苦々しく思われていたに違いないし、事実、私にたいしても、また東京地評の行動計画についても、陰に陽に圧力が加えられてきていた。

過日（九六年四月）開かれた、当時の東京地評事務局長の「芳賀民重さんをしのぶ会」で、三十数年ぶりに、当時の地評幹部や友人たちと再開したとき、話題は自然に安保闘争当時の思い出話しになったが、中川義和さん（当時の政治部長でハガチー事件で逮捕起訴された。後に地評議長）や矢島忠次さん（私鉄関東出身の常任幹事として松川事件対策や新島闘争などを担当）などからは「あの頃には竹内君の手のひらの上で踊っていたようなものだからなあ」と述懐されて面映ゆい思いをした。

また、斎藤一雄さん（都職労出身の常任幹事で新島闘争では私と共に逮捕起訴され、被告団長を勤めた。後に社会党衆議院議員）は、「当時は都労連や都職労のなかで、一部の異論があっても、これは東京地評の常任幹事会で決定された方針だと言えば、たいてい通すことができた」と語っていた。私は政治部書記として、さまざまな運動の企画立案を担当し、総評の岩垂書記と協議しながら起案していたのだが、ほとんどの方針は基本的な修正なしに常任幹事会では決定されていた。

勿論、起案する方針案は総評や安保国民会議などの決定の制約を受けており、その条件のなかで、最大限前述の運動の多様性を確保し、東京地評の独自性を活かすよう努力したのだが、前述の幹部の皆さんの述懐は、当時の地評の常任幹事、書記、オルグが所属する政党や各組合内の条件の違いをこえて、いかに強い連帯感で結ばれていたかという思いを新たにさせるものだったし、当時、私が安保国民会議などで、自らの信念を基本的には曲げることなしに活動できたのは、この連帯に支えられていたからだということを改めて実感したのだった。

さて、主題にもどるが、一五日の夜には、私は安保国民会議の事務局に詰めていた。国会構内での全学連と警官隊の衝突の状況がテレビで報道され、樺さんの死が伝えられて、国民会議事務局の電話はなりっぱなしだった。そのほとんどは、「うちの息子（娘）が帰ってこないけれど負傷者のなかにいないか」という家族からの問い合わせだった。

そのうちに、どこかから国会と第一議員会館を結ぶ地下通路に数人の死体が警察によって隠されているという情報が流れてきた。新聞記者など、いろいろな方面の情報を集めたが遂に確認はできなかった。しかし、「あるいは」という疑念はしばらく去らなかった。いまの岸政府ならその位のことはやりかねないという思いがあったからだった。

安保国民会議幹事会では、この日の事態を受けて、今日の事態をどう評価し、今後の行動計画をどうするかが、徹夜の議論となった。

警官隊の暴行により、樺さんの死、多数の負傷者をだしたことについて政府に抗議する点では一致していた。だが、共産党は、六・一五統一行動の評価について、全学連主流派の行動も同時に非難すべきであるということを主張していた。このとき、共産党の代表として、誰が出席しており、どのように発言したか具体的に記憶していない。だが、一五日午後九時に発表した、中央委員会幹部会声明は、政府にたいする抗議とともに、そのなかで、「トロツキトに占拠されている全学連指導部のこの日の方針は、もちろん国民会議の統一行動の方針に反するものであった」と指摘し「わが党は、かねてから岸内閣と警察の挑発と凶暴な弾圧を予想して、このような全学連指導部の冒険主義をくりかえし批判してきたが、今日の貴重な犠牲者がでたことにかんがみても、全学連指導部がこのような国民会議の決定に反する分裂と冒険をくりかえすことを、民主勢力は黙過すべきでない」と強調した。（信夫清三郎著『安保闘争史』四一一頁）このことからみて、おそらく、共産党は安保国民会議の幹事会でも、国民会議がこの態度を鮮明にすることを主張したと思う。

私は、全学連主流派の行動について、今日の時点で、警察の暴行と同列においてふれるべきではないという趣旨から、共産党の主張に強く反対した。確かに、全学連主流派の行動は国民会議の方針をこえたものであり、警察権力に大弾圧の口実を与える危険をはらんでいたが、もし、国民会議がこの時点で共産党の主張するような態度を表明するなら、この事件を契機に学生運動全体にたいする大弾圧に手を貸し、それを突破口にして、労働組合をはじめとする国民的な運動の大分裂を策している岸内閣の計画に手を貸す結果になると主張した。そして、この時点では、ただ一点、岸内閣の反民主主義的な行動と警察権力の規制の範囲をこえた凶暴な行為に抗議し、国民の世論を統一すべきであると主張した。

また、全学連の行動については運動内部の問題として、運動の多様性を含んだ大統一という立場で論議すべきだと主張した。

これは統一行動に参加した多くの労働組合活動家の意見を代弁したものだった。現に労働組合は六・四ストやハガチー事件などでの弾圧、処分の攻撃にさらされているのであった。

六・一五事件の評価について、茅誠司東京大学総長の声明はこの時点での大多数の大学をはじめとする知識人の見方を反映したものとして、その一部を再録しておきたい。

「昨十五日夜、国会議事堂付近における学生と警察官との衝突により流血の惨事をひきおこし、ついに死者さえも生ずるに至ったことは、青年の教育にあたるものとして痛恨にたえない。

右の事件における警察官の行動に、多分の行き過ぎがあったことは、おおうべくもない事実であってこれに対しては、学生をあずかるものとして強く抗議せざるをえない。

もとより右の事態の発生については、学生の切迫した危機感にもとづく行動が、その原因をなしていたことは否定できない。しかしながら、この不祥事の原因を明らかにし、その対策を考えるためには、なぜ純心な学生が、このように多数、直接行動をとるに至ったか、そのよってくるところを十分に理解しなければならない。

五月十九日新日米安保条約の単独採決が強行され、憲法の理念とする民主主義に基づく議会主義が危機に陥り、国会と国民とが遊離されてしまったにもかかわらず国会の機能を回復する適切な方法がとられず、ついに批准に及んだ。もし、たとえば国会解散などの方法によって、議会主義が正常に復していたならば、学生は平穏な方法によって、その意志を表明する機会が与えられ、このような挙に出ることはなかったであろう。

しかるになんらの処置もとらず、あまつさえ、このような事態の下で外国の元首を招くという非礼さえもあえてした。

これが学生の間に民主主義回復の努力が無力であるという絶望感をあたえ、このような行動をあえてさせるに至ったのであり、独り学生の行動のみを責めることはできないのである。……」（臼井吉見編『安保1960』二〇二頁）

同時に、これが、国民の六・一五事件にたいする一般的な評価を代表するものでもあったといえよう。

総評は一七日の声明のなかで、「六・一五事件は『あきらかに岸内閣と警察の計画的挑発によるもの』と指摘し、総評は、これまで全学連の諸君にたびたび、挑発にのらず、国民的な統一行動を前進させてゆくように希望してきたが、今日の事態の本質は、もはやその是非ではなく、未曾有の規模に発展した民主的国民の結集を、殺人をも辞さない凶暴な暴力によって一挙に壊滅しようとした岸内閣の暴力政治にある」と指摘している。（信夫清三郎著『安保闘争史』四二九頁）

少し、長く引用したが、これらが当時の良識ある多くの国民の意見を反映していたものであった。少しオーバーな表現をすれば、私が家族の幸せ（今にして思えば、家族、とくに妻にはかなりの犠牲を強いたと思う）も、身の危険をも顧みず、全生活をこの活動に投入し得たのは、私自身の「新憲法感覚」ともいえる戦後民主主義にたいする強い思いと、このような社会状況に支えられていたからであった。

だから、私は全学連指導部の戦術には、多少の危惧を感じながらも、この行動に参加した学生や、国民会議のデモ解散後に学生の行動の応援に再び国会にかけつけた労働者や教授団、市民たちの心情はよく理解できた。私が東京地評書記として、国民会議幹事会の決定を守らなければならない立場にいなかったら、おそらく、この行動に加わっていたに違いない。

だが、この時、私が唯一とれた行動は、デモ解散後に国会に戻ってきた、労働者や市民たちを集結させ、警察の暴力から、これらの人々を守ることであった。東京地評の幹部や書記・オルグは地評宣伝カーを中心に、この活動によく働いていた。

ところが共産党は、学生を案じて現場に駆けつけてきた、教授団や労働者、市民にたいしてすら「トロツキストに同調する政治的愚劣さ」(『前衛』神山論文)として批判した。これは、まさに行動に参加した普通の学生と大衆の意識とは全くかけはなれたものであった。国民会議幹事会での共産党の代表(どの代表がどの会議に出席して、どういう発言をしたかよく覚えてはいないが、神山茂夫、松島治重、金子満広氏などが交互に出席していたように記憶している)の主張はこのような思想につらぬかれていた。そして樺さんの虐殺抗議の行動にすら消極的な態度を示したことをはっきりと記憶している。

私は、この時点での「トロツキストの挑発」を云々することは、「警察の凶暴な殺人をも辞さない暴力行為」という問題の本質をあいまいにし、政府声明の、「このたびの全学連の暴挙は暴力革命によって民主的な議会政治を破壊し、現在の社会秩序をくつがえさんとする、国際共産主義の企図に踊らされつつある計画的行動にほかならない」という、六・一五事件の原因が、あたかも国際共産主義に踊らされた学生の行動に原因があるという態度を容認することになると考えた。そして、共産党の態度が、学生を孤立化させ、さらに行動を先鋭化させ、学生と労働者、市民の運動を分裂させ、運動全体の発展を妨げることになることを危惧したのだった。

報道の方向転換をした「七社共同宣言」

一方、この事件後、マスコミは急速にそれまでの岸内閣批判から、いわゆる「暴力」批判と「議会主義擁護」に方向転換をした。その方向を明確にしたのが、十七日の「七社共同宣言」である。この「宣言」が政府と財界の圧力によるものであることは明らかだった。戦前に軍部の圧力を受けて、急速に戦争協力に傾いていったマスコミの姿勢を思いださせる宣言だった。

共同宣言は、「民主主義は言論をもって争われるべきである。またいかなる政治的難局に立とうと、暴力を用いて運ばんとすることは、断じて許さるべきではない。……社会、民社の両党においても、この際、これまでの争点を投げ捨て、……政府与党と野党が、……議会主義をまもるという一点で一致し、今日国民がいだく常ならざる憂慮を除きさることを心から訴えるものである」とした。

（六月一七日　七社共同宣言）

この共同宣言の問題点は、一つには、五月一九日の岸内閣のクーデターともいえる暴挙を不問にし、国の方向をきめる安保条約を議会内での政党間の取引のなかに閉じ込め、結果的にそれ（新安保条約）を承認に導こうとしたこと、二つには暴力の排除の名のもとに、憲法に保障された、国民の集会・結社の自由にもとずく、国民の意志の直接的な表現の手段としての、請願、集会・デモの行動を政府・警察権力の統制下におこうとしていることである。

事態の正常化の道は、五月一九日の暴力による議決を無効とし、国会を解散し、最も民主的な方法である総選挙によって国民の意志を問い、真に民主主義的な議会と政府を選ぶべきである以外にないことは明らかであるにもかかわらず、そのことに一言も言及していないことであった。

この共同声明にたいしては、中野好夫は十八日の朝日新聞で「こわれた車に民主主義は乗らぬ」として批判し、『民主主義のルールから絶対に是認さるべきでない』ことが、ほどんどそのまま既成事実として承認されることになるのだが、果たして民主主義は生きるのであろうか……暴力の問題について……全学連、一部労組の物理的暴力をいうのはよいが、他方それを触発したともいえる、あのヒトラーがやり、東条がやり、そしてまた李承晩がやったに類する『合法的』暴力については、一言も触れることのないのは、いかなる消息のひそむのであろうか」と疑問を呈している。

また十七日の東京大学新聞研究所は所員一同の署名で「要望――「七社共同宣言」について」をだし「政府・与党が強行に新安保の成立をはかろうとしている現在、新聞が事態の根本原因から目をそらさず、……（新聞が）自己の責任を全うされんことを、われわれは心から期待します。もしこの期待がかえりみられなかったばあいに、新聞にたいする読者の絶望が、危機をいっそう深刻なものにすることこそを、わらわれは真におそれるものであります」と訴えている。

議会が討論の場でなく、政党間の取引と談合の場となり、報道機関が、その本来の機能を失ったとき、国民はいかにして民主主義を守るべきか。私は、署名運動、請願、集会、デモ、労働者のストライキ、商店のストなどなど、条件に応じて、考えられるあらゆる方法で創意をいかして意志を表明すること。そして、そのための国民的な戦線を組織し、大衆行動を積み上げる以外にないと考えたのだった。

アイク訪日中止と三三万の抗議デモ

こうした状況のなかで、岸一派はアイゼンハワー米大統領の訪日について、自民党のタカ派の木村篤太郎自民党暴力対策委員長を中心に、右翼の児玉誉士夫を動かして、行動右翼と暴力団をの総結集を図ったといわれている。

宮崎学氏の『不逞者』によれば、「アイク歓迎」の名の下に、最終的には博徒一万人、テキヤ一万人、旧軍人・右翼関係四〇〇〇人、その他五〇〇〇人の一大動員態勢が確立された。自民党から六億の金が動いたとされる。

「出動計画は本格的で、デモ隊に殴り込む「愛国神農同志会」が組織される一方、二〇〇万枚のビラ、ビラ撒き用のヘリコプター、セスナ機が準備され、三〇〇〇人ずつ四個大隊の部隊が首都を制圧し、三〇〇〇人の遊撃部隊が各所に配置されることになっていた。さらには左翼部隊との長期戦を予想して、食糧、輸送用のトラックなどの車両、救急車、炊き出し部隊などが準備された。」(宮崎学『不逞者』一三五頁)といわれた。

しかし、日毎に盛り上がる国民の抗議行動と六・一五事件に慌てた岸内閣は、一六日の〇時一〇分の臨時閣議から、さまざまな会合をひらき、この一五日の事態をうけて、アイク訪日の準備を検討していたが、当初はあくまでアイク訪日の強硬を模索したが、除々に中止にかたむいていった。そして、ついに、午後四時すぎからの閣議で延期(事実上の中止)をアメリカに要請することをきめた。

前述のような右翼暴力団によるクーデターともいうべき計画をすすめてきた岸一派は、あくまでアイク訪日を強行しようと策したが、ついにそれを諦めざるをえなくなったのである。その理由は、

「第一には、アメリカが日本の警備についての不安を解消していなかった。……彼らは日本の警備についての不満をかくそうとしなかった。……

第二には、宮中筋からの不安がつたえられていた。……

宮中筋からのアイク訪日中止が小泉信三を介して岸首相に伝達された。羽田からアイクと同乗してパレードをする天皇に万一のことがあってはという憂慮からであった。……とめていた。

第三には、……警察の内心は、アイク訪日の中止をもとめていた。そこえ、六・一五事件が勃発し、女子学生が死亡したという知らせをうけたとき、警察庁はふたたび『アイク訪日はどうしてもやめさせるべきだ』という意見にかたまった。」（信夫清三郎著『安保闘争史』四一八頁）ことにあったといわれる。

国民の世論は、五月一九日の議決の無効宣言と民主主義の再建、安保条約の自然承認の阻止、岸内閣の退陣、国会解散・総選挙の要求に集約されてきた。

安保国民会議幹事会は自然承認の期限の前日の一八日に最大限の動員をおこない、中央集会と国会を包囲することをきめた。この一八日の行動について、国民会議幹事会でどのような討論を行ったか、残念ながら記憶していない、多分、国会周辺に徹夜で座りこむか流れ解散かの討論がなされたと思う。そして、結論がどうであったかも記憶していないし、記録もないが、つぎの結論だけは記憶している。

一、三宅坂の国立劇場予定地で中央集会をひらく。
二、動員の規模はねこそぎ動員とし、三〇万を目標とする。
三、一般市民の参加を呼び掛けるために、労働組合、政党以外の民主団体の幹事は各自プラカードを用意して、東京駅大丸デパート、池袋駅、西武デパート、新宿駅三越デパート、その他渋谷など駅近くのデパートの最上階からプラカードを掲げて、店内を歩き、国会までの一般市民のデモ参加を呼びかける。
四、会場準備、デモ隊の配置、警察との折衝などは総評岩垂、地評竹内が担当する。

ことを決めた。

前日の夜、私は総評岩垂書記とともに、国立劇場予定地の周囲の有刺鉄線を切断し、デモ隊の出入りの通路をつくった。国立劇場予定地の管理者と会場使用の話し合いを誰がしたのか知らなかった。あるいは無許可で勝手に使ったのかも知れない。また、警察に集会届を出した記憶はないが、届出としてではなく、不測のトラブル（主に右翼暴力団のとの衝突）を避けるための警視庁警備担当との話し合いはしたと思う。この間、予定地管理者からも警察からの何の干渉もなかった。私たちは勝手に有刺鉄線を切り通路を作った。翌日は早朝から会場予定地に集会の舞台を設営した。

集会は午後からの予定だったが、地方代表や職場での時限ストや時間内職場大会を終えた労働組合、文化団体などは昼前から集まり始めた。

この頃には各組合への動員要請や動員割当ての必要はなかった。三〇万動員という目標と集合場所を新聞発表すれば、各組合が自主的に人数をきめて参加した。私たちの仕事は参加者の配置をきめ、デモのコースと順序を連絡すればよかった。

東京地評の組合員は約六〇万人であったから、三〇万人動員というのは組合員の半数を動員することになる。これに加えて、中立組合の組合員や青年婦人団体、学生、地方代表、一般市民なども合わせて、集会参加者は目標をはるかに超え、推計で三三万に達した。途中からデモに参加した通行中の市民を加えれば、行動参加者はさらに多かったと思う。

新宿、池袋、渋谷などからの市民のデモ参加者は国会に到着する頃には各コースとも千人をはるかに超えるデモ隊となっていた。それは、国民会議指導部が予想もしなかった数だった。

集会場に集まった労働者、学生や地方代表などからは、徹夜で国会と官邸周辺に座りこめという要求が続々とだされた。だが、国民会議指導部の集会終了後、国会から銀座方面と渋谷南平台の首相私邸へのデモの方針は変わらなかった。

集会の途中に、「第一議員会館の焼き討ちのフレームアップの計画がある」という情報が伝わってきた。それを言い出したのは、社会党と共産党の議員たちだった。国会裏の第一議員会館の自民党議員が荷物を運びだしているというのだ。社会党の江田三郎書記長、共産党の志賀義雄議員らが、演壇でこもごも、このことを語り、会場からの座込み要求に対して、流れ解散を訴えたのだった。彼らの話は、かつてのドイツにおけるヒットラーの国会焼き討ち事件を連想させるものだった。

確かに、デモの群衆が議員会館前に座りこみ、部屋が使えなくなるのを予想して荷物を運びだした一部の自民党議員がいたかもしれない。だが、私は国民的な運動や自民党内部の状況、警察の動きなどからみて、あるいは、一部に自衛隊出動を主張するものがいたとしても、少なくとも岸一派が議員会館焼き討ちという政治行動にでるとは思はなかった。また、自衛隊出動についても、警察官僚がメンツにかけても認めることはないだろうと予想していた。むしろ、社会党や共産党が岸一派の恫喝とニセ情報に踊らされて、大衆の座り込みの要求を拒否し、デモを流れ解散に導くために、ことさらに大げさに言いふらしているのではないかと考えていた。

　だが、前日には社会党河上委員長にたいする刺傷事件もあり、一五日の右翼暴力団の行動などから考えて、彼らの殴り込みの危険は感じていた。私は、できるなら全体が意志統一して座りこむべきだと思ったが、いまの安保国民会議幹事会にそのような指導性を求めることは不可能であり、無統制な座り込みは危険だと考えていた。非常に難しい選択ではあったが、無統制な座り込みには反対せざるを得なかった。そして、とにかく、デモ隊を道路一杯に広げてデモを行い、全体で一定の時間、国会と官邸周辺の道路をうめつくしてしまい、そのうえで整然と流れ解散することが、岸内閣にたいする圧力にもなり、暴力団の殴り込みを避けるために彼我の力関係から考えられる唯一の方法だと考えていた。

　結局、デモ隊は国会、アメリカ大使館、渋谷南平台へと分散して、行動し、流れ解散することになった。だが、こうして、国民会議の指導で解散した後に、あくまで座り込みを主張するデモ隊の一部は、解散後自主的に官邸周辺に戻って座り込みを行うことになった。主力は全学連主流派であったが、出版労協などの労働者も座り込みに参加した。その数は四万人ともいわれた。私は中川政治部長などとともに、官邸周辺に戻り、戻ってきた労働者の掌握に飛び回って、一八日から一九日への一夜を過ごした。

指導なき闘争

　一九日の日米安保自然成立後、六月二二日には、安保不承認、岸内閣打倒、国会解散を目標としてたたかわれたが、その後、とくに岸内閣総辞職後は運動は具体的な目標を失い、除々に終息していった。

　その状況を日にちを追って見ると

六月二二日　統一行動実力行使、五四〇万人が参加、国鉄、動力車労組が長距離列車を中心に実力行使、一二万人が国会デモ

六月二三日　岸首相、緊急臨時閣議で辞意表明
六月二四日　樺美智子国民葬、参加者一万人が国会まえの祭壇に行進して献花
七月二日　新安保不承認国民大会、国会、都心デモ、一〇万人参加
七月一四日　国会、都心で抗議デモ、一〇万人参加

一方で、政府はスト参加者に弾圧の方針を露骨にし、とくに公労協の組合に大量の処分を行いだした。おもな、処分をみると

七月五日　全逓労組に一二〇〇〇人
七月九日　国労、動力車労組に役員解雇をふくむ一六〇〇人
七月一一日　全専売労組に五八〇〇人
七月一五日　全電通労組に二六〇〇人

という大量処分を発表した。

問題はこうした政治状況にたいして、安保国民会議が有効な指導性を発揮しえたかといえば、答えは否であったことである。

『月刊労働問題』誌上での現場の労働組合指導者の座談会（出席者　井上章——全逓中郵、木田忠——国労新橋、倉持米一——全国一般、竹内基浩——東京地評、萩原隆雄——鋼管川鉄）で、現場の幹部はつぎのように指摘した。

「本誌（編集部）みなさんの今までのお話をうかがっていても……指導の明確さについての反省がこれからの闘争をつづけるためにも、大きな問題となっているという感じです。五・一九以後の期間はとくに、〝指導なき闘争〟などという感じが強かった、などと評する人もあるぐらいですが……

木田　〝指導なき闘争〟とはまったくその通りですね。われわれが国民会議の決定にしたがって『整然としたデモをやらなければならない』と統制しても、若い組合員は絶対いうことをきかなかった。十八日南平台へ行って流れ解散するようにといった幹部で殴られた人もいたぐらいです。……一一・二七をはじめとして、決定的な段階では、もはや組合や、政党の指導はまったく立ちおくれて、国民会議の方針は、われわれが受入れられないほど軟弱なものだったし、職場の労働者の自発性を汲み上げるだけの幹部の指導心があれば、いつでもストは、三、四日の準備でやれたと私は思います。

井上　職場のなかでは、十九日午前〇時の自然成立前

に、統一行動を組まなければいけないという考えが支配的だった。だからなんのためにストを二十二日に決定したか、ぼく自身いまだに釈然としない。これはほとんどの組合員が疑問に思っていますね。十八日の三〇万デモでも、国会へ行かなければいけないとみんなが思っているのに、岸のいない南平台へ向けられた。組合員の怒りはたいへんなものだった。流れ解散してくれといっても承知しないのです。国会で徹夜するという希望者が圧倒的だったので、無責任に行かせてはまずいから、支部の執行委員を掌握のためにつけてやって、なだめたという状態でしたね。……」(『月刊労働問題』八月号「安保──かくたたかえり」)

と語り、この闘争で中央と現場の労働者、国民の意識がいかにづれていたかを指摘している。続いて、次の行動目標が語られたが、やはり問題は中央の指導性の問題、とくに政党の指導性が求められていた。

「本誌　最後に次の行動目標はなにかという点をお聞きしたいと思いますが、……

竹内　……一応国民会議では当面の目標としては、新安保不承認・国会即時解散・不当弾圧粉砕・岸亜流政権反対の闘争方針を出している。しかし新安保不承認といっても、これはわれわれの側の意思の問題だが、次に具体的にどう安保を粉砕していくかという点が明確でなければならない。新しい政権の問題で、民主政権の樹立が一方では出されているけれども、それがこれからの問題として議論され、とくに革新政党の側から出されてくる必要があると思います。新しい政府のもとでの新安保の無効宣言、五・一九以降の問題を一切白紙還元という具体的な処置をとっていく方向が出されてこないと、国民会議で新安保不承認で署名をとるといっても、それだけではこれまでのエネルギーをさらに発展させるには不十分ではないかと思うわけです。

木田　それは私も同感です。新安保不承認を今の体制でやっても、これは具体的になんの目標にもならない。……いろんな曲り道はあったけれども、やはり、ここで革新政党が中心になって、民主政府を樹立していくというスローガンを明らかにして、不当処分反対の実力行使を支援して闘っていきたいと思います。

倉持　……国会解散・民主政権の樹立で、これをはっきりさせていくという問題ですが、これはややもすると、議会闘争の技術論になる危険性がある。これが露骨にでてくると、安保闘争が消滅して、選挙闘争一本にしぼられて終わってしまうのではないか。やはり反安保・反帝国主義・反岸亜流政権の考え方を貫徹させたうえでの選挙闘争の組み方をあきらかにすることが必要だと思います。その上に立って職場の討議を各単産ごとに行ったり、地域での討議をやる。……そして国民各層の要求を統一し、指導していくことが国民会議の重要な任務だし、その統一の議論を職場のなかでやることがいま大切ではないだろうかと思っています。」(同上)

とこもごも、今こそ中央、特に革新政党の国民統一と民主政府樹立にむけての強い指導性をもとめ、そして、それを保障する職場、地域でのさまざまな要求と結びついた徹底した討議の必要を強調していた。

だが、実際には中央の指導性の発揮など「ないものねだり」だということを、みなよく知っていたし、実際にその後の経過は倉持氏の危惧していた方向に動いていったのであった。

日米安保反対闘争の総括

運動の総括をめぐっての討論

この一年間は、文字どおり「安保」にあけくれた。この闘争のなかで私は、おそらく、普通だったら経験できないような、多くの経験をした。まもなく、四十年になる今でも、いくつかの事件や闘争を断片的ではあるが鮮明に記憶している。それほどこの闘争のなかでの活動と生活は貴重な経験だった。

また、この闘争のなかで、私は、社会党、共産党、総評、全学連の幹部たちとの討論、多くの活動家たちとの交流、共同の活動、学者や文化人たちとの接触などを通じて多くを学んだ。

新安保条約が発効してから、この一年余の安保闘争の評価について、さまざまな討論が行われ、運動の総括が行われた。七月一五～一六日には、東京地評の安保討論会が開かれ、七月二三～二四日には平和と民主主義を守る東京共闘会議の討論集会が開かれた。

この総括について、ここに幻の総括文書がある。東京地評の安保討論会のために書かれた東京地評の新聞のゲラである（本書資料篇に収録）。この文書が東京地評常任幹事会で決定されたものか、常任幹事会の討議にかけられた原案かはっきりしない。

だが、この文書が「討論集会」の討議資料として私が起案し、当時教宣部を担当したいた佐々木君が手をいれて作成した文書であることは間違いない。これが、なぜ印刷されなかったのか記憶していないが、この文書は、東京地評という大衆組織の総括として起案されているので、組織内のさまざまな意見を考慮して書かれてはいるが、当時の私たちの安保闘争にたいする評価がかなり正確に表現されているように思う。この文書では、およそ次のように安保闘争を総括した。

「……今次安保闘争はかってない空前の大衆行動となって展開され、新安保推進勢力に大きな打撃を与え、アイクの訪日を阻止するなどの成果を上げ、岸内閣を中心とする独占資本の権力をゆさぶり動揺をまき起こすことができた。そして、岸内閣は遂に退陣を声明せざるを得ないところまで追い込まれたのである。……

われわれ労働者は今次大闘争の中で更に一層、その自信を深め隊伍を整え各階層との結合を広くすることができた。しかしながら、この独占資本の動揺時をチャンスとして効果的な追撃に成功していない。同時に全期間を通ずる闘いの指導性についていろいろな角度から問題が提起されてきている実情にある」

として、闘争の発展を評価しながらも、一方で「われわれの闘いの弱点」として次の四点を指摘している。

「第一には、安保阻止、岸内閣打倒という目的をどうしたら達成できるかということについての論議が不十分であったし、その明確な方向を持っていなかった。……

第二には、われわれは防衛のスローガンが中心で、攻撃的、積極的なスローガンに欠けていた。安保阻止、岸内閣打倒、国会解散というが、岸を打倒し、どのような政策を実行する、何が中心の政府を要求していくのかということが最近になってようやくではじめた実情である。

第三には、安保闘争とわれわれ労働者としての生活と権利のための独自闘争との結合に成功していないということ……

第四には、われわれは目前の行動に追われ、この行動を組織するための技術的問題に集中しすぎて、それぞれの行動、闘いがどのような政治的な意義をもっているかを明らかにし、大衆に一層の自信と確信を増大させていくことに欠けていた。……」(「東京地評安保闘争の総括——新安保不承認、民主政府樹立のために」機関紙第一七〇号ゲラ刷り)

多少の修正はあったかもしれないが、討論集会はこの総括報告を叩き台として討論された。討論集会では参加者からは「安保では負けたが、民主主義のたたかいは成功をおさめた」さらに「新安保が通ったという点では敗北だが、決定的な敗北というものではない。このような大きな闘争は、歴史的な、全体的なとらえかたが必要ではないか。このようなたたかいに元来一本勝負などない。このたたかいを通じてみられた労働者の意識の向上こそ重要である」という意見もだされた。(『週刊労働情報』八月三日号)

さらに、続いて開かれた、東京共闘会議の討論集会は、二つの意見に集約された。

一方の意見は「安保改定を阻止するという初期の目的をわれわれは達することはできなかった。その弱さをハッキリと確認すべきであり、安保改定を阻止できなかたのはあきらかに敗北であり、その敗北を敗北としてハッキリと認めていくことが大切である。」という意見であり、

他方の意見は「敗北したという点を明確にすることは誤りであり、むしろ、これほど大きなたたかいを組めた点を高く評価すべきであり、そのなかで阻止できなかった弱点が何であったのか分析さるべきである」という意見だった。(同上)

これらの討論は一つの評価を異なった側面から評価したもので、敗北に力点をおくか運動の成果に力点を置くかの違いであり、決定的な対立ではなかった。私は、どちらかといえば、共闘会議の前者の意見に近い意見をもっていた。運動の成果を大きく評価しながらも、新安保が国会では自然成立したという事実は事実として認め、この点でなぜ敗北したのかの討論を深めることによって、今後の運動の方向を見出すことができると考えており、より、大切なことは、条約の批准を阻止できなかった弱点を明確にすることなしには、たんに「よくたたかった」という自己満足に終わってしまい、今後の運動の発展を展望することはできないと考えていた。

ですから、まえに引用したように、私は雑誌『月刊労働問題』の座談会で、安保国民会議で新安不承認で署名

をとるといっているが、それだけではこれまでのエネルギーを発展させるには不十分ではないか。そして、当然に新しい政権の問題を提起すべきであり、民主政府の樹立を運動の目標とすべきで、同時にその政府はどのような政府で、なにをなすべきかを明確にしなければないこと。すなわち、新しい政府のもとでの新安保無効宣言、五・一九以降の問題を一切白紙還元という具体的な処置をとっていくことを具体的に要求すべきだと主張したのだった。

ところで、このような討論をふまえて、私はこの間の運動が明らかにした問題点として、次のようなことを強く感じていた。

第一にこの闘争で

議会制民主主義と大衆運動の関係

私が強く感じたのは、戦後民主主義とはなんだったのかという問題意識である。

国民主権と議会制民主主義は、日本の戦後民主主義の重要な柱とされていた。国の権力機関としての政府は総選挙での多数党派によって組織され、多数党派が国の権力を掌握する。政府は議会の与党を通じて多数決により、やろうと思えば、思うがままの政策を遂行できる。しかも多数派に都合のよい選挙制度は保守的な支配層に有利に作ることもできる。実際に参議院議員選挙における当選者の得票数の格差は五倍に近いものとなっている。こうして、議会制民主主義は、その選挙制度と少数意見（少数といえどもそれは、一定の国民の意思を代表している）を無視し、国会での討論を形式的なセレモニーにしてしまう議会運営と機械的な多数決によって、あたかもそれが国民の多数の意思であるかのように装って、社会の支配層による「専制、独裁」を可能とするという弱点をもっている。ある保守党の議員ですら、多数党が問答無用の多数決で物事を決めるならば、国会はいらなくなるといった。

安保の五月一九日の警官に守られた強行採決は、この議会制民主主義の弱点をはっきりと国民の前につきつけた。

このことは、戦前の議会が大政翼賛会によって天皇主権という体制のもとで、立法府である議会が事実上、天皇によって任命された政府と軍の補完機関となってしまった事実を思い起こさせた。また、ドイツのナチスが最初は選挙で第一党になることによって権力をにぎったことをも思いおこさせる。

選挙で議員を選び、議会で多数決により条約や法律を決めるという議会制民主主義制度のもとでは、国民は自らの意思を選挙で議員を選ぶという間接的な方法でしか表すことができない。

そして、国民主権の戦後の体制のもとでも、議院内閣制のもとでは議会で多数を占めた党派が国家権力を掌握する。この政府が選挙における政権与党の公約に反した、あるいは、公約していない政策を国民の多数の意思を無視して実行しても、国民は、次の選挙でしか、その意思を議会に反映させることはできない。

少数党は議会の討論を通じて、その主張を国民に訴えることはできる。(言論、報道の自由が保障されている新憲法の下では、この点は戦前とは明らかに違うが、しかし、政府は様々な情報を独占し、情報を操作し、マスコミを通じて様々な方法で世論をコントロールする）だが、議会の最終的な議決は多数決で決められる。これが議会制民主主義のルールである。とくに、日米安保条約のような外交問題では、政府が行った外国との条約、あるいは共同声明の調印という行為を覆すことはほとんど不可能である。政府はすでに調印を行っており、権力の維持と威信にかけて、条約の批准のために強行手段をとることになる。

このような不完全な議会制度と議院内閣制のもとでは、国の方向を決める重要な案件では国民の意思を直接に問う国民投票という方法が保障されているべきである。また、地域の問題での住民投票もこれと同じような意味をもっている。だが、このような直接民主主義的な方法は、わが国では法的に保障されていない。

このような条件のもとでは、国民の意思を表明する手段としての大衆運動、市民運動が極めて重要な意味をもつことになる。大衆運動は間接民主主義の弱点を補う最も重要な直接民主主義的な手段である。

私は、そのような視点でこの安保闘争をとらえていた。議会の民主的な討論と国民の大衆運動の結合だけが、政権党の独裁を阻止し、真の民主主義を実現できる唯一の国民の手段だと考えていた。そして、その方法は、陳情、請願署名運動、集会、デモ行進、職場のストライキなどの実力行使などなど、その方法は多様である。

だから、国会解散、総選挙、民主政府の樹立の闘争も選挙運動と国民の要求を実現する大衆闘争・国民運動を一体のものとして、真の民主主義を実現する闘争として闘われなければならないと考えていた。しかし、現実の運動のなかでは、このような本質的な問題はほとんど討論されず、目先の戦術のみに目を奪われていたのが実情だった。私は地評の総括のなかで、弱点の第四点として指摘したのは、このことを強調したかったのである。

この面から見ても、安保闘争は単に新安保条約の成立を自然承認というかたちにせよ許してしまっただけでなく、政府自民党の独裁をも許し、真の民主主義の破壊を許してしまったという意味において敗北したといわざるを得ない。

国民戦線はいかにつくられるべきか

第二の問題は、安保闘争のなかで、その萌芽がり、真の民主主義を確立するための国民的な共同戦線の形成の可能性があったにもかかわらず、成功しなかったことである。

日米安保改定阻止国民会議は、その出発当初から、社会党、共産党（オブザーバーだったが）総評、平和団体などのいわば連絡機関として出発した。しかし、運動が広がりをみせ、全国の地方・地域に共闘会議が生まれ（ピーク時には大小二千を超える共闘会議が全国に作られた）、また、青年学生、婦人、学者文化人、演劇人、商工業者、一般市民（声なき声の会）などいろいろな層の運動組織も自然発生的に生まれた。こうした運動の広がりにともなって、全国的な運動への強い指導性が「国民会議」期待されてきた。だが、その連絡機関的な性格ゆえに、また、大衆運動の持つ政治的意味、すなわち、直接民主主義的な行動の意味が指導部で意志統一されていなかったために、充分この期待に答えられなかった。

地方と中央との関係では、必要に応じて、全国地方共闘代表者会議が開かれたが、これも、中央で決めたことを伝達するだけで、地方の現場の意見を吸収していく努力に欠けていた。そればかりでなく、地方共闘の意見がだされ、それが、中央の方針と異るときには、地方共闘を社会党、共産党、総評など縦系列に分解して、中央の方針をむりやり押しつけるという官僚的な方法がとられた。この方法で中央の方針を押しつけ、表面的な統一は保たれたが、他方で地方共闘の結束を乱し、真の共闘と連帯を妨げるという結果を生むことになった。

この方法をとくに積極的に採用したのが中央統制の強い共産党と公務員及び現業の公共企業体の労働者によって組織された労働組合だった。

とくに、五・一九以後は、民主主義擁護を求めて、学者・文化人、芸能人の団体、声なき声の会、商店などより広い層の市民が運動に参加してきたにもかかわらず、それらの層との統一が必要不可欠で、安保国民会議の発展的改組が必要とされたが、そのことが国民会議では議論にもならなかった。

私は、学者・文化人の会や新劇人会議などに出席して、安保国民会議の改組が難しければ、少なくとも、これらの人々との連絡共闘会議をつくるべきだと思ったが実現しなかった。

こうして、この闘争のなかで芽生えた安保体制に反対し、真の民主主義の実現を望む多くの国民を統一する共同戦線は、結局、絵に書いた餅に終わった。私が安保闘争は一定の成果を認めつつも、基本的には失敗だったという意見に共感したのは、単に条約改定を阻止できなかったということよりも、この国民的な共同戦線の形成に失敗した（条件はあったにもかかわらず）という意味で、この闘争は失敗したとも考えたからである。

もちろん、運動の組織者の一員であった私自身もその責任の一端を担わなければならない。だが、その主な責任は運動の政治的指導を期待されていた社会党、共産党が負わなければならない。とりわけ、共産党中央の官僚主義的な指導に問題があったと思う。

私は全国あらゆる地域に組織された社会党、共産党、労働組合、青年学生団体などによる共闘会議や学者・文化人、芸能人、商工業団体、婦人団体、あるいは声なき声の会など無党派市民の自主的な組織を統一した「民主主義を守り、日米安保体制に反対する国民戦線」をどのように形成すべきかを真剣に考えるべきだったと思った。そして、このような戦線を土台として、民主的な政府をつくる運動にとりくむべきだったのである。

運動の戦略をめぐる問題

第三の問題は運動の戦略と戦術の問題である。

安保闘争の戦略については、私達は、最初から、共産党と対立した。それは、私達は、この闘争はあくまで国民運動であり、砂川基地反対闘争、警察官職務執行法改悪に反対する闘争、勤務評定に反対する闘争、中小企業労組の首きり合理化に反対する闘争など、政府、独占企業の反動的な政策（これを安保体制としてとらえた）に反対し、これらの反動政策にたいして、平和を守り、民主主義を守る闘争ととらえた。

だが、共産党は、日米安保条約の改定は、日本のアメリカへの従属を一層深めるものとして、アメリカ帝国主義を主要打撃の目標とした運動とすべきだとし、あらゆる場所で、この方針を押しつけようとした。もちろん、共産党には共産党の革命戦略があり、それが正しいか間違っているかは別にして、それを主張することを否定はしない。だが、その方針を直線的に大衆組織に押しつけることは間違いであり、国民的な共同戦線の発展には役立たない。

この問題で、具体的に対立が表面化したのは、「岸内閣打倒」を運動の目標に掲げるかどうかであった。

当初、運動の現場では「安保は重い」と言われた。要するに職場ではなかなか理解されないということである。一言で言えば、「日米安保といっても俺たちには関係ないのではないか」という空気だった。それが急速に変わっていったのは、現実に、具体的に闘っている、さまざまな闘争を「日米安保体制にたいする闘い」としてくくったときに、はじめて労働者や国民は動きだした。いま、現実に自分たちが直面している社会の矛盾や苦しみが「安保体制」とつながっていると理解したからである。そして、日米安保条約の改定が、この「安保体制」を強化し、単に、アメリカへの従属を強めるだけでなく、日本の独占資本とその政府が、主体的にその反動体制を強めようとしていると感じたとき、労働者は「日米安保条約改定」を自分達の生活と権利の問題として、その反対に結集したのだった。こうして、東京では中央で「日米安保改定阻止国民会議」ができる以前に、「平和と民主主義を守る東京共闘会議」が組織されていたのであった。

「東京共闘会議」は、その結成の当初から、なんの不思議もなく「岸内閣打倒」を主要な行動目標としていたのであった。

一方、共産党は「岸内閣打倒」を運動の目標に加えることに反対した。その論理は一言でいえば、岸内閣を支持する層にも、アメリカへの従属を深める「安保改定」には反対の人々がいる、従って、このような層を運動に参加させるためにも、岸内閣打倒を運動の目標とすべきではないとするものであった。この問題についての論争は、五九年七・八・九月と延々三ヵ月におよび、六月の第三次統一行動で、ようやく盛り上がりを見せ始めた運動にブレーキをかけてしまった。

運動は六〇年五月一九日の警官導入による強硬採決によって、その様相を一変した。この政府の行動に民主主義の危機を感じた学者・文化人をはじめ、多くの国民が運動に参加してきた。

この時点で、国民会議は安保改定反対とともに、「真の民主主義を闘いとり、ファシズムに反対する」という運動の目標を掲げるべきであった。そして、その具体的な行動目標はまさに「岸内閣打倒」と「民主的政府」の樹立とすべきであった。

国会周辺に集まったデモ隊のシュプレヒコールは「岸やめろ」「岸を倒せ」の一色となった。さすがに共産党は従来の「岸内閣打倒」反対を主張しなくなったが、一九日以降の政治状況と国民の意識の変化に対応して主要な運動の方向を変更したのかどうかははっきりしなかった。

また、安保国民会議も、いわば、第何次統一行動というように、行動日と行動形態をきめるという、それまでの運動形態の延長でしかこの状況に対応できなかった。もともと参加団体の連絡機関として機能してきた、安保国民会議幹事会にこの状況下での政治的指導を求めることには無理があった。しかし、大衆は、この国民会議幹事会に政治的指導を期待した。この現実と期待のズレこそが問題だった。このことが一九日以降の闘争が指導なき闘争といわれた所以でもあった。

この運動の戦略をめぐる論争は、それなりに肯定的にも否定的にも安保闘争史のなかでは重要な意味をもっているが、ここでは、このような論争があり、私も東京共闘会議の担当として、国民会議幹事会でのこの論争に加わり、私自身が共産党員でありながら、大衆団体の担当として共産党中央と対立することになったということを述べるにとどめたい。

統一行動のありかたをめぐって

次に戦術については、すでに前に随所で述べたように、統一行動はいかにあるべきかが問題となった。共産党は常に整然たる画一的な行動を主張した。

この点では、奇妙に共産党、総評、中立労連など労働組合中央の主流派幹部、社会党右派系幹部の意見が一致し、彼らは一貫して平面的で画一的な行動の統一を主張した。この主張は最も弱い層に行動を統一しようとするもので、幅広主義ともいわれた。この戦術を組むことは易しく、運動の幅を広げることはできたかもしれないが、結果的に運動を形式化し、運動の発展を阻害する危険をはらんでいた。そして、運動の高揚に動揺し、運動を押さえ、サボタージュしようとする右派幹部の主張のよりどころとなった。

これに対し、総評の反主流の中の高野派系の幹部、社会党左派系幹部、箱根左派といわれた東京共闘をはじめとする地方共闘などは、運動の多様性を主張し、条件に応じた多様な行動形態を認めた立体的な統一を主張した。しかし、実際の行動の組立てとなると、様々な困難が伴い、この主張をする幹部も実践的にはまだ習熟していなかった。例えば、前者の画一的統一行動を主張する勢力によって、事実上、安保国民会議の統一行動から排除され、孤立化しつつ、一方でその闘争戦術をより過激なものとしつつあった全学連の運動をどう評価し、全体の運動のなかにどのように組み入れて行くかという問題なども難しい問題だった。

だが、こうした戦術をめぐる論争は共産党の全学連にたいするトロッキスト攻撃によって、多様な立体的な統一を主張する者には、トロッキスト同調者というような非難があびせられ、そのことを主張することすら難しくなっていったのであった。現に、私自身が蔭ではトロッキストあるいは同調者というレッテルが貼られていた。

以上、極めて簡単な私的な総括を試みたが、要は、これらの運動のなかにあった問題点が、その後の運動のなかで生かされるような討論は行われなかったことに根本的な問題があったように思う。結局、岸内閣の退陣後も民主的政府の樹立という主題は空念仏に終わってしまい、同じ自民党の池田内閣を許してしまったのであった。

なお。安保闘争の東京地評としての総括は、東京地評第一〇回定期大会に提案された一般報告「一年の安保闘争をかえりみて」に詳しい。この報告は東京地評編纂の『戦後東京労働運動史』第四編（七四四～七四六頁）に珍しく全文が掲載されている。この報告は私が起草したものだが、すでに述べてきた、私自身の安保闘争にたいする評価をできるだけ盛り込んだつもりだ。もちろん大衆組織としての報告であるから、機関での様々な意見の討論を経てまとめたもので、おのずから限界があり、私の意見を百パーセント盛り込むことはできなかった。さきにふれた、東京地評安保討論集会の討議資料として作成された「東京地評・安保闘争の総括」と比較してみるのも面白いかもしれない。

（以下執筆予定――著者永眠のため未完）

新島ミサイル基地反対闘争

三・一七事件――右翼との衝突

基地着工と九名の逮捕

巣鴨拘置所の四十日と法廷闘争

共産党から国民救援会にたいする私への差し入れ禁止の指示

共産党中央の差し入れ禁止の指示にたいする国民救援会の抵抗

細胞会議での法対部長の謝罪ですます共産党中央

第四章　分裂の始まり

原水禁運動の分裂と原水禁国民会議の結成

あらゆる国の核実験反対をめぐる論争

原水禁運動の統一への努力

原水禁国民会議、都民会議の結成

共産党離党／除名

労働者同盟の結成をよびかけ

全国労働者活動者会議

共産党中央での離党／除名続出

社会主義新党の結成全国準備委員会

出血性胃炎で突然の胃からの出血／緊急手術

都教組他多数の組合活動家から輸血を受ける

約2カ月で運動に復帰

東京都政刷新・都議会解散統一リコール運動

日ソ平和と友好のためハバロフスク集会

一回目／東京代表団を組織、事務局担当として訪ソ

二回目／日本代表団事務局次長を担当／会議決議

起草委員

東京都知事選挙労組選対事務局

都知事選勝利、美濃部革新都知事実現

都知事特別秘書の打診を断わる

一九六七年東京地評退職／労働運動を離れて

原水禁運動で。筆者は右端

故美濃部都知事と。東京地評の面々。

日ソ友好と平和のハバロフスク集会で

資料篇

1960年6月18日、国会議事堂はデモ隊で包囲された。

安保闘争日誌

日米安保条約改定をめぐる政治状況と闘争（竹内基浩作成）

（1）安保前段の闘争

55年6月30日 ◆砂川基地拡張強制測量・地評、三多摩労協連日動員
55年7月29日 ◇共産党六全協
55年8月2日 ◆砂川基地拡張反対共闘会議成立。議長東京地評重盛議長
55年8月31日 ◆砂川基地拡張反対労組支援協議会結成
55年8月6日 ◆原水爆禁止第一回世界大会・日本原水協成立
55年9月13日 ◆砂川強制測量。逮捕三〇名、重軽傷五七〇名
55年10月13日 ◇左右両派社会党合同大会
55年11月5日 ◆砂川強制測量。重軽傷五〇〇名
55年11月15日 ◇自由、民主党合同。自由民主党結成
56年9月4日 ◇重光・ダレス共同声明「西太平洋の平和と安全のため、日本の防衛力強化ののち相互性ある安保条約に改定」
56年10月12日 ◆砂川強制測量。重軽傷一一五一名、14日政府は測量中止、15日勝利大会
57年2月25日 ◇岸内閣成立
57年5月7日 ◇岸首相「自衛範囲なら核兵器保有は可能」と発言
57年6月21日 ◇岸アイク共同声明「日米新時代」をアメリカは日本の防衛力強化を歓迎と声明
57年7月27日 ◆砂川基地拡張の予備測量を強行、米軍憲兵と衝突
57年8月6日 ◇岸アイク共同声明に基づき「安全保障に関する日米委員会」発足
57年8月13日 ◇文部省、勤務評定実施通達
57年9月7日 ◆日教組、勤評反対闘争を指令。12・22 非常事態宣言
58年2月1日 ◆新島基地反対調査団派遣、5日現地反対同盟成立
58年2月27日 ◆新島ミサイル基地反対支援協議会結成。
58年2月9日 ◇岸首相、車中で「防諜法の制定が必要」と語る
58年3月5日 ◆勤務評定反対東京共闘会議結成
58年4月19日 ◇六郷小尾崎教諭、勤評に抗議して都教育庁前で自殺
58年4月22日 ◆勤評反対抗議集会、全国で四五万。都教組十割休暇闘争（ストライキ）
58年5月23日 ◆都教委の勤評実施規則に抗議して都教組十割休暇闘争（ストライキ）
58年9月9日 ◆地評第八回大会
58年9月15日 ◆勤評反対全国統一行動。九〇万人以上が参加
58年9月17日 ◇文部省小中学校の「学習指導要領」を発表し、儀式での「日の丸」掲揚と「君が代」の斉唱を強調
58年10月4日 ◇岸首相「安保条約改定の第一回日米会談」開催
58年10月8日 ◇政府は「警察官職務執行法改正案」を国会に提出
58年10月10日 ◆地評は常任幹事会と15日の幹事会で闘争方針を決定。「非常事態宣言」を発表。ゼネストで闘うため、地評、地区労、職場末端まで闘争委員会（ストライキ委員会）を組織することを決めた。
58年10月14日 ◇岸首相が「憲法第九条廃止を主張」と米NBCが報道
58年10月15日 ◆警職法改悪反対東京共闘会議を結成
58年10月16日 ◆警職法反対国民会議結成
58年10月18日 ◆国会陳情。三万名が参加
58年10月28日～11月5日 ◆警職法反対の時限ストと時間内職場大会。
58年11月15日 ◆「警職法粉砕・国会解散要求・民主主義を守る国民大会」二万名参加
58年11月22日 ◆岸首相と鈴木社会党委員長の会

談で警職法改悪案は審議未了、国会自然休会。

58年12月10日 ◇共産主義者同盟（ブンド）結成

59年1月21～23日 ◆「網代春闘討論集会」は「安保条約の改悪に反対し、岸戦争内閣を打倒するために警職法改悪反対共闘会議を平和と民主主義を守る東京共闘会議」を組織することを確認した。

59年1月28日 ◇米大統領が日本の自衛力増強を評価

59年1月31日 ◆政府の最低賃金法案粉砕について社会党、共産党、総評に申し入れ。

59年2月6日 ◆地評は「八人委員会」の結論に反対し、全国全産業一律八〇〇〇円の最賃制実現のために立ち上がるよう全国県評によびかけ

◆国会正門前で「ニセ最賃法粉砕総決起大会」を開催し、夜間デモを決行。一万名

59年2月13日 ◆六大都市地評代表者会議（於名古屋）

59年2月18日 ◇藤山外相、安保条約改定藤山試案を発表

59年2月45日 ◆主婦と生活社労組、無期限スト

59年2月17、19、22日 ◆連続して決起大会とデモ

59年2月20日 ◆「平和と民主主義を守る東京共闘会議」結成大会（於中労委会館）

59年2月24～3月5日 ◆最賃デモで三役、書記逮捕

（2）安保闘争の日程

59年3月3日 ◇共産党宮本書記長訪中、毛沢東と会見

59年3月9日 ◇社会党浅沼書記長訪中、「米帝国主義は日中両国人民の共同の敵」と声明

59年3月9日 ◇岸首相、国会で「防御用小型核兵器は合憲」と答弁

59年3月28日 ◆「安保改定阻止国民会議」結成

59年3月30日 ◇砂川事件地裁判決「安保条約による米軍駐留違憲、全員無罪」

59年4月15日 ◆安保第一次統一行動

59年5月16日 ◆安保第二次統一行動

59年4月23日 ◇統一地方選挙

59年6月2日 ◇参議院議員選挙

59年6月16日 ◆安保国民会議全国代表者会議

59年6月25日 ◆安保第三次統一行動。ブロック集会、求心デモ。三万名

59年7月16～17日 ◆東京共闘討論集会（於箱根）箱根左派誕生

59年7月21日 ◇自民党、原水協への自治体助成金の中止を指示

59年7月25日 ◆安保第四次統一行動

59年8月6日 ◆安保第五次統一行動、求心デモ（小石川運動場）六万名

59年8月10日 ◇最高裁「松川事件を仙台高裁に差戻し」

59年8月19日 ◆全金田原製作所支部の争議で塙さん死亡

59年8月28日 ◆炭労三井三池闘争

59年9月8日 ◆安保第六次統一行動、砂川集会、五万名。勤評第二次統一行動

59年9月16日 ◆地評第九回大会

59年9月16日 ◇社会党西尾派、社会党再建同志会

59年10月13日 ◇東京地裁、デモ規制の都公安条例に違憲判決

59年10月20日 ◆安保第七次統一行動

59年11月13日 ◆炭労二十四時間スト

59年11月27日 ◆安保第八次統一行動、国会デモ、八万名、国会構内に入る

59年11月25日 ◇社会党河上派の国会議員離党

59年12月5日 ◆関東各県地評事務局長会議、第九次の国会動員について協議

59年12月8日 ◆炭労三井三池労組指名解雇反対、三万人デモ

59年12月10日 ◇新島村議会、ミサイル試射場受諾を強行可決

59年12月10日 ◆安保第九次統一行動

59年12月16日 ◇最高裁、砂川事件伊達判決を破棄

59年12月22日　◆安保第一〇次統一行動
59年12月24日　◇自民党、国会周辺デモ規制法案を単独可決
59年12月25日　◆安保国民会議全国代表者会議、岸渡米抗議の羽田闘争について討論
59年12月30日　◇政府外務省、一月に新安保条約調印を発表
60年1月6日　◇藤山・マック改定交渉完了
60年1月7日　◆新島で反対同盟がミサイル発射場の測量を阻止
60年1月14日　◆全国抗議団結成大会（於文京公会堂）全国から一〇〇〇名以上が参加
60年1月15日　◆全国代表者会議、地方代表羽田抗議を主張
60年1月15日　◆全学連、羽田闘争
60年1月16日　◇岸首相、調印のため渡米
60年1月16日　◆安保第十一次統一行動、日比谷中央集会に求心デモ、二万五〇〇〇名
60年1月19日　◇新安保条約調印
60年1月24日　◇民主社会党結成
60年1月25日　◆三井三池労組無期限スト突入
60年2月19日　◇衆院安保特別委。審議入り
60年2月25日　◆安保第十二次統一行動。中央集会一万五〇〇〇名
60年3月19日　◆安保第十三次統一行動、中央集会六万名、地方代表三〇〇〇名一千万署名を国会に提出
60年3月29日　◆三池労組、久保さん刺殺される
60年4月2日　◆東京地評訪中団出発
60年4月5日　◆安保第十四次統一行動。ブロック集会、提灯デモ
60年4月20日　◆訪中代表団、北京市総工会と共同声明
60年4月26日　◆安保第十五次統一行動、終日国会請願行動。八万名
60年5月12～26日　◆安保十六次統一行動。
12日　◆都内パレード
◆国会解散要求国民大会、十万名。国民会議、非常事態宣言
◆部会別請願行動。17日民間労組、18日地公労、国公労、19日公労協
60年5月19～20日　◇国会会期延長、新安保条約批准を警官を導入して強行採決
19日　◆国会強行採決にたいし抗議の緊急動員、二万名。国会前座込み
20日　◆都内二十六カ所で地区大会から国会へ。十万名
60年5月31日　◆安保第十七次統一行動。ビラまき、都内宣伝
60年6月1日　◆都内十四カ所で地区集会。米大使館、首相官邸に抗議デモ
60年6月4日　◆第一波実力行使。
60年6月10日　◆ハガチー秘書来日、ハガチー事件、地評政治部長ら組合幹部を逮捕
60年6月11日　◆安保第十八次統一行動。全国三三六カ所二五〇万、国会デモ二十三万五〇〇〇名
60年6月14日　◇総評太田議長、19日のアイク訪日抗議デモ取りやめを社・共両党に要望
60年6月15日　◇社会党中執委、アイク訪日抗議デモ取り止めで総評に同調を了承
◇中立労連、アイク抗議デモを中止を決定
◇私大協会、アイク訪日歓迎声明
60年6月15日　◆第二波実力行使。参加一一一単産、五八〇万人、国会デモ。維新行動隊デモを襲撃、警官隊との衝突で樺美智子さん死亡。以降連日デモ
60年6月16日　◆全商連閉店スト。参加三万店
◇緊急臨時閣議。アイク訪日延期を発表
60年6月17日　◇新聞七社「暴力を排し、議会主義を守れ」と共同宣言
◇財界四団体「暴力排除、議会主義擁護」と共同宣言
◇国立大学協会、学生運動に警告声明
◆総評弁護団、警視総監を殺人罪で告発

60年6月17日　◇河上丈太郎刺される

60年6月18日　◆**第三波実力行使。中央集会（国立劇場予定地）三三万名、国会デモ。**

60年6月22日　◆**安保第十九次統一行動、実力行使。国会デモ十二万名**

60年6月23日　◇岸首相、緊急臨時閣議で辞意表明

60年6月24日　◆**安保第二十次統一行動。**

樺美智子国民葬。国会南門の祭壇までデモ、焼香、一万名、共産党不参加

60年6月25日　◇警視庁公安部、安保阻止デモ責任者の強制処分方針を決定

60年7月2日　◆**新安保不承認国民大会。十万名。国会・都心デモ**

60年7月25〜26日　◇安保闘争大量処分始まる

60年7月11日　◆**安保二十一次統一行動。岸亜流政権反対で国会・都心デモ**

60年7月14日　◇岸首相、刺される

60年7月15日　◇岸内閣総辞職

60年7月15〜16日　◆**東京地評安保討論集会（総括討論）**

60年7月23〜24日　◆**東京共闘討論集会（総括討論）**

東京地評

討議資料

東京都港区芝
三田功運町21
東京地方労仂組合
評議会
定価（一部）10円
電話（45）4638
4639
編集人・飯崎　清治
発行人・芳賀　民重
印刷所　八千代印刷ＫＫ

春季斗争方針

基本スローガン

① 岸戦争内閣を打倒せよ
② 安保条約を破棄せよ
③ 軍事予算を粉砕せよ
④ 大巾な賃上げと最賃制を斗いとろう
⑤ 不当首切りと合理化に反対しよう
⑥ 選挙斗争の完全勝利を

(1) まえがき

警職法改悪案は、総評を中心とする労仂者階級のゼネストによる抵抗と、社共両党を含むあらゆる民主団体を結集して、国民的規模の反対運動によつて、臨時国会では審議未了に追い込むことが出来た。しかし、岸政府は今日われわれに対し逆に攻撃に出て、態勢を崩し、それをまつて通常国会に再提出を狙つている。

更に岸政府は、米日政府独占資本があらかじめ用意した、ファシズムと戦争準備のためのスケジユールに従つて、安保条約の改悪、防諜法、独禁法改悪、自衛隊海外派兵、小選挙区制、憲法改悪等一連の反動攻勢を強めてきている。

岸政府は、以上のように戦争とファシズムへの既定のコースをつらぬくために、平和勢力に対する系統的な攻撃を強めている。特にその先頭に立つて斗つている労仂者階級に対する弾圧と分裂政策は激烈をきわめている。

とくに、来るべき春斗の中で、岸政府、独占資本はその属する階級的基盤に立つて、安保条約改悪、業者間協定を中心とする最賃制、低賃金政策等で労仂者階級と対決しようとしている。われわれは好むと好まざるとに拘らず対決を余儀なくされている。

このような条件にあるとき、われわれがもし戦略的な後退をするなら岸内閣独占資本は、一挙に追撃を開始してくるであろう。そしてわれわれは無限の後退を余儀なくされるだろう。したがつてわれわれは警職法斗争が組織された労仂者階級の力を持続し、強化し岸内閣との対決の態勢を確立して行かねばならない。

(2) 基本的態度

このような情勢にあつて、われわれは、警職法改悪阻止斗争の自己批判の上に立つて、春斗へ向けて次のような基本的態度を確認し斗いを組織して行かねばならない。

(イ)　戦争とファシズムへの道に国民を追い込もうとしている岸内閣と独占資本の本質を組合員一人一人が正しく理解し、労仂者階級全体の基本的要求の一つである労仂基本権、賃金、労仂条件向上の斗争を常に平和と民主々義を守る政治的要求の斗争に発展させねばならない。身近な要求と政治的要求を常に結合させることによって岸政府に対する斗争と独占資本に対する斗争上の分離の傾向を克服し、労仂者階級は、生産点に於ける斗いを基本として独占資本と対決し、岸内閣打倒への斗いを組織する。

(ロ)　賃金、労仂条件の斗いにしても、企業内斗争では、企業の枠をうち破ることは出来ない。われわれは生産点に仂く労仂者がどのように搾取されているかという資本主義的仕組みについて徹底的に討論し理論を深めて企業の支払能力説を克服し、個別資本の枠を階級的につき破り、産業別統一斗争と地域共斗を強化して、総労仂の立場で総資本と対決するという基本的態度を確認し、階級的な斗いを組織しなければならない。

四　春斗の中でわれわれは、参議院選挙、及び地方選挙を迎えている。この選挙は戦争とフアシズムへの政治路線を強行しようとしている岸内閣に対し、われわれが警職法斗争で盛り上つた国民の批判の眼をどれだけ革新政党に組織化出来るか重大な意義をもつている。

特に首都東京における知事選挙は、その政治的意義からいつても又岸政府独占資本が莫大な資金を投入して東氏の応援をしている事実からも分るように岸内閣の死命を制するものである。都知事選挙はますます岸内閣独占資本との対決の様相を深めてきている。

したがつて、東京地評は、勤労都民の平和と権利と生活を守るため、春斗に盛り上つた労仂者階級の総力を発揮して、都知事選挙勝利のための独自活動を組織し、革新都政確立の斗いの先頭に立たねばならない。

以上の観点から春斗への斗いを次の基本目標を掲げて斗う。

(3) 基本目標

(1)岸戦争内閣を打倒せよ、(2)安保条約を破棄せよ、(3)軍事予算を粉砕せよ、(4)大巾な賃金引上げと最賃制を斗いとろう、(5)不当首切りと合理化に反対しよう、(6)選挙斗争の完全勝利を

この六本を基本スローガンとして、ILO条約批准の斗い、勤評反対不当弾圧反対の斗い、警職法改悪案再提出反対の斗い、核武装阻止基地反対の斗い、失業反対、社会保険拡充の斗い等を組織する。

斗い方

(1)　基本態度として確認したように、われわれは春斗の中で岸政府独占資本と真向うから対決することを余儀なくされている。したがつて、地評は傘下各組合及び中立組合等、われわれの力量、実態を十分分析し警職法斗争の経験の上に立つてその力を組織し、かくされた力を引出し、弱い部面を克服し、労仂者階級のもつ最大限の力を発揮して斗う態勢を組織して行かねばならない。

この態勢を組織してゆく中でわれわれは労仂者階級のもつ最高の戦術（統一的実力行使）によつて斗えるようオルグ活動を展開してゆかねばならない。

(2)　このような構えで斗いを組織してゆくため、東京地評は斗いの方向を明確にし警職法斗争で確立した斗争態勢をこのまま持続し、更に強化し、地評常任斗争委員会が中心になつて傘下各組合及び中立組合等東京地方の総ての労仂者階級の斗争力を組織し、地評の指導性を確立してゆかねばならない。

この立場から次の方向で斗いを組織してゆく。

イ、警職法斗争を通じて生れてきた産業別統一斗争の芽を生かし、斗争の準備の過程から交運、金属、化学等の産業別単産交流を地評の場で組織し、共斗を強化してゆく。

この交流と共斗の強化の中で中立組合を含め、弱い組合は強い組合の斗いの経験に学

春斗行動スケジュール

1月

- 1月1日
- 4日
- 5日　新島旗開き
- 10日　地評旗開き
- 12日　地評代表者会議、
- 13日〜14日　総評第四回中対オルグ講習会　静岡伊東市大志づ館
- 15日　六大都市地方代表者会議
- 16日〜17日　群馬水上温泉午前十時地区労代表者会議
- 18日　砂川旗開き
- 20日　新島村会選挙告示
- 21日〜22日　地評春斗討論集会（湯河原成長園）
- 25日　民間・官公労共斗会議
- 30日

- 都知事選対地区オルグ（〜15日）→　都知事選対職場オルグ（15日〜）
- 都知事選対推薦署名運動（〜15日）
- 都知事選対資金カンパ運動（〜15日）
- ブロック別教宣集会（総評）1日ダケ
- 東京地評労仂講座
- 民間単産スト権集約
- 戦争と失業に反対する国民大行進

2月

- 5日　新島村会選挙投票日
- 10日〜15日　第一次点検
- 砂川基地返還斗争、地区労代表者会議、単産代表者会議、民主団体共斗会議
- 19日　青梅線事件現地調査
- 20日
- 30日
- 2月下旬　高原斗争期間　3月上旬
- 地区ブロック共斗会議
- 民間単産スト権集約　→　地区労ブロック共斗会議　→　地方集会20日前後（総評）
- 都知事選対職場オルグ
- 戦争と失業に反対する国民大行進

び、より高い戦術で斗う態勢を確立して全体の戦術を高めてゆく基礎を確立する。更に民間、官公労各懇談会を通じ更に中立組合等を加えて斗争委員会を強化し、総評が企画する全体の統一行動の中で労仂者階級の総ての力量を発揮して斗いを推進する。

ロ、このような統一斗争は、地区労の場での強力な地域共斗なくしては不可能である。地区労の場での共斗は最も生産点に近い共斗の場であり、真接斗いを担う共斗の場である。したがってそれぞれの組合の上部からの仂きかけと相まって、組織点検が十分地区労の場で行われ、弱い部面が論議され、斗いの方向を明確にし、職場交流を組織し、より高い戦術を行使出来るように組織の末端から斗う態勢を確立してゆかねばならない。

したがって各組合は、末端組織が地区労の場で計画される独自活動に積極的に参加出来るよう援助し、その条件を作って行かねばならない。こうして地区労が単なる交流の場から警職法斗争の中で経験したように斗争の組織者としての役割を十分発揮出来るよう態勢を強化してゆかねばならない。このような努力を続ける中で、各地区労は、春斗を強力に斗うため斗争体制を確立し、地区労の指導性を確立してゆかねばならない。

(3) このような方向で春斗を斗うため、東京地評は一月上旬に春斗討論集会、労仂講座を開き、各単産地区労の活動家を結集して春斗をめぐる国際国内の政治経済情勢を研究し、地評の斗争方針を徹底させ、更に各地区ブロック会議を通じてその浸透を計ってゆく。民間組合のスト権確立が一月下旬から二月上旬に行われるのでこの時期に合せオルグ活動を強化してゆく。スト権をもつ組合は必らず賃上げと同時に安保条約破棄、最賃制獲得の三本のスローガンでスト権を確立し、スト権のない組合もこの三本のスローガンを中心に統一的実力行使を行えるようオルグ活動を展開する。

(4) このように労仂者階級が生産点で決定的な構えで斗う方向を確立する中で、社会党を中心とし、共産党及びあらゆる民主団体を結集して斗いを横に広げ、国民的な規模で春斗を組織する。このため地評の場地区労の場で組織された警職法改悪阻止共斗会議を発展させ、それぞれの独自行動を結びつけ、中央、地区に於ける宣伝と斗争態勢をバックアップし、全体の斗いに発展させる。

(5) 更に他県評の斗いの経験に学び、共斗を強化するため、総評と協力して六大都市の各地評との交流を深め、同時に関東ブロック共斗会議を強化し、情報交換や連絡を密にしてゆく。

(6) 選挙斗争特に都知事選挙は岸政府独占資本との階級的な討議として斗われている。したがって労仂者階級が中心となって独自活動を強化し、新しい選挙斗争のスタイルを打出し、必勝の構えで斗い抜かねばならない。先ず各組合は革新都政実現のため独自の職場大会を組織し、全組合員に都知事選の意義を徹底させる。さらに選挙告示日、投票日前日等を選んで中立組合を含め統一行動を組織し、時間外の職場大会を行うと共に総決起大会とデモを行い、更に地評、地区労、地区共斗会議等と協議し全地区で大衆集会とデモを計画し必勝の態勢を確立する。

(7) 以上の観点で春斗を斗うため総評のスケジュールに合せ、当面次の行動計画に従って斗いを展開する。

警職法改悪反対斗争の総括

警察官職務執行法の改悪案は、われわれ労仂者を中心とした広汎な斗いにより審議未了――廃案とすることができた。このことは戦後の平和と民主主義運動、労仂運動の最大の成果、成功であったということができる。

どんな雨降りの日も予想以上の動員が確保され、治安維持法の復活反対、警職法の改悪を許すなの声は職場に家庭にどんどん拡がっていき、この力が五日の戦後最大のゼネストとなって爆発していったのであった。一方文化団体、市民団体、学術団体等も続々と警職法の反対にたち上り、岸戦争内閣は、国民の大多数から孤立するとともに、われわれ労仂者の実力による反撃のまえに、成立以来、初めて大きな〝よろめき〟をみせ、自民党内の内紛も一層拡大されていったのである。

しかし、それにも拘わらず岸戦争内閣は、崩壊するに至らず、現在では立直ってきており、われわれ民主陣営への新たな攻撃を準備しているのである。国鉄、全農林などへの官憲の不当介入等、岸政府の不当弾圧はひきつづき行われているしまた警職法改悪の再提案を行わんとしており安保条約を改悪し、戦争に日本をひきづり込もうという意図はいろいろな形で進められてきているのである。

われわれ東京地評常任斗争委員会は、今次斗争の分析を数次にわたつて行つた結果、東京地評の出した明確な斗いの方向と、常斗の力強い決意が、今次斗争を成功させるうえで、大きな力となつた点を確認しあいながらも、職場や地域の、そして家庭での警職法阻止の力を正確にキャッチし、行動に組織するうえでの指導性の弱さ、不充分さについても、いろいろと指摘しこの克服を誓いあうとともに、来る春季斗争をこの警職法斗争での力をさらに強化しながら、大きくもりあげ、岸戦争内閣の打倒にむかつて、前進する決意を固めたのである。

以下はこのような観点からわれわれ東京地評の常斗で論議してきた、警職法斗争の総括である。

警察官職務執行法の改悪案が、突如として国会に上程されるや、われわれ東京地評は、翌十月十日、常任幹事会を斗争委員会にきりかえ、非常事態宣言を発して、警職法改悪粉砕、岸戦争内閣打倒にゼネストでたち上るよう大衆にアッピールし、総評を中心にゼネスト体制の確立に、各種大衆行動の組織に全力をあげてとり組んできたのであつた。

このときのわれわれの情勢判断は、今回の警職法の改悪は、台湾海峡での戦争の様相、フランスを始めアラブ諸国、アジア各国の相つぐクーデターの激発のなかで、岸内閣は、警職法の改悪から安保、行政両条約の改悪へと一きよに戦争体制を確立しようとしているのだ。戦争のための労仂運動、民主運動の弾圧なんだということであつた。そして、戦争を企む岸内閣に実力で対決するんだという決意で非常事態宣言をだしたし、ゼネストを呼びかけたのであつた。

この非常事態宣言以来、社会党の国会でのキ然たる態度と激しい斗い、総評を始め、各労仂組合、民主団体の活動が進むなかで、われわれ労仂者は、十月二十八日の第四波実力行使、十一月五日のゼネラルストライキにむけて、いたるところで討議と行動が組織されていつた。全金を始め民間の労仂者はこれで斗えなければ越年斗争は斗えないぞというのが素直な考えであつたし、国鉄の労仂者は、昨年以来の低姿勢をうち破るんだが合言葉になるなど至るところで斗いへの覚悟が固められていつた。次第に強くなつてくる職制の圧力、諸争議への相つぐ政府、日経連、官憲の不当弾圧のなかで、戦前のいろんなにがい思い出平和への希いが結合され、それぞれ激励しあいながら次第に巨大な力に発展していつたのである。

しかし、われわれのこの方針は残念ながら大衆的なものとして発展し、組織されていつたとはいえない。国民会議の方針の影にかくれ、マスコミに流された傾向が極めて強く、斗争が警職法改悪阻止のみにせばめられたことがよろめいている岸戦争内閣を効果的に追撃できず、逆に立ち上らせている大きな原因となつているのである。

すなわち、国民会議は、全労新産別に影響されて警職法を単に民主々義の破壊としてのみとらえ、戦争の危機を強調し岸内閣の打倒に斗いを発展させる方向をとりえなかつた。総評がその幹事会で自己批判している通り戦争か平和かの方向を明確にし岸戦争内閣との対決という明確な態度をとり得なかつたことが、国民会議の指導性を弱めたし、労仂運動全般にも影響していつたといえよう。

事実、多くの地評参加組合がいままでにない統一的な巨大な斗争をしながらも岸戦争内閣打倒にむけて斗いを方向づけていく意識的努力が不充分であつたし、地区労もまた同様の状態であつたのである。

第二の自己批判として、われわれのなかに、大衆行動に信頼をおかず、岸戦争内閣――独占資本の力を過大に評価している傾向が強かつたことである。

十一月四日の深夜の総評単産代表者会議でも、五日の成功と岸のよろめきを予告できる者は一人もなく、われわれは極めて悲壮感にあふれていたのであつた。

このことが、五日のゼネストを一発勝負的にしていつた一つの原因でもあつた。

すなわち、われわれは第五次統一行動以降の行動は六日と七日の動員だけで五日の結果をみたうえで第六次を決めようという考え方であつた。

しかし、事後の展望と計画をもつていない二十四時間ストライキを行つてはならないというのはわれわれの争議戦術の原則であつたが、今次ゼネストではそれが守られなかつたのである。われわれは、大衆行動の成果に自信をおき、落ちついて事前に充分情勢を分析し、斗争の展望と計画をもつべきであつた。

われわれの争議の経験は大衆討議と大衆の自発性に基き斗いのなかで組織が崩壊し、敗北感と不信感で終つたのは一つもないことに充分自信をもつべきであつたのである。

つぎにわれわれが自己批判しなくてはいけないことは、五日以降警職法は一応廃案とできそうな状勢となつたなかで、大衆行動によつて、岸戦争内閣をさらに追い込み、国会を中心とした交渉を有利にするという方向ではなく、社会党まかせという気運に流されていつたということであつて、十一月二十二日の今までにない都民行進を成功させ、ようやく体制を示すことができたに過ぎなかつたことである。

これはわれわれが政治は政党まかせ、国会まかせという安易な国会主義的考え方が残つており、政治は人民のもの大衆のものであつて、大衆が大衆行動によつて直接参加するものであるという民主々義の原則に立つならば、五日以降各種大衆行動を集中し、われわれ自身で抗議団を編成して、自民党と団体交渉を行つていくそのなかで自社両党首会談を有利にしていくという方向をとるべきであつたといわなくてはならない。

第四の自己批判として、警職法ゼネストは経営者との対決のなかで組織していくという方向で組織されず横向きの姿勢といわれる企業内意識に流されていく傾向を克服する努力が弱かつた。この傾向は、大企業ほど強かつたということである。

さきにも述べたように民間でも官公労でも、職場では警職法が決して抽象的な平和と民主々義を守れということで理解され斗いに起ちあがつていつたものではなかつた。

それは相つぐ不当弾圧、職制の圧迫の強化と権利のじゆうりんのなかで、大変なことになるぞということが理解されたし、この圧迫をハネのけるんだという観点から斗われたということである。だとするならば、当然、職場斗争を強化し、職場の末端からストライキ体制をくみ上げていくなかで、斗争が組織されるべきであつたが、このような観点から意識的に大衆討議を指導し、斗争を組織していつた組合は極めて少なかつた。

この弱点のため、派手な宣伝に大きく目を奪われ、地区労では他団体との共同行動――各種街頭カンパニャに努力が集中し、ストライキの組織にほとんど努力がはらわれていなかつた。

われわれは、この斗いのなかでの職場での斗いの意義、ゼネストの意義を事前に充分に明確にし、職場討議とその活動の交流を強化するなかで、企業意識を克服していく意識的努力を強めるべきだつたといわなくてはならない。

最後にわれわれは、今次斗争のなかで、極めて時間がなかつたとはいえ、大衆討議から大衆行動という方向でなく、常に斗争形態の押しつけが先行する気運にあつた点を指摘する必要がある。

斗争に入つたとき、総評本部のこのような傾向をもつた指導に対して、地評常斗は批判を行いながらも現実のわれわれの斗争指導は、多分にこの傾向をもつていたのである。

われわれは当初地区労に対して、多くのビラ、ステツカー、機関紙、非常事態宣言をもつてまわり、直ちに行動を開始するよう呼びかけていつた。下部もまた百の理屈を聞くより、一つの行動と指示をまつているほど、積極的であつた。このようななかでは、当然あらゆる行動の機会をとらえ、大衆行動を組織していくよう努力すべきであつたにもかかわらず、行動の計画と指導のみに注意が奪われていつたことが、最初にのべた地評常斗の決意と基本方針が大衆化せずに終つた点を指摘する必要があるのである。

以上、われわれは、今次警職法斗争の戦略と戦術について具体的な行動を分析するなかで、自己批判を展開したのであるが、次に、斗いのなかで一層明確になつてきている地評の体制上の欠陥について指摘する必要がある。

東京地評はその成立の初当、地方的な情報連絡機関であり、連絡機関として成立した。しかし、相つぐ政附、経営者の激しい攻撃のなかで、斗う組織に変化をしてきており、今次斗争では、常斗は文字通りの斗いの指導部としての役割を荷つたのである。

われわれは、地区オルグを通じ、地区労へのオルグは今までになく強化し、このなかで東部と北部では共斗ニュースを発行し、交流を強化するところまで前進し、地区労幹事会、常任幹事会でも一緒に地評として討議に参加して斗つたのである。しかし、参加単産に対するオルグは一回も行われず、その相互戦術調整も中央が決まつてから問題にしたに過ぎない。また関連単産相互の連絡も公労協、都労連、金属共斗教育文化共斗、関交連と地評の外で行われ、充分な連絡、そして地評の指導性は発揮されなかつたといわなくてはならない。

さらに斗争が激化するなかでは、常斗がほとんど自分の単産指導に追われ、当初の常斗の専従という方向はほとんど実施されなかつたのである。このため、規約上は何の権限もない書記に指導上の負担がかかるという矛盾が拡大されてきている事である。また、何ら斗争資金がなく、斗争といえば、総評の支援金と臨時徴集に頼らなければならないという欠陥を指摘しなくてはならない。

われわれは今後の斗争に備え、以上の欠陥を一日も早く克服し、東京地評を大きく強化前進させる必要を痛感するものである。

このためには

第一に、東京地評を斗う共斗組織として明確に確認しあうこと。

第二に、常任幹事会を、斗いの指導部として確認しあうこと

第三に、総評、地区労との関係を今後の一層の連携の強化のなかで、一歩有機的結合を強め、規約上にも明確な権利、義務の関係を明確にするよう努力すること。

第四に、地評の役員、少くとも専門部長の完全常駐を実施できるようにすること。

第五に、地評書記は実質的には事務員よりオルグに変化していることを明確にし、組織的

な点検を行うようにすること
第六には、以上の諸点を規約上明文化し、またその保証としての財政的処置をとるよう準備すること。

戦後に、斗争資金を設け、緊急な場合にも直ちに斗争に入れるようにすることなどの方向で、今後努力していかなくてはならない。

今回の警職法斗争は、大きな成果、われわれの前進のなかにも、以上に述べてきたような幾多の弱点、欠陥をもつていた。

しかし、われわれは、この斗争のなかで現実に岸内閣をよろめかせ、われわれ自身の大衆行動に大きな自信と確信を高めることができた。さらに、政治斗争ではストはできないジンクスをうち破り、経済斗争以上の比率でスト権を確立した職場も多数あつたのである。

われわれ東京地評常斗は全東京の労仂者とともに、この自信と確信のもと岸戦争内閣を打倒し、平和で民主的な生活を確保するため、前進することを誓うものである。

☆各單産春斗準備状況☆

民間単産

〇合化　要求は大手が三千円、中小が二千円程度となる。特殊な例としては、旭電化が一、一〇〇円の賃上げの回答（一月からの定期昇給を含めると約二千円となる）があり、これに反対して十二月二十五日からスト体制に入る。一月二十八日、二十九日中央委員会を開くがこれまでに全部要求を出揃わせる。二月二十日までに合化中斗の指令権移譲の批准を行う。これから斗争体制に入るが、斗いのヤマ（実力行使が盛り上る時期）は二月二十五日以降三月上旬となろう。
斗争方針の詳細は十二月十六日十七日の代表者会議、十八日の中斗できまる。

〇私鉄　要求は年令別最低賃金プラスα、大手は二千円、中小は一〇%（但し千円を下廻らない）とし、十日付で要求を出した。大体一四〇組合が要求を出した。交渉方式は各単組ごと十二月二十日までに第一次回答を求め、一月十日から十七日にかけてスト権を確立する。

一月二十六日、二十七日拡大中央委員会を開催、戦術日程をきめる。斗いのヤマは二月下旬から三月上旬となろう。

経営者側は十二月十二日、交渉方式、回答等について打合せを行い各社方式の交渉を受諾した。さらに経営者側は十二月二十六日に切度打合せを行う。組合側からは中労委に提訴しないが、経営者は半分ぐらいは中労委にもちこむこととなろう。これは受けて立つつもりであるが、今次の斗争については、組合側からは絶対に調停にもちこまない。

〇金鉱　九月大会では、要求として月額千五百円一月初旬に要求提出、一月中に回答ということであつたが、この時期が若干おくれている。一月十九日、二十日に中央委員会、要求は二月初旬となり、二月中旬までに回答を出させる。実力行使は二月二十五日頃後になろう。

〇国際電々　十二月四日、五日、六日全国大会で、要求一律プラスαプラスβ（基準内九〇八円、地域給二三八円、家族手当一、〇七八円その他諸手当の増加）をきめ、十二月十五日に要求を提出した。回答を一月十日乃至十五日までに求める。会社側は一月十日乃至二十日の期間に調停にかけることが予想され、その場合は二月十五日乃至二十日頃に調停が出されることになる。実力行使のヤマは二月二十三日、四日の第一波からはじまる。

〇全国金属　十二月十日、十一日に中央委員会を開いた。統一要求として総評の春斗方針の統一要求を再確認した。金額についてはきめていい。一月に中央委員会、要求は一月下旬までに出揃う。二月一杯に、(1)賃上げ、(2)警職法再提出反対、(3)最低賃金制でスト権を確立す。賃上げは各支部ごと、その他は地方本部にスト権を集約する。実力行使は三月上旬以降となりそうだが、これを早めるよう努力する。最低とILOで三月上旬に全国統一行動を行うことを考えている。

〇日放労　十月十四日に、本給一〇%プラス一、〇〇〇円（この他に住宅手当として有扶養者二、〇〇〇円独身者一、〇〇〇円と、地域給のうち、低地域給のところの引上げ定昇はこれと別）の要求を提出した。
十二月一日、スト権を確立（八六・二%）、十二月十五日以降から交渉を行うが、一月上旬に回答が出る予定。（若しかすると、年内に早まるかも知れない）

〇鉄鋼　要求は、定期昇給を別にして二、〇〇〇円。十二月二十三日の中央委員会で斗争日程をきめるが、今の予定としては、要求は十二月二十五日～二十六日となる。
一月二十四日～二十六日に臨時大会を開き、大会でスト権を確立し、各単組ごとの批准を二月中旬までに完了する。斗いのヤマは二月二十日から三月上旬ぐらいとなる。賃上げのほかに退職金の増額（大手三十年勤続二一〇万円）を要求する。

○全印総連　年内に要求を出す方針であつたが、年末一時金斗争が二十日頃までかかり、さらに共同製本、小薬印刷等の斗いもかかつているので、おくれている。十二月十八日、十九日に中斗を開き、ここで春斗方針をきめるので、まだ具体的なことは報告できない。

○紙　パ　十二月十五日に中執十二月十八日に全国委員長会議を開き春斗のことを討議する。二月下旬臨時大会を開き、統一斗争のスト権を確立する。要求は賃上げと夏期一時金とを一緒に行うが金額はまだ決つていない。交渉方式はブロックごとの集団交渉という新しいこころみを考えている。

○全港湾　組織内の統一要求は賃上げ（金額は二月十六日、十七日の中斗で一、五〇〇円と決定）と七、一九斗針（日雇労仂者の身分確保）職場要求である。三極は地方本部に集約し中央は全体的な戦略を決定する。一月上旬に要求提出、交渉対角線となる。ヤマは二月下旬から三月上旬までに解決したい。

○全日通　中央段階では、昇給と労協の若干の問題を除いては要求事項がなく、残された問題もストをかけてやるほどのものではない。然し、春斗の統一斗争に対しては全面的な協力体制をとる。

○化学同盟　十二月十七日、十八日の賃金委員会で、さきに大会で決定していた年令別最低保障賃金を具体化する一月中旬の中央委で春斗日程をきめる。二月中に要求提出となるが、そのごのことはきめていない。

○労　炭　一月十二日、十三日に中央委員会で要求決定、その後直ちに要求書を提出する。直ちに交渉に入り、二月二十五日頃から全体にあわせて斗う。

○全国旅客　十二月十二日から二十四日にかけて春斗オルグ中。一月十二日十四日に中央委。ここで要求を決定して一月末までに提出。二月中旬以降実力行使体制に入る。

○全国一般　一月十三日に幹事会を開き、二月、三月をヤマとする。賃上要求は最低一、五〇〇円、最低賃金制の確立、統一最賃協定の推進、不当弾圧、首切り合理化反対、退職金制度、八時間労仂、週休制などを要求して斗う。このため一月下旬～二月にブロックオルグを行う。

○全日自労　戦争と失業反対社会保証確立を要求する大行進を一月六日から三月上旬にかけて行う。

○全海運　定昇ストップを打破する斗争を控え一月中旬～下旬に討論集会を行う。

○電機労連　十二月十四日から賃専を開く、本部の案としては大手二、〇〇〇円、中小一、五〇〇円（定昇を含む）二月二日頃までにスト権を確立、斗いのヤマを三月中旬におきたい。今年は夏期一時金斗争をもあわせて行う考え方もあるので三月中旬の斗いのヤマがどうなるか一寸予断を許さない。

○全造船　要求は大体二、〇〇〇円、（昇給は別に四〇〇円～九〇〇円くらい）要求提出は二月十日まで、回答は二月二十日頃をメドに出させる。これ以上おくれれば回答促進のストも考えている。回答の内容つきあげのストは三月上旬から始め三月半ばには解決したい。

○全電線　十二月十六日、十七日に中央執行委で春斗方針を決める。十二月二十二日、二十三日をブロック別に大手、中小をわけて第一回の討議、一月十二日、十三日も第二次討議、二月十五日頃までに最終討議を打ちあげ、三月一日に要求提出ということになる。従来は三月下旬～四月上旬がヤマ場となつていたが、今年は早めて行いたい。

○新聞労連　賃上げ、この秋殆んど実施平均一、五〇〇円～二、〇〇〇円の賃上げで妥結、春斗にはどんな形で参加するか未だ機関決定になつてないが、(1)労仂協約改定問題、時間外賃金の完全ハネカエリ、(3)ファクシ・ミル（模写電報の大型化）導入に伴う合理化政策に対する斗い等が予定されている。

○全国ガス　春斗方針を一〇、二一、中央委で決定、日程は一月一〇日～一五日、要求提出。斗いの山を二月中旬～下旬におき、三月上旬に妥結目標をおいている。

○食生活　全麦労連は賃上要求を中央委で決定、ただちに要求書提出、五月～六月に斗いの山を求める。

公労協

○国　鉄　年末手当＝一、九妥結（九日）新賃金要求内容＝一、五〇〇円十七％（平均二、七〇〇円）初任給九、二〇〇円。

○全　逓　年末手当＝一、九妥結（十日）新賃金要求内容＝一、五〇〇円十五％（平均二、三〇〇円）初任給九、三〇〇円。体系変更－十一月十四日要求。

○全電通　年末手当＝一、九妥結（十日）新賃金要求内容＝一、五〇〇円十六％（平均三、〇〇〇円）初任給九、二〇〇円、等級撤廃、地域給五％本俸繰入、十月二十五日要求。

○全専売　年末手当＝交渉決裂のため未妥結、

諸要求と含めて十九日、二十日と強力な実力行使を行い、二十二日に妥結。新賃金要求内容＝初任給九、〇〇〇円体系変更、地域給五％本俸繰入等十一月十八日要求。

○機　労　年末手当＝一、五　妥結（九日）新賃金要求内容平均三、六〇〇円、初任給九、〇〇〇円、十月中旬要求。

○全造幣　年末手当＝一、九　妥結（十一日）新賃金要求内容＝二、〇〇〇円＋一十％（平均三、五〇〇〇円）初任給九〇〇〇円、十月二十八日要求。

○アル専　年末手当＝一、九　妥結（十一日）新賃金要求内容＝一、五〇〇円＋一二％（平均三、五〇〇円）初任給八、八〇〇円、十一月十日要求、体系改正、

○全林野　年末手当＝一、九　妥結（十二日）新賃金については十一月十六日～二七日全国三ブロックで賃斗集会を開き、十二月に集約、集約後再度職場会議にかけして一月初旬要求内容をきめる。

○全印刷　年末手当＝一、九　妥結（十二日）新賃金要求内容＝初任給八、六〇〇円、平均二、八〇〇円、十月三十一日要求。

以上が公布協さん下九組合の年末手当妥結と新賃金要求内容であるが、新賃金については十二月十五日、二十日までの間に第三者機関たる仲裁委員会に申請する旨を十三日の戦術会議で申合せした。

春斗の展望については二月下旬にヤマをおき、三月初旬が決戦になるように斗いを盛り上げる。官、民の斗争が一致する為に民間部会ともよく戦術時期の調整を必要とする。

地公労

地公労は地方自治、地方財政の確立及び勤評反対、教育の問題を中心として総評の全体的斗争に合せるべく検討を行っている。大体の方針次の通り。

○地公労　として「国民大行進（生活と権利、教育と地方自治を守る）」を二月中旬から、二月下旬にかけて行う、各県では地方集会をもち四～五名宛上京する。

全体としては賃金引上、公務員法改正、恩給共済、ＩＬＯ、臨職等の問題を見合せながら斗いをくんでいく。

○日教組　二月初、中旬と三月上旬に統一行動を予定。勤評斗争、来年七県の提出予定。二月一日提出が大阪徳島、三月一日兵庫、三月前後山梨、きめてない所北海道、京都、長野。

その他教育予算、定員、専従休暇の問題等。

○自治労　二月下旬から三月上旬をヤマ

1、地方財政を作る前の斗い、三四年度予算編成についての方式の次官通達が一月下旬～二月上旬にかけてでる。

2、財政計画を作る時、二月下旬～三月上旬、日教組も同じ斗いとなる。

3、新市町村の給与引上、定員増加等の斗い、三月頃。

国公労

十二月十五日幹事会を開き春斗方針案を提出、次回幹事会へ各組合の討議をもちよる。計画は、国公独自での統一行動を前進させるなかで、総評の場で全労仂者と共に斗う。

(1)一月十日頃より署名ビラマキ開始。

(2)一月二十日頃の地域決起大会に参加する。

(3)その前後に国公第一次統一行動を組む。

(4)一月一ぱいを職場斗争集中強化月間。

(5)二月下旬に国公第二次統一行動を設定する。

(6)三月上旬第三次統一行動を設定。

(7)署名が地域で終了する三月十日頃、中央、地方で国公法改悪反対のデモをする。

(8)四月一日前後国公第四次統一行動を設定する。

(9)公務員法の上提が明らかになったときは統一行動を別に設定して斗う。

（1）1960年7月1日（金）「旬刊（1・10・20）発行　東京地評　（昭和30年10月20日第三種郵便物認可）　第170号

東京地評

東京都港区三田功運町二一
東京地方労働組合評議会
定価（一部）5円
電話（451）4638 4639
編集人・伊東　深
発行人・芳賀民重
印刷所　機関紙印刷所

東京地評 安保闘争の総括

新安保不承認、民主政府樹立のために

まえがき

昨年来、われわれが全力を挙げて闘い続けてきた今次安保闘争はかつてない空前の大衆行動となつて展開され、新安保推進勢力に大きな打撃を与え、アイクの訪日を阻止するなどの成果をあげ岸内閣を中心とする独占資本の権力をゆさぶり動揺をまき起すことができた。そして、岸内閣は遂に長期安定政権の夢が破れ退陣を声明せざるを得ないところまで追いこまれたのである。

何十万という全国的規模の国会動員、全く自由なデモ行進、国鉄の仲間を中心とする広汎で強力な実力行使、駅頭での泊りこみのスト支援とこの闘いに参加する度に多くの仲間を確認しあい、巨大な大衆行動の偉大さにふれてどれだけ多くの仲間を激励しあい、され合つたことだろうか。この闘いの中で、樺さんという尊い犠牲者を出したが、われわれ労働者を中心とした日本の民主勢力はこの犠牲を無にすることなく更に大きく前進を遂げようとしているのである。

われわれ労働者は今次大闘争の中で更に一層、その自信を深め隊伍を整え各階層との結合を広くすることができた。しかしながら、この独占資本の動揺時をチャンスとして効果的な追撃に成功してはいない。同時に全期間を通ずる闘いの指導性についていろいろな角度から問題が提起されてきている実情にある。今ここで安保闘争を通じての大衆運動の成果と欠かん、われわれの体制について適確な分析を行い、われわれの指導性と組織内部の弱点についての改善を行わないならばわれわれの弱さにつけこみ独占資本の強圧を強化させ、民社党、全労幹部を中心とする分裂主義者の策動を強め闘いの成果を失うことになりかねない。このような関係から総評、国民会議、東京地評に結集したわれわれの一層の前進のために以下、闘いを通じた問題点を提起したい。

東京地評安保討論集会開催要領

一、日時　七月十五日（金）午前十一時開会、十六日（土）正午閉会
一、会場　箱根中強羅「照本」電話箱根（2）三一七七
一、日程　十五日（金）午前十一時開会、議長団選出社会党、総評報告、午後一時昼食、午後二時地評安保闘争総括報告、午後四時質疑討論、午後六時夕食
　十六日（土）午前八時朝食、午前九時討論開始、正午閉会
☆助言者　前野良先生、その他

一、この闘いを押し進めた基本的な力について

安保闘争の大衆的闘争としての出発点は、昨年六月二十五日に闘われた第三次統一行動であつた。この闘いを口火としてわれわれは、選挙の敗北から起ち直り、その後出原製作、成光電機、主婦と生活、メトロ等に対する権力の弾圧をはねのけ、松川の無罪要求闘争、原水禁闘争、砂川伊達判決支持の闘いを力強く闘いとり十一・二七の第八次統一行動を成功させそして、本年五月十九日の緊急動員をはじめ、それ以後の空前の大闘争に発展させていつたのである。

その闘いをみるとき、動員においても、実力行使においても闘いの中心部隊は労働者階級であつたし、また、この大闘争の推進力となつたのもわれわれ労働者階級であつた。

まずこの闘いの基礎となつた地区共闘と、地域での闘いを拡大し、強化してゆく核となつたのは、物すごい官憲の弾圧と、右翼暴力団のテロ攻撃にも屈せず闘い抜いていた中小企業の争議団不当処分に反対し、労働基本権を守るために粘り強く闘う官公労働者、勤評闘争を闘う中で父兄、一般市民との共闘を強めていた先生たちを中心とする労働者であり、その闘いの中で強化されてきた共闘組織であつた。

そして、この数年の烈しい絶え間ない闘いの中で、われわれ労働者は資本家共の飽くなき搾取欲、そのためには人間の生命さえも何とも思わぬ非人間性、反動性に対し、また代弁者として資本家を擁護し、われわれ労働者階級に対する権力支配を強化してきた岸内閣、そして国民を守るべき本来の任務を放棄し、逆に彼等の私兵と化してわれわれ労働者に対し、徹底した弾圧を加えてきた警察を初めとするあらゆる国家機関、国家権力に対し激しい憎しみと怒りを燃やしつづけてきた。

一方この階級的な独占資本、岸内閣を頂点とする資本家階級に対する怒りと憎しみは、労働者階級の連帯感を一そう強め、統一と団結が強化され、闘いが前進する中で自信をもつて闘う方向へ鍛えられていつたのである。

この労働者の一人一人がハダで感じたこの階級的な、独占資本国家権力に対する憎しみと怒りこそが、この長い闘いを粘り強く闘い抜き、史上空前の大闘争を成功させた偉大なエネルギーの根源であつた。

この階級的なエネルギーが核となつて、これに悲惨な戦争の惨禍を受けた日本国民の強い平和への願いがU2機事件を初めとする米国の侵略的な軍事政策に対して大きな憤激となつてまき起りさらに軍事基地反対闘争、新国、運賃値上げを初めとする独占物価値上げ反対闘争、国民年金、健保等の社会保障確立の闘争等の平和と生活を破壊しようとする独占資本に対する国民的な闘いが結びつき、そして五月十九日以降は完全なファッショと化した岸内閣に対する広汎な反ファッショ、民主主義擁護の全国民的な闘争となつて闘いの巾と厚みを加えていつたのである。

われわれは、今後つづけてゆく安保闘争の中で、労働者階級の解放への展望を明らかにしながら、労働者に一そうの自信と確信を植えつけ、この基本的なエネルギーを正しく発展させることに基本をおいた闘いの指導がもつとも大切であることを力説する必要がある。

二、どのようにして闘いの発展がかちとられたか

この一年間の安保闘争を振りかえつて見た闘いの拡がりと激しさを増していつたのは、昨年の六月二十五日、十一月二十七日、今年の五月十九日の三つの時点が転機となつたといえよう。

六月二十五日の都民大行進は、安保阻止岸内閣打倒のスローガンを中心に遠距離をものともせず、堂々と行われたのである。この行進は地方選挙、参議院選挙の敗北にもかかわらず、労働者を中心とする人民の力は決してへこたれてはいないことを明白にし参加者一同を大きく激励し、岸内閣に安保は簡単には通らないことを思い知らせ、新聞論調を変えさせ、当時の河野発言にみられたように独占資本の矛盾の一端をみせ始めたのであつた。

この大行進の成功がその後度重なる大行進の激発となり、松川闘争、原水禁闘争、砂川伊達判決支持の闘いを盛りあげる上で大きく貢献しているのである。

次に十一月二十七日には、それまでかつて見られなかつた数万の大衆を動員し、三方面からの国会請願デモが行われた。トラックを中心とした官憲のバリケードとピケを突破し、われわれは国会の構内に何の抵抗もなく入つてしまつたのであつた。しかし、われわれはこの大衆の力を直ちに自信をもつて発展させるうえでの指導性の弱さ、体制の弱さをさらけ出し、その間ゲキをつかれて「国会乱入事件」としてのマスコミの攻撃と官憲の弾圧をうけて一部に何か悪いことをしたという感じを与えた。しかし大衆的な動員と強固な団結があるならば、厚い官憲のピケも破ることができ、彼等の妨害をはねのけて目的を達成することができるという自信を大衆に深め、全国の仲間を大きく激励し都内における大衆行動は発展して行つたのである。

それまで、一千名以上の動員、集会は困難であつた地区労なども一躍数千名という集会を成功させ、われわれの闘いは一層の拡がりをもつことができたし、地区の共闘は発展して行つたのである。

その後、五月十九日には岸内閣の警官導入による会期延長、安保の単独採決に反対して一万名以上の動員が緊急に集まり、国会周辺の抗議行動が行われたのである。そして、この力が更に二十日の大抗議行動となつて表われ、更にマスコミを動かし民主主義を守れという力とも結合し十一・二七以後、国会周辺において大衆的な抗議行動ができなかつたわれわれは、これ以後全く予想もできなかつた思い切つた抗議行動や集会を組織することができるようになり、空前の連続的な大国会請願行動と、二千万に昇る署名運動を成功させる中で広汎な文化人、学者等一般市民をもこの闘いに組織することができ、そして、この中で六・四、六・一五六・二二の大ストを中心とする実力行使を成功させることができたのである。この国民的世論と大衆闘争の高まりの中でハガチー事件、六・一五事件は国際的な反響をまき起し、アイク訪日阻止を勝ちとることができたのである。

以上のような経過をふり返つて見て、われわれの闘いのエネルギーの発展はその行動の意識を明確にし闘いえの自信を深めたときに大きく飛躍的な発展を遂げていくことを証明しているのである。

そして、この発展を促進してきたのが、昨年来系統的に続けられてきている学習会と職場討論集会、数々の独自闘争の中で、身に感じ討議を通じその考え方を深めてきた多くの活動家諸君であつたし、さらに七月十一月と二回にわたつて開催された東京共闘の討論集会で打ち出されたわれわれの方針も、この闘いを発展させる上で大きな力となつていることも忘れてはならない。

三、政治ストについて

「政治ストは違法だ」という猛烈な敵の攻撃をはねのけ、六・四ゼネストは決行された。東京の国電、都電、都バスが全部午前七時までピタリととまつた。前夜から主要駅に徹夜で泊り込んだ支援動員の労働者、学生も、これほどまでに大成功するとは予想できなかつた。まさに、日本の労働運動史上画期的なことであつた。

政治ストについて、われわれの中には安保闘争の中で、幾度となく論議され、ほとんど、定説化していた考え方があつた。「経済要求とからめないと闘えない。」「世論の七割の無関心層をなんとかしなければ闘えない」といつた信仰は完全にふつ飛んでしまつた。もちろん六・四ストを行うまでに、国民的な結集をはかりつつ闘いをすすめた、あらゆる努力について、また五・一九以後の有利な客観情勢等についても十分評価する必要はある。しかし、労働者階級の実力行使を中心とする断乎たる行動こそが、有利な客観的条件を活用し、安保闘争を発展させた基本的な力であつたし、また、いわゆる世論をわれわれの側に組織したということは、いうまでもなかろう。国民の指導者としての労働者階級の任務、行動の重要性を、これほど、認識させた闘いはなかつた。

われわれ労働者の中にも「電車をとめて世論の反撃をくうのではないか」という心配はあつた。だからこそ徹夜のピケをはつて、あらゆる労働組合、革新政党、学生、学者、文化人等の力を結集して闘つたのだ。大成功を闘いとる中で「世論の反撃」どころか「世論を代表して」ストを打つ、誇りと確信に胸をそらせるといつた風に変つて行つた。

この誇りと確信は、六・二二の時には、さらにはつきりしたものになつて職場の労働者のものとなつて行つたといえよう。

しかし現在でも職場の組合員の中には「公務員が政治ストをやつていいのか」とか「中小企業のウチのオヤジを困らせたつて、仕様がないだろう」といつた意見がない訳ではない。特に既に発表された国鉄、全逓などの不当処分とマスコミ、国家権力、会社当局側の様々な追い打ちの影響を重視しなければならない「俺たちだけが馬鹿を見たのではないか」「はね上つたのではないか」という声も絶無ではなかろう。

より正確にいえば六・四、六・二二ゼネストの成果と教訓も、一このような職場の声を、前向きの方向で処理し、今後の安保闘争反独占の闘いの展望を切り開いていく中で、職場の労働者一人一人の本当の感想となり、確信とすることができるといえよう。

四、われわれの闘いはどのような弱点をもつていたか

今、一、二、にわたつて闘いの前進的な面を強調してきたが、次にわれわれはこの運動のもつていた弱点について述べてみたいまず、第一に安保阻止、岸内閣打倒という目的をどうしたら達成できるかということについての論議が不十分であつたし、その明確な方向を持つていなかつた、当初、われわれは安保阻止と岸内閣打倒を目標として、岸内閣、独占資本とはつきりと対決し、

発刊されなかった東京地評の機関紙 170 号のゲラ

東京地評・安保闘争の総括――新安保不承認、民主政府樹立のために

（幻の東京地評機関紙）

まえがき

昨年来、われわれが全力を挙げて闘い続けてきた今次安保闘争はかつてない空前の大衆行動となつて展開され、新安保推進勢力に大きな打撃を与え、アイクの訪日を阻止するなどの成果をあげ岸内閣を中心とする独占資本の権力をゆさぶり動揺をまき起すことができた。そして、岸内閣は遂に長期安定政権の夢が破れ退陣を声明せざるを得ないところまで追いこまれたのである。

何十万という全国的規模の国会動員、全く自由なデモ行進、国鉄の仲間を中心とする広汎で強力な実力行使、駅頭での泊りこみのスト支援とこの闘いに参加する度に多くの仲間を確認しあい、巨大な大衆行動の偉大さにふれてどれだけ多くの仲間を激励しあい、され合つたことだろうか。この闘いの中で、樺さんという尊い犠牲者を出したが、われわれ労働者を中心とした日本の民主勢力はこの犠牲を無にすることなく更に大きく前進を遂げようとしているのである。

われわれ労働者は今次大闘争の中で更に一層、その自信を強め隊伍を整え各階層との結合を広くすることができた。しかしながら、この独占資本の動揺時をチヤンスとして効果的な追撃に成功してはいない。同時に全期間を通ずる闘いの指導性についていろいろな角度から問題が提起されてきている実情にある。今ここで安保闘争を通じての大衆運動の成果と欠かん、われわれの体制について適確な分析を行い、われわれの指導性と組織内部の弱点についての改善を行わないならばわれわれの弱さにつけこみ独占資本の弾圧を強化させ、民社党、全労幹部を中心とする分裂主義者の策動を強め闘いの成果を失うことになりかねない。このような関係から総評、国民会議、東京地評に結集したわれわれの一層の前進のために以下、闘いを通じた問題点を提起したい。

一、この闘いを推し進めた基本的な力について

安保闘争の大衆的闘争としての出発点は、昨年六月二十五日に闘われた第三次統一行動であつた。この闘いを口火としてわれわれは、選挙の敗北から起ち直り、その後田原製作、成光電機、主婦と生活、メトロ等に対する

権力の弾圧をはねのけ、松川の無罪要求闘争、原水禁闘争、砂川伊達判決支持の闘いを力強く闘いとり十一・二七の第八次統一行動を成功させそして、本年五月十九日の緊急動員をはじめ、それ以後の空前の大闘争に発展させていつたのである。

その闘いをみるとき、動員においても、実力行使においても闘いの中心部隊は労働者階級であつたし、また、この大闘争の推進力となつたのもわれわれ労働者階級であつた。

まずこの闘いの基礎となつた地区共闘と、地域での闘いを拡大し、強化してゆく核となつたのは、物すごい官憲の弾圧と、右翼暴力団のテロ攻勢にも屈せず闘い抜いていた中小企業の争議団不当処分に反対し、労働基本権を守るために粘り強く闘う官公労働者、勤評闘争を闘う中で父兄、一般市民との共闘を強めていた先生たちを中心とする労働者であり、その闘いの中で強化されてきた共闘組織であつた。

そして、この数年の烈しい絶え間ない闘いの中で、われわれ労働者は資本家共の飽くなき搾取欲、そのためには人間の生命さえも何とも思わぬ非人間性、反動性に対し、また代弁者として資本家を擁護し、われわれ労働者階級に対する権力支配を強化してきた岸内閣、そして国民を守るべき本来の任務を放棄し、逆に彼等の私兵と化してわれわれ労働者に対し、徹底した弾圧を加えてきた警察を初めとするあらゆる国家機関、国家権力に対し激しい憎しみと怒りを燃やしつづけてきた。

一方この階級的な独占資本、岸内閣を頂点とする資本家階級に対する怒りと憎しみは、労働者階級の連帯感を一そう強め、統一と団結が強化され、闘いが前進する中で自信をもつて闘う方向へ鍛えられていつたのである。

この労働者の一人一人がハダで感じたこの階級的な、独占資本国家権力に対する憎しみと怒りこそが、この長い闘いを粘り強く闘い抜き、史上空前の大闘争を成功させた偉大なエネルギーの根源であつた。

この階級的なエネルギーが核となつて、これに悲惨な戦争の惨禍を受けた日本国民の強い平和への願いがU2機事件を初めとする米国の侵略的な軍事政策に対して大きな憤激となつてまき起りさらに軍事基地反対闘争、新聞、運賃値上げを初めとする独占物価値上げ反対闘争、国民年金、健保等の社会保障確立の闘争等の平和と生活を破壊しようとする独占資本に対する国民的な闘いが結びつき、そして五月十九日以降は完全なファッショと化した岸内閣に対する広汎な反ファッショ、民主主義擁護の全国民的な闘争となつて闘いの巾と厚みを加えていつたのである。

われわれは、今後つづけてゆく安保闘争の中で、労働者階級の解放への展望を明らかにしながら、労働者に一そうの自信と確信を植えつけ、この基本的なエネルギーを正しく発展させることに基本をおいた闘いの指導がもつとも大切であることを力説する必要がある。

二、どのようにして闘いの発展がかちとられたか

この一年間の安保闘争を振りかえつて見た闘いの拡りと激しさを増していつたのは、昨年の六月二十五日、十一月二十七日、今年の五月十九日の三つの時点が転機となつたといえよう。

六月二十五日の都民大行進は、安保阻止岸内閣打倒のスローガンを中心に遠距離をものともせず、堂々と行われたのである。この行進は地方選挙、参議院選挙の敗北にもかかわらず、労働者を中心とする人民の力は決してへこたれてはいないことを明白にし参加者一同を大きく激励し、岸内閣に安保は簡単には通らないことを思い知らせ、新聞論調を変えさせ、当時の河野発言にみられたように独占資本の矛盾の一端をみせ始めたのであつた。

この大行進の成功がその後度重なる大行進の激発となり、松川闘争、原水禁闘争、砂川伊達判決支持の闘いを盛りあげる上で大きく貢献しているのである。

次に十一月二十七日には、それまでかつて見られなかつた数万の大衆を動員し、三方面からの国会請願デモが行われた。トラックを中心とした官憲のバリケードとピケを突破し、われわれは国会の構内に何の抵抗もなく入つてしまつたのであつた、しかし、われわれはこの大衆の力を直ちに自信をもつて発展させるうえでの指導性の弱さ、体制の弱さをさらけ出し、その間ゲキをつかれて「国会乱入事件」としてのマスコミの攻撃と官憲の弾圧をうけて一部に何か悪いことをしたという感じを与えた。しかし大衆的な動員と強固な団結があるならば、厚い官憲のピケも破ることができ、彼等の妨害をはねのけて目的達成することができるという自信を大衆に深め、全国の仲間を大きく激励し都内における大衆行動は発展して行

つたのである。

それまで、一千名以上の動員、集会は困難であつた地区労なども一躍数千名という集会を成功させ、われわれの闘いは一層の拡がりをもつことができたし、地区の共闘は発展して行つたのである。

その後、五月十九日には岸内閣の警官導入による会期延長、安保の単独採決に反対して一万名以上の動員が緊急に集まり、国会周辺の抗議行動が行われたのである。そして、この力が更に二十日の大抗議行動となつて表われ、更にマスコミを動かし民主主義を守れという力とも結合し十一・二七以後、国会周辺において大衆的な抗議行動ができなかつたわれわれは、これ以後全く予想もできなかつた思い切つた抗議行動や集会を組織することができるようになり、空前の連続的な大国会請願行動と、二千万に昇る署名運動を成功させる中で広汎な文化人、学者等一般市民をもこの闘いに組織することができ、そして、この中で六・四、六・一五、六・二二の大ストを中心とする実力行使を成功させることができたのである。この国民的世論と大衆闘争の高まりの中でハガチー事件、六・一五事件は国際的な反響をまき起し、アイク訪日阻止を勝ちとることができたのである。

以上のような経過をふり返つて見て、われわれの闘いのエネルギーの発展はその行動の意義を明確にし闘いえの自信を深めたときに大きく飛躍的な発展を遂げていくことを証明しているのである。

そして、この発展を促進してきたのが、昨年来系統的に続けられてきている学習会と職場討論集会、数々の独自闘争の中で、身に感じ討議を通じその考え方を深めてきた多くの活動家諸君であつたし、さらに七月十一月と二回にわつて開催された東京共闘の討論集会で打ち出されたわれわれの方針も、この闘いを発展させる上で大きな力となつていることも忘れてはならない。

三、政治ストについて

「政治ストは違法だ」という猛烈な敵の攻撃をはねのけ、六・四ゼネストは決行された。東京の国電、都電、都バスが全部午前七時までピタリととまつた。前夜から主要駅に徹夜で泊り込んだ支援動員の労働者、学生も、これほどまでに大成功するとは予想できなかつた。まさに、日本の労運動史上画期的なことであつた。

政治ストについて、われわれの中には安保闘争の中で、幾度となく論議され、ほとんど、定説化していた考え方があつた。「経済要求とからめないと闘えない。」「世論の七割の無関心層をなんとかしなければ闘えない」といつた信仰は完全にふつ飛んでしまつた。もちろん六・四ストを行うまでに、国民的な結集をはかりつつ闘いをすすめた。あらゆる努力について、また五・一九以後の有利な客観情勢等についても十分評価する必要はある。しかし、労働者階級の実力行使を中心とする断乎たる行動こそが、有利な客観的条件を活用し、安保闘争を発展させた基本的な力であつたし、また、いわゆる世論をわれわれの側に組織したということは、いうまでもなかろう。国民の指導者としての労働者階級の任務、行動の重要性を、これほど、認識させた闘いはなかつた。

われわれ労働者の中にも「電車をとめて世論の反撃をくうのではないか」という心配はあつた。だからこそ徹夜のピケをはつて、あらゆる労働組合、革新政党、学生、学者、文化人等の力を結集して闘つたのだ。大成功を闘いとる中で「世論の反撃」どころか「世論を代表して」ストを打つ、誇りと確信に胸をそらせるといつた風に変つて行つた。

この誇りと確信は、六・二二の時には、さらにはつきりしたものになつて職場の労働者のものとなつて行つたといえよう。

しかし現在でも職場の組合員の中には「公務員が政治ストをやつていいのか」とか「中小企業のウチのオヤジを困らせたつて、仕様がないだろう」といつた意見がない訳ではない。特に既に発表された国鉄、全逓などの不当処分とマスコミ、国家権力、会社当局側の様々な追い打ちの影響を重視しなければならない「俺たちだけが馬鹿を見たのではないか」「はね上がつたのではないか」という声も絶無ではなかろう。

より正確にいえば六・四、六・二二ゼネストの成果と教訓も、このような職場の声を、前向きの方向で処理し、今後の安保闘争反独占の闘いの展望を切り開いていく中で、職場の労働者一人一人の本当の思想となり、確信とすることができるといえよう。

四、われわれの闘いはどのような弱点をもつていたか

今、一、二、にわたつて闘いの前進的な面を強調して

きたが、次にわれわれはこの運動のもつていた弱点について述べてみたい。

まず、第一に安保阻止、岸内閣打倒という目的をどうしたら達成できるかということについての論議が不十分であつたし、その明確な方向を持つていなかつた。当初、われわれは安保阻止と岸内閣打倒を目標として、岸内閣、独占資本とはつきりと対決し、実力行使と大衆行動をもつて闘うという方針でのぞんだが、この方針は一般的であり、具体的な戦略、戦術を情勢の発展に即して明確に提起し、組織してゆくという面では不十分ではなかつたかこのことは、昨年十一月の討論集会で第八次で岸をよろめかし、第九次で打倒するという方向をだして、第八次の闘争にとりくんだが、この第八次で示した力をどつ九次にに向けて発展させ、岸内閣打倒まで前進させてゆくかという面での具体的な方針を提起してゆくことができなかつたことにも示されている。

この不十分さは、一・一六の問題以後にも現れた弱点である。

また十一月二十七日の闘い、一月十六日の闘いでは、この方向に闘いが進む要素を持つていたし五月十九日以後の状勢は一層大きくこの要素をはらんでいたが、しかし、われわれは警職法闘争の時の岸首相のよろめきから単純に国会周辺の大衆的行動によつて岸がよろめき打倒できるという、甘い考えがあつたのではないか。

われわれが、昨年七月の箱根の討論集会及び第九回地評大会で分析したように安保条約は帝国主義的発展を遂げようという日本独占資本の野望の基本線だとするならば、資本家はいろいろな矛盾はあつてもこと安保にかけては死にもの狂いになつて闘うという判断で、より十分な討議を行ない展望をもつべきであつた。

第二には、われわれは防衛のスローガンが中心で、攻撃的、積極的なスローガンに欠けていた。安保阻止、岸内閣打倒、国会解散というが、岸を打倒し、どのような政策を実行する、何が中心の政府を要求していくのかということが最近になつてようやくではじめた実状である。だから、自民党反主流派の動きを過大評価し期待する傾向もでたのであつて、この点がもつと早くうちだされ意思統一をみていたならば、岸首相の退陣声明とタライ回し政権樹立のため、混乱している自民党をより効果的に追撃できたに違いない。

第三には、安保闘争とわれわれ労働者としての生活と権利のための独自闘争との結合に成功していないということが指摘できる。

今次の春闘ではそれぞれ大巾賃上と全国一率八千円の最賃制、ＩＬＯ条約批准、三池支援など諸要求で闘われた。しかし、われわれはこの春闘を独自で闘うときには安保が下火になり、安保の高揚期には独自の要求闘争が弱まるという欠点をもつてきた。地評では春闘の独自の闘争の指導はほとんどといつていいくらいになかつた経済要求と安保とからませてというが、事実は経済闘争のマクラ言葉として安保が使われる傾向が強く（大衆宣伝ということでは意義があつたが）これについては、さらに討議し方向づけが必要である。

第四には、われわれは目前の行動に追われ、この行動を組織するための技術的問題に力を集中しすぎて、それぞれの行動、闘いがどのような政治的な意義をもつているかを明かにし、大衆に一層の自信と確信を増大させていくことに欠けていた。

このことは国民会議の指導部から末端の指導部にいたるまで共通した欠陥であつたということができる。

五、統一行動について

一、この闘争の中で、いろいろな問題点があつたことはいま述べてきたが、これ等との関係ある問題点として、なお、統一行動がある。

これはとくに、一・一六のときにも、大きな問題となつた点であるが国民会議幹事会は十数次の統一行動を組織する場合に、主として各団体の方針をもちよつて、その戦術を調整し指示を行つてきたが、この統一行動の内容が署名、請願、集会の範囲ならばその戦術の調整はそれほど困難ではないが、一・一六のときのように大衆的な実力闘争が問題になるとき、この調整が困難となるときがある。ある団体はその時点では必要であると主張しても、ある団体は困難であり、できない場合、議論が長くなり、下部への方針がおそくなり、下部としての行動の準備に困難が多くあつたし、意見の不一致のため、統一行動が組めない場合が往々にしてあつた。

もしも、統一行動として低い戦術だけでは高い戦術のとれるところは力が弱くなるし、激しい闘いのみに合わせようとすれば、その部分は孤立する危険がある。われわれはこの点から、一方においては巾広い闘いを組みながら、ある場合には強い闘いのできるところはこれを組んで、その必要性を訴えていくことが必要であり、この場合といえども全体がこれを包んでいくことによつて全体の力が高まつていくものである。このことが安保闘争をして今日のような国民的闘いにまで、発展させた大きな原因でもある。そして、前に述べたようにこの国民的闘いの発展の中でこそ、六・四、六・二二の一大ストが成功したことを忘れてはならない。

六、今後の問題

一、これまでの闘いにおいて、国民会議は全国に二千余の共闘会議を組織し、二十次にわたる統一行動を組織する中心として大きな役割を果して来た。この共闘会議が全国あらゆる地域に闘いを広げ、組織する上で果した役割は極めて大きい。東京においても全区に共闘が組織され、更に区に小ブロツクに共闘が組織されていつたことは、画期的なことであつた。

それだけにまた、この共闘、とくに中央国民会議に対する各階層の期待と指導の要求も強かつた。とくに五月一九日以後の急激な闘いの発展の中で、それまで国民会議に参加していなかつた層もどんどん国民会議の統一行動に参加するに及んで、国民会議の明確な指導を求める声は日毎に強くなつた。

こうして全運動の中央指導部としての任務を要求された国民会議幹事会が十分その役割りを果し得たであろうか。

われわれは、その果した役割は決して小さくないと考える。しかし、よりよい、より強力な指導をという要求と批判があつたことも事実である。

五月一九日以降の事態の発展は、それまで、国民会議がとつて来た、各団体の方針を持ち寄つて調整し、まとめて指示することしかも、それをスケジユール的にだすだけでは、運動の発展のテンポに遅れがちであつた。

更に一歩進んで、日一日と拡大する闘いのエネルギーをより有効に、より効果的に、はつきりした目標に向けていく「指導」が必要ではなかつたか、また、情勢の発展を明確につかんで、闘いの方向をはつきりと提起し、各階層の力を有効に配置し、各階層のそれぞれの任務を明確に指示する「指導」が必要ではなかつたか。こういう指導がなされなかつた訳ではない。しかし、なお不十分であつたことを国民会議幹事団体の一員として反省しなければならないだろう。

しかし、一面、それは、各団体の方針の調整の場としてのみ国民会議幹事会をみる考え方が各団体にある限り、一定の限界でもあつたろう。

また、政党の指導の弱さという問題も指摘されているが、この問題も含めて、われわれとしてどう指導体制を強めていくかが組織内部の弱さの克服と共に、今後の重要な課題である。

とくに今後、国民会議が、今までの実績の上に、平和と民主主義を守る全国共闘の場として強化していくことが必要であると考える。
一、更に大事なことは、われわれがアイク訪日を阻止し、岸首相が引退を声明せざるを得なくした、しかし、自民党は新内閣に、「新安保体制の推進」と「治安の確立」の任務をあたえようとしている。したがつて今後いろいろなフアツシヨ的政策を行つてくるであろうし、また弾圧を行つてくるであろう。既に群馬ではじまつているのである。闘いが中だるみとなるならば、このスキに乗じ敵の攻撃がかけられてくるであろう。われわれは早急にこの時点で今後どう闘いを進めていくかを明らかにする必要がある。
われわれは、今の構えとしては安保不承認、国会即時解散、岸亜流内閣反対、不当弾圧反対、民主政府樹立の立場で、全体の闘いを進めることが大切である。特に、不当弾圧には実力行使と大衆行動によつて闘わなければならない、そうでない限り今のままで弾圧されれば安保の闘いは負けたのだという気持ちを植えつけ今後安保体制打破の闘いも組めなくなり、組織は破壊されるか御用化されるか以外になくなるであろう。だから、われわれは今の弾圧は単なる弾圧ではなく安保新条約を正当化させ、これに反対するのは悪いのだという意識を植えつけ、民主組織を弱め安保体制を中心にフアツシヨ化の推進を積極化する意図を持つものであることをバクロし、不当弾圧をはねかえし、国会を即時解散し、岸亜流内閣を阻止する闘いを全力をあげて組織しなければならない。そしてこの構えがあつて総選挙もまた勝利えの展望をもつて闘えるのである。

総評幹部の運動路線

山田隆太郎
労働評論家

総評はさる一二月四日からモスクワで開かれた世界労働組合大会に、野口副議長（炭労出身）ら三名の代表団をオブザーバーの資格で参加させたが、野口氏が大会で議長団に選ばれたのに対し、総評本部から大会議長団を辞任せよという指示がなされるという異例の措置がとられた。

野口氏ら代表団は、太田議長らから「総評の方針のワクを厳重に守るよう」条件をつけられて出発したというが、世界労連執行部から議長団となることを懇請され、結局、これを引き受けてしまった。

さきに、ベルリン国際労組会議における鈴木国際部長の言動について、国際自由労連ベクー書記長から抗議的な内容を含んだ書簡を二度もうけとったばかりだけに、総評主流派幹部は、ふたたび問題を起こしたのでは国際自由労連との関係が今後うまくすすまないとして、今回の世界労組大会には、そうとうこまかい神経を使っていたといわれる。それゆえ野口氏の大会議長問題は頭の痛い問題でもあったようだ。したがって、主流派の一部では代表団を引きあげろという強硬意見もでたようだが、最終的に議長を辞任させるということとなった。問題が世界労組大会という国際会議における異例な措置であるだけに、各方面に波紋をなげ、今後の総評の世界労連との関係にも微妙な変化が起こるのではないかとみられている。

また、この世界労組大会には国労の細井中執を団長とする三五名の代表団が、日本代表として正式に参加しており、しかもこれがほとんど総評の反主流派に属し、世界労連の方針を基本的に支持する立場をとっているので、これら代表団の帰国後、総評主流の国際路線に対してははげしく追及されるものと予想される。

一方総評主流はこのような反主流派の追及を予想して、一二月一八日熱海で開かれた総評社会党員協議会で、「国際路線に関する総評の積極中立については、世界労連、国際自由労連のいずれにもかたよらない立場を推進することを確認し」、さらに組合民主主義擁護の名のもとに「共産党を含む左翼が機関決定の運動の方向を党や自分の意見と合わないとして水をさす行動をとるのがみえ、これが全体の運動を妨げている、従ってそうした行動を排除する」（一二月一九日　朝日）として、共産党など反主流派とはっきり対決する姿勢を示す「行動指針草案」を発表した。

こうして、春には参議院選挙の問題とからんで、積極中立の立場にたつ国際路線をめぐる総評内での主流派と反主流派の対立は、さらにはげしくなることが予想される。

このような総評内部の国際路線をめぐる対立は、なにを背景にして進行してきたのか、そして、どう進行してゆくのか、その周辺をさぐってみたい。

積極中立をめぐる動きの背景

総評の『国際路線』は、もともと中立の立場に立つものとされてきた。六一年八月の定期大会で確立された新路線も「積極的中立の立場に立つ国際労働運動との連帯」を強調し、しかも、これは「世界労連・自由労連と共通の要求で積極的に提携する」ものと再確認している。

総評の平和闘争、国際連帯の活動は、この新路線にもとづいて推進されてきたが、大会後に起こった主として二つの問題で、あらためてその『積極中立の立場』とその上に立つ『国際路線』を明確にすることをせまられた。

その一つは、ベルリン国際労組会議に関連する国際自由労連ベクー書記長からの総評にたいする批判的な文書である。

国際自由労連オマール・ベクー書記長からの書簡は、さる九月二二日から三日間、世界労連の提唱で開かれた『ベルリン問題に関する国際労組会議』における総評鈴木国際部長の言動についての詰問的な内容のものである。

一〇月六日付の書簡は、要旨つぎの三点を指摘して総評の回答をもとめた。

イ　国際労組会議は『西欧帝国主義』の一方的攻撃に終始したが、鈴木国際部長は同会議の決議に賛成し、かつ幹部会員として重要な役割を果たした。

ロ　このような会議に積極中立を基調とする総評が参加したことは、その方針に明らかに矛盾していると思うがどう思うか。総評はベルリン決議にほんとうに賛成しているのか。

ハ　大出副議長は当本部（国際自由労連）を訪問され、総評は「ＡＦＬ・ＣＩＯに対し、誤解をとくことに尽力し、自由労連系労組と今後友好関係を深めたい」と発言したが、この発言と国際部長の言動とは、どのような関係にあるのか（週刊労働ニュース一〇九号）。

さらに一一月一〇日付の書簡は、

イ　ベルリン会議の文書は『積極中立』的性質をなんら反映していない。

ロ　われわれは、現に対立している両勢力の一方の提案に加担する立場を『中立』とはみなしえない（同一一二号）。

ときびしい調子で総評を批判し、総評の『積極的中立の立場』についての明確な回答を求めるとともに、「『中立』とはどっちか一方の提案に賛成してはならないのだ『中立』とは西欧帝国主義を攻撃してはならないのだ」として、総評が、イデオロギー的、体制的中立の立場をとることを求めている。

その二つは、ソ連の核実験に対する態度をめぐる論争である。

周知のように、八月三〇日に行なわれたソ連の核実験再開の声明は、日本の革新陣営に大きな論争と混乱をまきおこした。とりわけ、八月初めの第七回原水爆禁止世界大会では「最初に核実験を開始する政府は、平和の敵、人道の敵として糾弾されるべきである」と決議した直後だけに、この出来事は日本の革新勢力にとってたいへんなショックだった。

日本共産党は、みずから参加してきめたこの決議など『都合よく忘れ』、日本の原水爆禁止運動の特殊な歴史的条件を無視し、ソ連の核実験再開を支持する声明を行ない、さらに大衆団体に支持を押しつけようとした。

社会党、総評は、その積極的中立論に立って、いかなる理由による、いかなる国の核実験にも反対するとして、ソ連の核実験にも反対する態度を声明したが、これもきわめて単純な形で大衆団体にもちこまれた。当然、日ソ協会・原水協・安保共闘・労働組合などの諸組織では、はげしい論争が展開され、社会党と共産党のするどい対立をかもしだした。

論争は、『支持』か『反対』か、『死の灰』か『平和の灰』かというきわめて単純な形での不毛な論争に終始し、ついにどの革新組織も、帝国主義の側からつくりだされたベルリン危機をめぐるソ連の核実験再開、つづくアメリカの再開という事態の進行と、現実の問題となった核戦争の危機にたいして、われわれは『なにをなすべきか』という方向を示しえなかったし、また当然、なんらの有効な運動をも組織しえなかった。

以上のように、国際自由労連からの国際的な批判、ソ連の核実験をめぐるするどい対立状況という、これらの事態に対処して、総評主流はなんらかの回答を与えなければならなかったが、その回答が、春闘方針のなかであらためて強調された「積極的中立の立場」とその立場に立つ「国際路線であり、世界労組大会をめぐる態度であり、また党員協議会の「行動指針草案」であるということができよう。

総評の積極中立論

すでにのべたように、総評は、平和運動・国際労働運動に対処する基本的態度を積極的中立の立場におくのであるが、この積極的中立の意味が二重の意味に使われているということに注意することが必要である。すなわち、それは政策的な中立と、組織的あるいはイデオロギー的な中立という二重の意味を混同しているといえる。

そうした意味で、私は、総評の立場にふれるまえに、まず問題をはっきりさせておきたいと思う。

われわれが中立というとき、二つの問題を区別することが必要である。すなわち、政策的な概念と、イデオロギー的中立、体制的中立、あるいは組織的中立の概念である。これはまったく別個の問題である。

中立政策というとき「問題はあくまでも国際政治の場における国のあり方としての中立主義に限定されるということである。それを階級的中立とかイデオロギー上の中立とかあるいは体制上の中立、いいかえれば資本主義でもない、社会主義でもないという意味における中立と混同したり、それを合わせて持ち込んだりした場合、議論はいたずらに混乱するばかりで、ほとんど何の成果もあげることができない」(前芝・山手編『中立は実現できるか』三九頁)ということである。

すなわち、中立とは、ある国が国家としての安全と平和と独立をまもるためにとりあげる政策であると同時に、そのような政策を通じて世界の平和に寄与することである。

中立の現代的意義は、それがかってのスイスにみられるように、戦争から避けるというものとしてではなく、いかなる軍事ブロックにも参加しないという国家の政策を通じて、戦争を発生させず、平和を守るたたかいに参加する一形態としての意味をもつ。中立のこの現代的意義を、われわれはまず明確に認識しておく必要がある。

したがって、この意味での中立の立場は、あくまで自国の政府にたいして軍事ブロックに参加せず、中立政策をとるよう要求してたたかう立場でなければならいものである。

このような観点から、総評の新しい方針を検討してみると、それはいくつかの問題について、八月大会の基本方針を具体化している。

総評の春闘方針は「総評の積極的中立の方針」として、つぎのようにのべている。

「総評は、米ソ両陣営が力の対立をしているという国際政治上の現実が人類の平和の期待をうらぎり、被害をあたえている事実に対して、いずれか一方の主張に全面的にくみすることによっては緊張緩和に寄与することはできないという考えで、中立の方針をおし進めてきたが、この主張と活動は、今後、ますます強められなければならない。」

さらに具体的な活動としては、つぎの新しい方向をうちだした。

「東西の対立が激化すればするほど総評は、運動方針にもとづいて、積極的中立の方針を堅持し、これに賛成する国際的な力を結集し、あらゆる国の平和を愛する勢力をふやす。このために春に積極的中立の方針に賛成する世界の労働組合代表を招き、話し合い、積極的中立の立場に立つ平和闘争の国際的な中核をつくる。

総評臨時大会は、この新方針をめぐって、これがいわゆる第三勢力論的な中立論ではないのか、また、中立の世界労組会議は第三インターをめざすのではないのかという質問が集中した。

たとえば、日教組の宮之原書記長は、原案に賛成しながらも「積極的中立論について、何かことあればとかんぐりたくなるところの層には、かっての第三勢力論のごとく、第三の道のように、国際労働運動において、第三インターを企図しているような印象をあたえていることは否定できない」(大会での発言「労働情報」三三二号)と批判している。そして、宮之原氏は総評の積極的中立の立場のあり方として「私どもは、第三の道だと理解しない。総評の積極中立論はずっと基調となって来たところの平和四原則にもとづくもので、今まで闘ってきた安保条約廃棄のたたかい、日本独占にたいするたたかいの路線からはずされるものではないと理解する」(同前)とのべ、問題を整理し、明確にした。

岩井事務局長も、これらの討論をふまえて「具体的には、国際的な同盟関係から脱却して、国際的な外交的・軍事的中立の立場をかちとることだと思う」(同前)と答え、総評の積極的中立の立場を日本の非武装中立、軍事同盟からの離脱をめざす立場として位置づけた。このかぎりでは一歩前進ということができようが、では、その立場に立ってどうたたかうのかという点になると方針でも、大会における答弁でも、ほとんど示されていない。

総評主流のかかげる日本的労働組合主義の路線の下では、こうしたたたかいは後方におしやられている。

したがって、積極的中立の立場を強調しながらも、それを政府に向けて中立政策を要求するもの、具体的にいえば安保条約廃棄のたたかいであり、米軍基地撤去のたたかい、日韓会談反対のたたかいにどうとりくむかという具体的な方向をほとんど提起することができない、という矛盾をもっている。

こうして、総評主流の積極的中立の立場は、主として国際路線を規定する立場だけが強調されることになる。

総評の積極的中立の立場が国際路線を規定する立場となるとき、その性質は一つの変化をみせる。すなわち、組織的には国際自由労連、世界労連との関係における中立の立場となり、また「米ソ両陣営が力の対立にあるという現実のなかで、世界平和のためにどの軍事ブロックにも反対し、いかなる核実験にも反対することを柱とする積極中立論を掲げる」(党員協議会行動指針草案　朝日一二月一九日)というときには、帝国主義の侵略的な軍事ブロックと社会主義諸国の防衛的なブロックを当距離においてみるような情勢の見方と関連して、『いずれか一方の主張に組しない』という意味での中立、すなわち、みずからを「中立の立場」におくという意味が含まれているという印象は否定できない。

つぎに、方針は、『中立の立場に賛成する世界の労組を招き、話し合い、中立の立場に立つ平和闘争の国際的中核をつくる』ことを提起した。この方針について総評岩井事務局長は、大会の答弁のなかで、この会議に招請の考えられるものとして、インドネシア、インド、セイロン、アラブ連合、ユーゴ、ガーナ、モロッコ、メキシコ、キューバなどを対象としてあげ、その構想を「国際自由労連・世界労連のどちらにも入っていない組織を集めるということではない。あげた名前は、国際的にみても、積極的な中立政策を求めることが平和を達成するに必要であると考えているような組織であり、そして、それは反植民地独立闘争とか、資本主義の国のなかで、中立政策を推進すること自体、戦争政策をくずすという立場に立った国をあげた。こういうところが集まって、運動上経験を交流するのは意味がある」とし、さらに「第三者的な会議をつくるわけではない」とのべている。

要するに、総評主流派は、ベオグラードに加藤組織部長を派遣したりしていることからみて、ベオグラード会議の労組版を考えているものと想像されるが、問題は、中立という概念について、中立政策を要求する立場と、組織的あるいはイデオロギー的中立という立場が明確に区別されず、混同されてもちいられている場合、このような国際会議は、いかに否定しようとも、また、主観的には意図していなくても、第三の道におちこむ危険性がまだとりのぞかれてはいないといわざるをえない。

また、ベオグラード会議労組版というようなものを考えるとき、各国政府の国際政治の場における外交政策にもとづく結合と、労働者階級の階級的連帯は、まったく異なった性質のものだということをわすれてはなるまい。

私は総評の国際路線をめぐるうごきとして、世界労組大会の問題、自由労連からの文書の問題、中立の世界労組会議の招請の問題などにふれてきた。これにつけ加えて、今後、そうとう活発化することが予想される、自由労連・政府の動きについてふれておきたいと思う。

総評が六一年の秋に大出副議長ら主流派幹部を中心にして、アメリカ、ヨーロッパの自由労連系労組との交流を行なったことは、周知のことである。この交流の目的がベクー書記長の書簡にもみられるように「自由労連系労組との友好関係を深める」ためのものであったことは想像にかたくない。

総評のこの姿勢に呼応するかのように、自由労連・労働省などの、総評の路線をさらに自由労連の方向にむけようとする活動は急速に活発化してきた。

昨年一〇月三〇日からブラッセルで開かれた自由労連執行委員会は、「世界労連のアジアとくに日本にたいする招待戦術を指摘し」、「日本における自由労連の活動を強化するために、日本に代表を常駐させることになっているが、その人選を急ぐ」ことをきめた（「週刊労働ニュース」一一月二七日号）。

また、日本の労働省は明年度予算要求の重点事項として、自由な労働組合運動の国際交流をかかげた。労働省の構想は、米・英・仏・西独・ＩＬＯ・自由労連本部などから、年間二〇人を招待し、日本からは英・仏・西独その他欧州各国に一五人を派遣するものと伝えられるが、この労働省の計画について、日本の自由労連加盟組合一一組合（全逓・炭労・全鉱・都市交・日放労・全繊・海員・電労連・その他）は、これを全面的に支持し、予算獲得に全力をあげるよう要望するとともに、とくにアジア諸国との交流を要望したと伝えられる。

これらの計画が、日本の労働運動を自由労連の方向に傾斜させようとする明確な意図をもつものであることは明らかだが、それに総評主流を形成する主要組合であるところの全逓・炭労・全鉱・都市交などが積極的に支持していることは、総評の今後の国際路線に大きな影響を与えるものとみられる。

総評の新路線を規定するもの

では、これまでのべてきたような総評の新しい方向を規定している総評主流幹部の基本的な思想はなにか。その一つは、太田氏らのいわゆる「統一戦線論」であり、他の一つは、「積極中立論」である。

この二つは相互にからみあって、総評の動きを規定し、方向づけてゆく。

まず第一に、太田氏の統一戦線論であるが、よく知られているように太田氏は昨年七月青森県浅虫温泉において、いわゆる「反ファッショ統一戦線論」と称する談話を発表した。この談話は。「統一戦線の構想」をつぎのようにのべている。「第一に反ファッショの具体的内容は、平和と民主主義を守ることだが、現行の憲法を守るということを重視し、民主主義擁護を軸として戦線を広げる。第二に、全労・中立を含めたものでなければならない。第三に、国際的にはアメリカの民主主義勢力としてＡＦＬ・ＣＩＯ、ヨーロッパの自由労連系労組をもっと重視しなければならない」とするものである。

この構想は、国内的には全労・中立との結合、国際的には国際自由労連との接近を強調し、民主主義を守るためにはこのような『右』の勢力を重視せよと強調する。そして、このように右に戦線の幅を広げるためには、共産党など『左』の勢力をおさえるか、あるいは切ることが必要な条件だと考える。すなわち、太田氏は六一年九月、このことにふれてつぎのようにのべている。

「安保闘争では成功しなかったけれども、破防法反対闘争や、警職法反対闘争などでは、全労働者の統一体の結成に成功している。これらを通じてみられる特徴は、いずれも、共産党の提唱・指導・参加のなかでは成功せず、むしろ共産党と対立した形で成功した（総評結成のいきさつ）か、あるいは、共産党と対立はなくても、関係がほとんどない形において成功した」（「労働経済旬報」四八四号五月）。

太田氏は過去の諸闘争のなかから、彼独特の教訓を引き出す。そして、この思想を国際路線にあてはめると、国際自由労連を重視するときには、世界労連とは一定の距離をたもたなければいけないという考え方に発展していくのは必然のなりゆきである。

第二に総評の国際路線を規定しているのは『積極的中立の立場』である。六一年八月の定期大会方針は、国際路線について「国際自由労連・世界労連のいかんをとわず、労働者の共通の要求を基礎として一致してできる運動について積極的に提携し、共同行動をすすめる。われわれの国際労働者連帯にたいする態度は積極的中立の立場である」（六一年度総評運動方針）と規定している。

ここでの積極的中立の意味は、明らかに組織的中立の意味で用いられているものと理解されている。

この点について、大出総評副議長のつぎの発言は、総評幹部の見解を端的に示している。大出氏は、積極的中立の立場にふれて、「六一年の総評大会の論議の経緯からして、ソヴィエト、中国の労働者とだけ交流をさかんにして、西欧とくに、アメリカへは、総評の主だった方々が行ってないということでは、積極的中立という立場からしてよくないのではないか」（本誌六二年一月号「総評・アメリカをみる」）とのべている。こうして、総評の国際路線は、「右に広げるためには左を押さえる」という「統一戦線論」と、組織的中立を意味する「積極的中立論」とがからみあって、一つの路線を形づくっている。したがって、以上のべたことが国際路線を規定する考え方となっている以上、その路線は、『右を重視する中立』となるのであるから、必然的に右への傾斜を示しているということができよう。

『積極中立』の二つの側面

このようにみてくると、総評の『積極的中立の立場』は二つの主要な側面をもっていることが明らかとなる。

すなわち、一つの側面は、中立政策を要求してたたかうという立場である。このような立場はおおいに深められなければならないし、発展させられなければならない。しかし総評主流派の幹部は、このような立場をつらぬいて主体的にたたかう具体的な方針をほとんどもちあわせていないようにみえる。日本的労働組合主義の路線のもとでは、このようなすぐれて政治的なたたかいは、経済闘争と切りはなされ、明らかに後方におしやられているからである。だからこそ春闘方針のなかでも、積極的中立のこのようなたたかいの具体的プログラムはほとんど示されず、積極的中立の立場からする国際会議だけが示されることになるのではないだろうか。

他の一つの側面は、イデオロギー的中立、組織的中立の立場である。この立場はきわめて消極的な立場である。総評主流は国際路線において、このような立場をつらぬくことにはきわめて熱心であるように見える。

反主流派の批判は、主としてこの点に集中されている。だが、この消極的な側面だけをとらえて「総評の積極的中立論はまったく間違っているのだ」というような、中立のたたかい一般を否定する批判であったり、また「積極的中立なる新語をもってする『チトー主義』」(高野実氏「労働情報」三二二号)ときめつけるような批判であってはなるまい。

必要なことは、第一の立場、すなわち中立を要求してたたかう立場をさらに深め、発展させ、全労働者に定着させるなかで、第二の立場を批判し克服していくという批判のあり方ではないだろうか。そのためには、批判者の側から『中立の立場』を中立政策を要求してたたかう立場として明確に位置づけ、このたたかいをどのように組織すべきかという具体的な方向が提起されなければなるまい。

批判がたんなる『批判のための批判』であった場合には、その批判のなかからはなんらの前進的な側面をも引き出すことはできまい。

(掲載誌――日本評論社刊『月刊労働問題』一九六二年二月号)

東水労の分裂と労働組合統一の条件

山田隆太郎
労働評論家

東水労、社共系二労組へ分裂

七月七日、東京の中野公会堂において開かれた東京水道労働組合（組合員約八千名、全水道、都労連、東京地評に加盟）第二〇回臨時大会は、組合解散の動議を賛成四六五名、反対二四名、保留一八五名で可決し、解散賛成の代議員は、ただちに全逓会館に集まり、新たに『東京水道労働組合』を結成、綱領・規約・暫定執行部の選出などを行なうとともに、上部団体である全水道（総評加盟）、都労連、東京地評などへの加盟を決定した。

一方、中野公会堂の大会場に残った代議員は、大会を続行し、解散は賛成者が労組法第十条に規定されている四分の三に達していないことを理由に、解散無効を宣言し、処分反対闘争などの当面の方針を決めるとともに、臨時執行部を選出した。

こうして、東京水道労働組合は、事実上分裂し、双方が、正当派を主張して、組合員の獲得を争っている。

この東京水道労働組合の解散・分裂というもっとも悲劇的な事態は、直接的には、組合費の三〇〇万円使い込み事件に端を発しているが、より根本的な原因としては、社・共の組合指導権をめぐる対立が、使い込み事件という問題を契機として表面化したものとみられている。

この事件は、組合費使い込み事件を直接的な契機としているという意味において、きわめて特殊であるが、一面、社・共の労働組合内における対立が組合分裂という形で表面化したという意味で、それは、他の労働組合も大なり小なり内包しているところの非常に重要な一般的問題をなげかけている。すなわち、それは、労働組合内部の矛盾をどのように解決し、労働組合の統一を守り、強化するかという問題である。

東京水道労働組合の解散・分裂という事態は、まさに、この労働組合内部の矛盾を正しく解決することを誤った結果にほかならない。そうした意味で、私は、この小論において、東京水道労働組合の組織問題の具体的な経過に即して、分裂をもたらした諸原因・諸条件を分析し、そのなかから、労働組合の内部矛盾を正しく解決し、労働組合の統一を固めるための諸条件、いいかえるならば労働組合の統一の条件はなにか、という問題について、若干の解明を試みたいと思う。

分裂の経過とその真因

東京水道労働組合の組織問題が最初に表面化したのは、五月二五日に開かれた第一九回臨時大会においてである。この大会は、三月に発覚した組合書記の三〇〇万円使い込み事件の処理を中心議題として開かれた。

この大会では、すでに中央委員会に設けられた使い込み事件についての調査委員会の報告を受けるとともに、これに対する執行委員会の態度が提案された。執行部からは、多数意見（社会党員を中心とする一四名）として「執行部の総辞職、使い込み事件を警察の手にゆだねる」とする提案がなされ、これに、少数意見（共産党員を中心とする六名）「総辞職反対、警察権導入反対、運動のなかで解決してゆく」という意見がつけ加えられた。この提案にもとづいて、大会は採決を行ない、約三六〇対二五〇で、執行部提案（多数意見）が決定された。これにつづいて、代議員から、「金銭問題の不祥事件、中央指導部の不統一などから組合運営に対する不信が一般化している」ことなどを理由として再発足すべきである」という緊急動議が提出された。大会はこの動議を大会で討論し採決するかどうかということについて採決を行なった結果、「解散という問題は、代議員だけの問題でなく組合員の問題だから慎重に取り扱え」という意見が多数の支持を得、この大会では採決しないこととなった。

しかし、討論・採決はされなかったものの、この大会ですでに解散という問題が提起され、この問題を職場で討論することになった時点から、事実上の分裂が始まったといえる。こうして、大会直後には、「組合解散、新組織の結成」をめざす『東水労再建同志会』が発足するにいたったのである。

問題をはっきりさせるために、この大会後の職場討論に向けて、再建同志会ならびに解散反対のグループが、どのような問題意識をもってこの問題に対処してきたかをみてみよう。

まず、東水労再建同志会は、その趣意書で、「現在の東水労を解散して、新しい組織として発足すべきだ」という動議が提出されるにいたったいきさつとして、

1　近年、三回にわたる金銭問題の不祥事件から、組

合運営について信用しない傾向が一般化してきているること。

2　中央指導部の不統一と、一部の分派的指導と教宣活動に、組合のもつ要求が結合しておらず、要求が獲得されない不満が充満していること。

3　中央指導と支部指導体制が一本化しておらず、一部活動家と称する小範囲の行動に終始して、全体から遊離していたこと。

4　これに加えて、中央指導部にあるイデオロギー分裂が互いに抗争して、組合員の信用を全く失っていること。

5　とくに日本共産党員の運動は、民主的運動から離れた独善主義傾向を強め、機関無視の事例を続発したこと。

6　しかも冒険主義傾向を強めるなかで独走し、組合の民主主義、大衆運動を非難する妄挙があったこと。

などの六点をあげている。さらに、再建同志会の六月六日付の組合員向けの資料は、これらの問題について、東水労がいまのような状況になったのは、

「今回の事件を含めて三回にわたる金銭問題とともに、東水労内部における日本共産党員の指導があると思うのであります。すなわち、私たちからみれば、彼等は、真に組合員の利益を守る立場をとらず、機関の決定を尊重せず、逆に、労働組合を政党のために利用し、極端な政治主義を組合員におしつけているとしか思えないのであります」

と指摘し、具体的な例として、

本年度の運動方針では「日本社会党を支持し、問題に応じて日本共産党と協力する」ということがきまっているにもかかわらず、（一部の支部は）明らかにこれを無視し、社共両党支持を決定し、それにもとづく、共産党候補を支部の機関として決定していることがあります。このような状況は大会決定を一部扇動者が強引に引き回した結果であります。

（省略）

次に本部中闘の内部おいては、問題が数かぎりなくあるらしいが、本年度の状態では例えば、中闘で多数決で決定しても、彼等はその決定にしたがおうとせず職場オルグの中では、常に反対の方針でオルグを実施している事実があり、そのために本部中闘は人によって異なるオ

ルグを実施する結果となり、より以上に本部不信を招いているということであります」

ということをあげている。また、別の教宣資料は、共産党員の活動に関連して、共産党機関の労働組合に対する直接的な介入がおこなわれていることを指摘し、例として、次の日本共産党東京都委員会署名のビラが、二五日の大会に向けて水道局の本庁舎内組合員など各所にまかれていることを問題としている。そのビラの内容は、「みなさんは、労働者の生活と権利を守るために、統一をつよめ、団結をかため、われわれの敵を明らかにし、闘いに立ちあがらなければなりません。

この重大な時期にひらかれる臨時大会で、あらゆる職場の要求を再確認し、水道当局に要求をつきつけ、労働組合を分裂させようとしたり、組合活動をおさえつけようとする動きと闘い、統一をつよめて前進しましょう。

五月二十一日

日本共産党東京都委員会」

とのべられている。こうしたことに関連して、ある幹部の話では北部のある職場には、共産党の地区委員がきて「分裂主義者の策動があるからこれとたたかわなければならない」というようなことも、公然となされたという。

以上みてきたことから明らかなように、再建同志会の人たちは、今回の解散・新組合結成ということを提起しなければならなかったのは、共産党の労働組合に対する介入、共産党員の組合機関決定無視、そのことによる指導部の慢性的な不統一・混乱というような点に根本的な問題があったとしている。

こうした再建同志会の問題提起に対して、共産党を中心とする解散反対派はどのように問題を提起しているのだろうか。

七月一〇日付の「東水労に加えられた攻撃について」と題する東水労臨時執行委員会の文書は、「大会（七月七日の大会）及び大会前の状況について」次のようにのべている。

「東水労では去る三月組合員の使い込み事件が発覚したため、直ちに調査委員会を作りこの事件の調査に当たりましたが、一部の組合破壊者はこれによって生じた下部組合員の組合不信の感情をアオリ、この事件に対する警察権の導入、執行部の総辞職を唱え、遂に五月二十五日この事件を中心議題とした東水労第十九回臨時大会においては、一部組合員を事前に組織し、大会役員を独占し、ファッショ的議事運営の中で警察権の導入、執行部の総辞職を多数で決定し、続いて組合解散の動議を提出しました。……大会後、組合解散を策する一部分子は代行委員の多数派十四名、係長、職場ボス、現場親方層を中心にして再建同志会を結成、組合解散の動きを強めてきました。……再建同志会は、この闘い、《四月の制限給水に際し北部第一支部だけが作業拒否をやり、六月一八日に、組合員四名の解雇がでた》は『山ネコ闘争』であり『ハネ上り』であると職場に宣伝し、同時に現在組織の解散論が出る程に組織内部が混乱しているのは共産党員及び同調者の諸君が機関を無視した行動を行なうからであると宣伝をし始めました。そして現組織を解散し、機関決定を守る民主的な組合を結成すると称してその趣旨に賛成の署名をとり始めました。この署名をとる過程では職制権力を利用して圧力をかけたり、又は、『この署名をしない奴は赤だ』等の攻撃をかけたりしています」

とのべ、さらに同じ文書で「組合解散の策動を私達はこう見ます」として次のようにのべている。

「私達は、組合解散の策動は、局の合理化政策促進に備えて、組合を御用化し又は右傾化するための攻撃であり、更に又大きくいうならば、安保体制を強行するための政府自民党及び米帝国主義者の労働組合、労働運動に対する攻撃、即ちいわゆるライシャワー路線にそった組合を右傾するための策動であると考えます。

そして、直接的には組合内部の極めて少数の右翼分子が局及び警察権力と結合して行った謀略であると考えます。」

要するに、この人たちは、この事態は、政府自民党およびアメリカ帝国主義の労働運動右傾化の策動の一環をなすものであり、一部の組合破壊者、右翼分子が、当局および警察と結んだ謀略であろうと考えているのである。

こうした見解をもっとも象徴的に示したものとして、日本共産党の機関紙「アカハタ」の報道をあげることができる。七月九日付の「アカハタ」は、東水労の七日の大会をとりあげ、「組合解散の無効宣言、東水労臨時執行部――再建同志会の陰謀粉砕へ」と題して、「東水労の再建同志会は前執行部二十名中、十四名をしめ、これを利用してかねてから『東水労解散・新組合結成・全水道・総評からの脱退・全労加盟』の方向で分裂策動をつづけてきた」と書いている。

以上にみたように、一方は、共産党の決定無視、独善主義と相手を攻撃し、他方は、ファッショ的な組合運営、局および警察と結んだ分裂策動と相手を攻撃する。そこには、もはや、話し合いをゆるさないような感情的ともいえるするどい対立がみられる。

東水労をここまで追い込んできたものは、社会党員を中心とする多数派の多数決万能主義的な運営と、共産党を中心とする少数派の、自分たちの意見はつねに正しいのだから、自分たちの意見が入れられなければ、その決定がまちがっているのだ、だからまちがった決定はまもらなくてよいのだという、共産党員特有のエリート意識と結びついた独善的な行動、こうした、社・共両党員のもつ負の要素の積み重ねが、対立に対立を生み出し、ついに相手を顔をみるのも嫌だ、連中とは一緒にやっていけないという感情を生み出した。こうして、社会党・共産党の対立は、ついには、多数派が組合解散・新組合結成という行動をとるにいたり、組合分裂という不幸な事態にまで追い込んだということができよう。

労働組合統一の条件

さて、私は、東水労の分裂という事態にたいする両者の見解をそうとうにくわしく引用してきた。私が、必要以上に両者の見解を引用したのは、ほかならぬ、そのなかに、労働組合の統一という原則的な問題に対する根本的ともいえる無理解、あるいは誤った見解が示されていると考えたからである。

労働者の統一、労働組合の統一——それは、労働組合にとって、絶対的な原則の問題である。すなわち「労働組合の統一があれば、勤労者は強力であり、勝利し、前進し、社会を進歩させることができ、分裂すれば、運動は弱まる。分裂すれば、勤労者は、自己の諸要求と自己の諸権利を獲得し、社会を進歩させることをさまたげられる」（ヴィットリオ）からである。それゆえ、労働組合の統一という課題は、つねに労働組合の政策の中心的な位置を占めている。

いうまでもなく、労働組合では、さまざまなイデオロギー、政治的信念、宗教的信条をもった人々を一つの組織に結集している。だから、労働組合の統一の政策は、多様なイデオロギー、政治的信念、宗教的信条をもった労働者を統一しうるようなものでなければならない。特定のイデオロギーや政治的信念を労働組合に押しつけたり、あるいはその逆に排除するようなことがあれば、労働組合の統一は妨げられ、ある場合には、分裂する。

したがって、労働組合の統一を問題とする場合、政党と労働組合との関係はとりわけ重要な意味をもっている。異なった思想・信条をもった労働者を統一するためには、労働組合は、政府・経営者からはもちろん、いかなる政党からも独立していなければならない。労働組合の自立的性格の擁護は、その統一を保持するための絶対的条件ともいえよう。

このような視点から、東水労の組織問題のなかで明らかになった、二・三の一般的な問題点を指摘したい。

まず第一は、解散反対派の、労働組合の統一についてのまったく誤った見解である。その見解はひとくちにいうならば「敵を明らかにすることによって統一する」という見解である。

さきにあげた、東水労臨時執行委員会の文書は、統一の方向について、「第二組合に対してはねばり強く統一の方向を訴え、組合員同志の争いに目を向けず労働者の敵に目を向けることによって組合の団結を回復したいと考えています」とのべている。そこでは、東水労の分裂をもたらした内部矛盾がどういう原因によって生じたのか、ということを完全に無視し、ただ、ライシャワー路線にそった組合を右傾化する策動によるものだとして、この敵を明らかにすることこそ統一の途だと考えている。

こうした統一に対する見解をよりはっきり示しているのは、全印総連東京地連の方針である。この方針は「要求にもとづく統一行動が、労働者の統一を実現する基本である」と正しく指摘しながらも、「統一行動を発展させるためにアメリカ帝国主義者と日本の独占資本が労働者と人民のおもな敵であることを組合員に明らかにしなければならない」、「統一行動を発展させる上で欠くことのできない問題は、これらの要求の実現をさまたげているおおもとの原因はなにか、日本全人民のおもな敵はなにかを明らかにする努力である。敵をあいまいにぼかすことは、人民の団結をさまたげるだけではなく、労働者が職場でほんとうに統一することをさまたげる」とのべている。

この二つの文書の共通性は、二つの敵（共産党綱領の権力規定）を労働組合として明らかにすることが、労働組合の統一をつくりだす条件であるとする見解である。

これは、明らかに誤った有害な見解である。労働組合の統一という原則的課題のもっている主要な側面は、資本のいかなる攻撃をも許さないような、統一された労働組合をいかにしてつくりあげるか、ということである。すなわち、それは、労働組合内部に対立を発生させる可能性のあるあらゆる要素をとり除き、内包する諸矛盾をどのように解決するかという問題である。

「敵を明らかにすることこそ統一の条件」とみなす見解にもとずく統一の政策は、これらの課題にほとんど答えない。そればかりでなく、この「敵」が、いわゆる二つの敵論のように特定政党の権力規定がそのままもちこまれるときには、逆に労働組合の真の統一をさまたげることになる。

第二には、政党と労働組合の関係の問題である。すでにみたような、労働組合にたいする政党の直接的な介入が、労働組合内部の矛盾を激化させる有害なものであることはいうまでもない。

こうした問題を組合内にみちびき入れる問題として、政党支持の問題がある。この面で、東水労の両者は（東水労に限ったことではないが）、ほとんど同次元での誤りをおかしている。再建同志会は、大会で社会党支持をきめているのに、一部の支部が社・共支持をきめるのは決定違反だと非難している。大会決定を無視するということは、たしかに決定違反である、だが、それとともに、より本質的な問題として、社会党支持という決定そのものにも検討が加えられなければならない。社会党支持も、社・共両党支持も、労働組合に特定政党の支持を、またその結果として特定政党の綱領の承認という問題をもちこむことに変わりはない。

こうした問題を労働組合にもちこむことは、労働組合統一のための思想・信条における異質性の承認という原則と、明らかに矛盾する。そして、それは、労働組合内部の政治的見解の相違にもとづく矛盾対立を激化させ、ある場合には分裂させるにいたる。労働組合の政党からの自立性の擁護という課題が強調されなければならないのは、まさに、このような矛盾を発生させないためなのである。

第三に、組合民主主義に対する、はなはだしい無関心・

無理解である。

一方には、多数決万能主義があり、他方には決定に対する決定的な軽視がある。このような態度からは、真の組合民主主義を生みだすことはできない。

一般的にいえば、組合民主主義は、方針の作成・調整への全組合員の参加を意味する。だが、より重要なことは、「民主主義生活の発展は、われわれにとって、自己目的ではなくて、決定がすべての者からまもられるようにするための、すなわち、実行に現実に最大限の規律がともなうようにするための条件となるものである。真の問題は、労働組合の決定がすべての勤労者からまもられるような諸条件をつくりだすことである」（フォーア　イタリア総同盟書記）ということである。すなわち、決定はまもられなければならないが、まもられるために、徹底した民主主義的な運営が必要なのである。この面で、明らかに両者ともに理解の欠如があったといえる。

東水労を分裂に導いたものは、まさに、以上に指摘したような労働組合統一のための諸条件についての無理解、あるいは誤った見解にもとづく組織運営にあったといえよう。しかも、これらの問題は、わが国の多くの労働組合が大なり小なり内包している問題であるという意味で、東水労の分裂という問題は、わが国の労働組合運動に大きな問題をなげかけている。

（掲載誌――日本評論社刊『月刊労働問題』一九六二年九月号）

労働組合の分裂と統一

労働評論家
幸田　義美

労働組合運動の新たな特徴

小論の主題は、労働組合の組織問題の検討にある。この問題の今日的な性格を明らかにするために、はじめに、最近のわが国の労働組合運動をめぐる、いくつかの特徴的な問題について簡単にふれておきたい。

第一の問題は、全労の滝田議長がおこなった労働戦線統一の提唱である。周知のように全労の滝田議長は、去る一〇月七日、神戸において労働戦線の統一についての一つの問題提起をおこなった。その趣旨は「たんに総評、同盟会議などの共同闘争にとどまらず、組織的統一にまでことをすすめる必要がある。組織的統一の最低綱領は、指導方針において共産主義との絶縁を明確にし、総評や中立系労組が、国際的にも共産主義労働組織である世界労連と絶縁する態度をとることが必要である。総評によって、この組織的統一の最低綱領がまじめにとりあげられるなら、全労は新しい時点にたって戦線統一にとりくみたい」というものである。

それは一見して判るように「反共労働戦線統一」の呼びかけである。その意図が一般にいわれているように、国際自由労連のネジンスキー書記次長、近く来日するAFL・CIO（米労働総同盟産別会議）のルーサー副会長らから総評、全労との統一の問題が提起されるまえに、全労として先手を打とうとしたものという限りにおいて、それは、特別目新しいものをもっているわけではない。しかし、これを受ける側の総評の条件は、非常に複雑である。

周知のように、総評は、この八月の定期大会で、一般に「右寄り」と評される運動路線を確立し、国際労働組合運動との関係においても、国際自由労連への接近をみせている。これに関連して、第八回原水爆禁止世界大会における混乱を直接のきっかけとして、社会党、総評と共産党との関係は、するどい対立を示している。滝田氏も「この夏の総評大会で採択された総評の右寄り方針が世論の注目を集めて、これと関連して戦線統一問題が議論の対象となっている」とのべており、全労の反共労働戦線統一の提唱が、こうした総評の側の条件を念頭においてなされたとみられるところに、この問題の持つ特殊な意味があるように思われる。その意味で、総評がこれにどうこたえるかが注目されるわけである。

第二の問題は、さきにもふれたが平和運動における社・共の対立の激化である。周知のように、去る八月の第八回原水爆禁止世界大会では、社会党・総評の運動路線と共産党・平和委員会の運動路線がするどい対立を示した。この対立は、その後、ほとんど解決のめどがついていない。そればかりでなく、この秋の平和運動、基地反対闘争などは、運動そのものとしては、二つの運動という姿をとるにいたっている。

共産党・平和委員会などでは、日韓会談反対闘争などについて「安保反対、平和と民主主義を守る国民会議」を中心とする統一行動を強調しながらも、一面では、軍事基地撤去を中心に、日韓会談反対などをからめて、独自の活動を進め、一〇月二一日には、「全国百万の統一行動」を目標に、関東、関西などブロック別に、軍事基地を包囲する大集会を行い、この実行委員会を各県、各地区、各職場につくりあげている。そして、この統一行動組織（実行委員会）を基礎にして、一一月二〇日から二一日まで、大阪において「核戦争阻止、軍事基地撤去、日韓会談粉砕、全般的軍縮促進、アジアの平和のための日本大会」を開催する準備を進めている。もちろん、これらの集会は、阿部知二、坂田昌一、末川博氏など著名な学者、文化人によってよびかけられている。しかし、地域での「実行委員会」の組織は、事実上、共産党、民青、平和委員会などによって推進されている。

一方、社会党・総評などは、当面、日韓会談反対闘争は、社会党、総評、中立労連などを中心に秋闘と結合して進め、原水爆禁止運動は、これまで日青協、地婦連などを含めた「十三団体連絡会議」を中心にして、原水協の体質改善などを推進してきたが、このような運動からさらに発展させて、一一月二三日、二四日には広島において「原水爆禁止」を中心とした全国的な大会を開き、基本原則に立つ原水禁運動の再建を計ろうと、その準備を進めている。そして、この場合にも、各団体代表、学者、文化人などによる実行委員会を中央、地方に組織して運動を推進するという方向をとっている。

こうして、この秋の平和運動は事実上、広島大会に結集する潮流と大阪大会に結集する潮流の二つに分かれて進められることは、ほとんど、動かしがたい現実となっている。そして、このような平和運動の分裂が、さまざまな形で労働組合に混乱と対立を生み出すことはいうまでもない。すでに各地で、一〇月二一日の軍事基地撤去の集会実行委員会への参加をめぐって、多くの地評、単産、地区労で混乱が生じていた。

第三に、これらの平和運動における運動の分裂的傾向と関連して注目されるのは、最近の共産党の労働組合政策の方向である。去る一〇月五日から開かれた、共産党第四回中央委員会総会の決議は、労働組合政策にふれて「労働戦線の階級的統一」という大きな目標と原則からみるならば、社会党支持という特定政党の支持を重大なわくとしてもっている現状のままでは、総評をそのまま労働戦線統一の母体として評価することができないことは明らかである。したがって党は、日本の労働運動について「総評依存主義」ともいうべき受動的態度におちいってはならない」という態度を明らかにした。

そして、同総会における宮本書記長の報告は、この態度のうえにたって、六全協前に、総評へ労働組合を機械的に流入させた方針は、右翼日和見主義的追随主義であったことを指摘し、これから新しく組織される労働組合についいては、それを「どのような全国組織にいれるか、さしあたり、地域的な労組への加入にとどめるかなどの問題は、十分にこの方針の見地から具体的に検討される必要がある」とのべている。この報告を九月三日、四日に開かれた全国組織・機関紙部長会議における宮本書記長の報告、すなわち「さらに、こうした大衆組織にとりくむというだけでなく、大衆闘争のなかで、大衆組織をつくりあげていかなければなりません。党が労働組合をどんどん独自につくっていき、正しい意味の労働運動の勢力を事実上、つくりあげていく」という発言と結びつけて考えてみると、この新しい方針には、重要な根本的問題を含んでいるようである。さらに、同総会の決議は、国際労働組合運動との関係について「世界労連への加盟の方向を実情に適するように推進する」とのべ、個々の単産ごとに世界労連への加盟を推進する方向を打ちだしている。

私は、ここで、この問題について深くふれようとは思わない。しかし「(社会党支持の) 現状のままでは、総評を労働戦線の統一の母体として評価することはできない」という考え方を明確にし、この考え方のうえにたって、「党が独自に労働組合をつくり〝正しい意味の労働運動〟の勢力を事実上つくりあげる」という方針が、事実上共産党系の労働組合運動の勢力をつくりあげることを意味するならば、この方針は、わが国の労働組合運動にあらたな対立と混乱を生み出す危険な方針といわざるをえない。その意味でこの方針が、今後の労働組合運動のなかでどのように展開されるかが注目される。

以上、私は、全労の「反共労働戦線統一」の問題提起のもつ意味、平和運動における社会党、共産党の対立と運動の分裂的傾向、共産党の左翼労働組合主義的な運動傾向について簡単にふれてきた。このような条件のもとで、労働組合の組織問題は、特殊に重要な意味をもっているように思われる。その意味で、私は以上の問題を念頭におきながら、総評組織方針案に関連して、組織分裂の問題を中心に労働組合統一について、若干の意見をのべてみたい。

分裂問題に対する二つの見解

総評第一九回定期大会は、今後一年間、職場討議に付すべき案として「組織方針案」の大綱を承認した。この組織方針案は、いわゆる「第二組合の問題」について「独占資本や政府は、われわれの組織を分裂させせようとしている。（資本家）は全労や三田村学校をつかって、別の旗印で分裂工作をすすめている。われわれは、これにたいして組織防衛の重点として断乎対決する。だが第二組合発生について資本家の側を非難するのみでは前進はない。われわれは資本の第二組合結成に対決するためにも、われわれの闘争指導上の欠陥や、組合運営の不十分さにきびしい自己批判の目をむけなければならない」とのべている。

これにたいし、総評大会では、いくつかの意見がだされている。一つの特徴的な意見は、私鉄総連の内山代議員がのべている「分裂を防止するというだけでなく、さらにすすんで統一をどのように広げていくか、統一をどのように闘いとっていくかということを補強する必要がある」という、いわば補強意見である。他の一つの特徴的な意見は、全国税の村上代議員がのべている「この方針のなかには、いろいろ敵との闘いについてのべているし、それを正すために味方をどう組織したらいいかということが、詳しくそれ以上にのべられている。しかし、分裂とのたたかいというのは分裂の攻撃それ自体とたたかうことが、やはり必要だとかんがえる」という意見である。

この後者の見解は、今日、総評の反主流派系の労働組合のなかでは支配的な見解となっているようである。この見解に関連して、私は、ここで、いわゆる総評反主流派系労組における組織分裂についてふれておきたい。たとえば、全印総連の場合、この一年間に、凸版単一労組の脱退、二葉印刷労組の脱退という大企業労組の脱退があいつぎ、さらに、共同印刷労組にならんで全印総連の拠点工場の一つとなっていた凸版板橋工場労組では、この春闘で無期限ストに入った翌日には、指導上の混乱からストを中止せざるをえなくなり、会社側の合理化四条件をのまされるという組織的動揺を経て、その後の大会では反全印総連派（右派）が組合執行部の多数を占めるという状況においこまれている。

凸版単一の場合を除いて、二葉印刷の場合にも、凸版板橋の場合にも、それまで共産党系が執行部の多数派を占めていたといういみで、全印総連内部におけるこうした組織的動揺は注目される。これらの組織問題をかかえて、全印総連の指導部は、運動方針で、「分裂は敵の攻撃であり、資本によってつくりだされたもの」であって、「この場合、組合の指導上の弱点が敵に利用され、分裂への口実となることが多いのですが、指導上の問題は、組合内部の問題であって、もともと組合の統一を強めなければ解決しない問題です」とのべ、「情勢のきびしさ、それは敵の内部矛盾のきびしさの反映であります。私たちは味方の中の矛盾にのみ目をうばわれず、この激しいたたかいのうしろにあるほんとうの敵の姿をあきらかにすることがいま大切です」と強調している。

たしかに、全印総連の方針が指摘しているように、分裂は、大なり小なり資本の攻撃と関連しておこされるものであり、今日、独占資本は労働組合組織の破壊・分裂のために、あらゆる方法ではげしい攻撃をしかけている。この資本の側の分裂支配の攻撃にたいして組合員の警戒心を喚起するために、資本の攻撃の性格・方法を的確にバクロしていく活動は、労働組合の組織を守るために必要な活動である。だが、ここで考えてみたいのは、はたして、それだけで組織の統一を守ることができるのかどうかということである。

資本の側の攻撃があるとしても、その攻撃を受けとめる労働組合組織の側に、それを許すような条件さえなければ、逆にいえば、労働組合統一の政策が大衆的に確立されているならば、資本の側の分裂の攻撃を失敗におわらせるか、あるいは、少なくとも最小限にくいとめることができるだろう。ここに、総評組織方針案が提起している「指導上の欠陥や、組合運営の不十分さに自己批判の目を向けなければならない」という真の意味があるといえよう。もし、全印総連のように内部矛盾の解決という問題を軽視し、敵の攻撃という側面だけの強調にとどまるとすれば、それは、労働組合の統一に必要な一つの側面だけを強調するにとどまり、他のより本質的な側面をみおとすことになるだろう。

労働組合統一の条件とはなにか

ところで、労働組合の統一の条件はいかにあるべきか。私は、この原則的な問題を今日の労働組合運動は、真剣に検討しなければならないときにきていると思う。資本の分裂支配の攻撃が激しくかけられてきているという条件とともに、すでにのべたような労働運動内部の矛盾が激化しつつある条件のもとで、労働組合は、ここで組織の原則にたちかえってみることが、とくに必要であるようにおもわれる。

すべての労働組合は、ほとんど例外なしに「統一と団結」を強調している。だが、その統一の内容についての基本的政策はほとんど提起されていない。たんに「統一と団結」を強調するだけでは、精神主義的に団結を強調するという意味しかもたない。また、反主流派系労組にみられる「統一の敵を断乎として批判する」側面だけの強調は、ある条件のもとでは、本来統一されるべき勢力をも、政治的な対立から敵にまわすということになりかねない。そのよい例は、最近の東水労の分裂において、共産党を中心とする少数派がとってきた態度である。社・共の対立を主要な内容として、多数派（社会党系）による組合解散・分裂という最悪の事態に直面して、共産党を中心とするグループは、終始「敵を明確にして統一する」ということを強調してきた。そして、この方針にもとづいて多数派（再建同志会）にたいし、「集団脱走」「政府、自民党および米帝国主義の攻撃、すなわち、ライシャワー路線にそった組合右傾化の策動」ときめつけることによって。事実上、統一への条件をとざしてしまってきたのである。

「アカ攻撃の分裂策動」にたいして「統一の敵を断乎として批判することを統一の条件」とし、「敵を明確にして統一する」という統一の政策が、共産党の政策はつねに正しいというような独善主義的傾向と結びついたとき、共産党を批判するものはすべて「アカ攻撃」に手をかすものとして、それを敵にまわすことになりかねない危険性をもっている。

とくに、最近、共産党は、社会党にたいして「右翼社会民主主義者の指導する社会党の右翼化」（共産党全国組織部長会議における宮本書記長の報告）を問題とし、このいわゆる「右翼社会民主主義者」にたいしては、最近の原水禁大会などに関連して「原水禁大会や、総評大会にみられたが、アメリカ帝国主義者、国際自由労連の職業的分裂主義幹部、右翼社会民主主義者、修正主義者など、こういうものが日本の統一戦線を破壊し、共産党を孤立化させるために精力的な活動をやっている」（同前）として、社会党指導部をアメリカ帝国主義者とならべて攻撃しており、このような見解と、さきにあげた反主流派系労組にみられる「統一の政策」がかさなりあったとき、それは、むしろ逆に、労働組合内の政治的対立を深め、分裂の条件となりかねない。

それでは、労働組合統一の政策の中心問題はどこにあるのか。ここで、私は、若干の原則的問題にふれておきたいとおもう。

いうまでもなく、「労働組合は勤労者のもっとも基本的な組織であり、その基本的・独自的任務は、可能な唯一のやり方で、すなわち、職業的領域での勤労者の統一によって雇用主（またはばあいによっては政府）に対抗して、勤労者自身の経済的、職業的、精神的、知的生活条件を可能なかぎり最高度に擁護し、改善するために同一産業あるいは同一産業部門のすべての勤労者の統一をめざすことである」（ヴィットリオ『労働者の統一』一四八頁）。このために、労働組合は、労働者の経済的・職業的同一性と共通性を土台としてすべての労働者を内部に統一することができるような条件が完全に保障されていなければならない。階級的労働組合ということの本質的内容は、まさに、このような条件が内部的に完全に保障されているということである。では、この統一を保障する条件とはなにか。

第一の条件は、労働組合が労働者の利益を最大限に擁護し、その労働諸条件の改善を基本とするものである以上、当然のことながら、経営者・政府から完全に独立していなければならないということである。わが国の労働組合運動が企業別労働組合という特殊な体質のゆえに、とくに多く内包している企業意識の存在は、思想的に資本への労働者の従属をもたらし、労使協調主義を生みだす重要な基礎となっている。したがって、企業意識の克服、企業別労働組合からの脱皮という問題は、労働組合の真の統一のために、わが国の労働組合運動がもっている特殊に重要な問題である。

第二の条件は、労働組合は、労働者の経済的職業的同一性を唯一の基礎として統一されるものであるということを承認する以上、その内部には、政治的見解、宗教的信仰の異質性を本質的にふくむものであり、したがって、労働組合は、その本質的性格からして、いかなる政党・政派からも自立していなければならない。いいかえるならば、労働組合の非政党的性格が保障されていなければならないということである。

第三の条件は、第二の条件と関連して、その内部から、あらゆる政治的差別をなくし、社会党員も、共産党員も、その他の政派に属するものも、あるいは無党派のものも、すべてが、数の多少にかかわりなしに、自由に共存できるような労働組合内における完全な民主主義的な生活が保障されていなければならないということである。組合民主主義ということが特殊に強調される主な理由の一つは、この点にあるといえる。

「そんな原則的なことはわかっている」という意見があるにちがいない。しかし、私は、はじめにあげた、今日の労働組合運動をめぐる複雑な情勢のなかで、労働組合の統一を守り拡大するためには、この原則的な問題の強調がとくに必要であるように思われる。

周知のように、総評大会をはじめ、各労働組合の大会では、政党支持の問題は、主要な争点として、必ず採決をもって争われている。だが、これまでは、総評や主流派系単産が社会党支持をきめたことによって、選挙闘争などをめぐって混乱はあっても、そのことが労働組合分裂の原因となった例は少ない。それは一つには総評主流の運動路線が、労働組合主義といわれるように、経済闘争中心の現実主義的な路線であったということ、また、一つには、共産党もとにかくこれまでは、総評というものを労働戦線統一の母体としてきたということ、これらの条件が、政党支持という問題から生ずる矛盾を緩和していたからといえよう。しかしながら、さきにふれたように、共産党は「総評を労働戦線統一の母体とみない」という態度を、この社会党支持の問題と関連してだしてきており、この問題はいままでとは明らかにちがった条件のもとにおかれることになるとみなければならないだろう。その意味で、とくに労働組合の政党からの自立という問題は、特殊に重要な意味をもってきているように思われる。

労働組合の政党からの自立ということは、いうまでもなく、たんに社会党支持をやめればよいとか、社共両党支持にすればよいという問題ではない。もっとより本質的な問題として、労働組合内における政党活動のあり方の問題、労働組合の選挙闘争と政党の選挙闘争のあり方の問題、平和運動あるいはいわゆる国民運動などにおける政党のとりくみ方と労働組合のとりくみ方の問題等々が、労働組合の側からも、政党の側からも、すべての労働者を統一するという視点から具体的に検討されなければならないだろう。そのことは、同時に、労働者政党についてみるならば、少なくとも、これまでの労組依存から脱皮して、政党としての主体性を確立するという課題への取り組みをせまられることになるだろう。

(掲載誌——日本評論社刊『月刊労働問題』一九六二年一二月号)

解説――六〇年安保闘争の真実

由井 格

刊行までのこと

　この本の草稿を竹内さんから手渡されたのは、二〇〇〇年八月二六日で、奥秩父連峰の西端の金山平にある、山梨県労働者山の家・みやま山荘であった。二六日から翌日にかけてのアソシエ21の日本共産党研究会の合宿に、竹内さんはゆき夫人同伴で講師として、長野県飯田市から駆けつけてくれた。講演は「六〇年安保闘争をふりかえる」のテーマでほぼ二時間にわたって行なわれ、その質疑討論を含めると五時間に及んだ。当日の話すべき箇所には赤線が引かれていたが、その草稿（A３版・七四枚のコピー）は、懇親会終了後「活用自由」として私に渡された。私は十数部のコピーをつくり、六〇年安保闘争と、その後の新しい労働運動創出のために、竹内さんと共に闘った「旧友」に届けた。例えば、大野昭之（都教組・東京地評常幹・東京都教育戦線連絡会議）、前田裕晤（大阪中電・全国労働者活動者会議・労働情報）、西村卓二（長崎造船社研・全国労働者活動者会議）、樋口篤三（労働情報）等の各氏に。また、『島成郎と六〇年安保の時代』（情況出版）にはその一部が収録された。

　この山小屋合宿の前の同年六月二四日、アソシエ21日本共産党研究の定例会は、竹内さんに「労働者は前衛党をいかに乗りこえたか―六〇年安保闘争をふりかえる」というテーマの講演をお願いし、竹内さんからは「六〇年安保闘争を労働者は如何に闘ったか」という報告を受けた。[注] 参加者は主に全共闘以後の世代で、今まで読み聴きして来た安保闘争史とは異なる事実を知らされ、より真相に近づきたいという要望が出された。そこで再び竹内さんにお願いし、実現したのが山小屋での講演である。

　竹内さんには、直ぐに出版されるよう慫慂しもしたが、もう少し書き加えることがあるといわれてきた。しかし、そうこうしているうちに竹内さんは、二〇〇七年四月一三日大腸ガンで永眠された。享年七六歳、残念でならない。

その後竹内さんの御遺族は、『私の戦後、共闘活動史／駆け抜けた青春』として三〇数部作成し、故人と縁のある人たちに届けた。

そしてこの度、竹内ゆきさんと長女の宮崎克子さんの御諒承を得て、社会評論社から刊行することになった。

〔註〕当日配布された資料「春闘資料」は、五九年一月二一日～二三日にかけて、伊東市網代で開催された〝網代春闘討論集会〟で使われたもの。ここで「安保条約」の改悪に反対し、岸戦争内閣を打倒する」方針を確定している。この岸内閣打倒方針が、その後の日本共産党の巾広主義との対立の要因となって行った。

当日のもう一つの資料、東京地評（新聞）一七〇号（六〇年七月一日付）は、安保闘争の総括で、当面の方針として「新安保不承認、民主政府樹立のために」を明示している。ここでは、前年一一・二七の国会構内集会に対する否定的な論評や、一・一六羽田闘争を実質放棄させた政治的な動きを批判している。このためか、この新聞はゲラ刷りの段階で、機関紙印刷所から共産党に流れ、そこから東京地評に圧力がかかり、右派系の圧力を誘発、ついに発刊されなかったものである。当時の東京地評の教宣担当佐々木靖夫書記の手元にゲラ一枚だけ残された、歴史的な文書だからということで私に託されたものである。なお地評新聞は一一・二七闘争後の一二月「再び国会へと」大見出しの新聞を発刊、職場に送ったが、政党の圧力で配布されず回収されていた。

この佐々木靖夫さんは、竹内さんの後を追うように、〇七年七月大腸ガンと原爆症の併発で亡くなられた。

東京地評と竹内基浩

一九四七年の二・一ゼネストの中止以後、戦後日本最大の労働組合のナシヨナルセンターであった産別会議は、日本共産党との関係をめぐって、分裂化して来た。反共産党派の組合は、五〇年七月一一日、総評（日本労働組合総評議会）を結成した。これに引続いて都段階の組織として、五一年四月五日、東京地評（東京地方労働組合評議会）が結成された。この東京地評の当時の特長をあげるとすれば、戦前の全評（日本労働組合全国評議会、一九三四年一一月結成、代表加藤勘十、一九三七年一二月結社禁止）で活動していた経験者を多く含んでいたことであろう。労農派の系譜に連なり、三七年の人民戦線事件で弾圧された芳賀民重が事務局長に就任、副議長には大門義雄、幹事に飯崎清治等、総評高野実事務局長と直結できる人事体制といえる。戦前派はこの人たちにとどまらず、人的にも財政的にも中心的な役割をはたした東交（東京都交通局労働組合）は、戦時体制に抵抗した伝統を保持して参加した。これら活動家と、戦後育った若い民同左派の行動部隊、組合を党の下部と見る赤色労働組合主義に反対する活動家等々が大きく結集したことにより、東京地評は、親の総評以上に、「ニワトリがアヒルになった」度合が早かったといえる。

その東京地評に竹内は、一九五六年一〇月に専従書記として採用された。この時まで竹内は、日中貿易促進会議に勤務しており、その仕事で、日中貿易促進労働組合協議会にも出入りしていたが、その労協は、東京地評の事務局に置かれていた。東京地評の三役、書記局員との人の繋りはできていたとはいえ、竹内は、その日のうちに激戦中の第二次砂川測量の現場に派遣された。（竹内は第二次としているが、『戦後東京地方労働運動史』の年表によると、「五五年六月三〇日砂川強制測量・七月一・二日測量できず、地評・都労連大動員」「九月一三日第二次強制測量、警官一七〇〇名と地元農民、支援協、地評労働者、学生が衝突〔中略〕一四日警官隊二〇〇〇名、催涙ガス、装甲者でピケ隊に突入」「五六年一〇月一二日、武装警官隊、砂川測量に随行し、五〇〇〇名の支援協・地評坐込みに乱入、検束、一三日装甲自動車で武装警官二〇〇〇名、ピケ隊を襲撃、負傷者、一二日二六四名、一三日八八七名、一四日政府、測量中止、一五日勝利大会、地評の指導性高まる」と記している。また同書の本文四八八頁では、「五五年一一月四・五日の第三次強制測量は〔中略〕支援協の阻止闘争も五〇〇〇名以上動員され〔中略〕一一名が検束され、起訴されるにいたったが」と記し、年表にも記載されている）。

就労当日から現場に飛び込んだ竹内は、この時生涯の運動仲間にめぐりあった。事務局次長的な役割をはたしていた池田雅人は、闘争現場や政治的活動で外廻りの多い竹内を書記局内部から支えてくれていたし、全青婦会議の事務局次長を兼任していた水野邦夫（主に組織争議対策）、佐々木靖夫（教宣、組織担当）とは時には対立しながらも、東京地評の闘いを支えていた。残念なことに水野は五六歳の若さで亡くなり、佐々木は竹内の後を追うように、逝った。

東京地評と全学連

第一次強制測量で、警官＝国家権力の暴力性を改めて知らされた東京地評は、第二次以降に備えて、支援動員・配置体制を整えた。無抵抗のスクラムで、絶対に暴力は振わないことを前提とし、現場砂川の地勢に合せて、第五方面隊まで編成した。この部隊の編成、配置では戦地から引上げて来て、新しい時代の労働組合活動家となった人たちの経験が生かされた。(一一・二七闘争での警官のバリケードを突破した時にも生かされていた)全学連は第三と第四方面隊の付近とに配置されることになった(一〇月八日決定、その役は情況に応じて第一、第五に合流)「全学連(学生隊)は一三日は四八〇〇名中一一〇〇名。負傷者は一〇〇一名、前日とあわせて一一九五名に達した。

全学連の多くは、第三方面隊に配置「第三ゲート基地ぎわの主力、ヤグラ下の全学連、平和団体、全金の一部、第三ゲートに通ずる道をうずめた支援協、全学連と警官隊との対決はつづけられている／泥まみれの学生のスクラムのなかから歌がわきあがり、大きくこだましてきた」(『戦後東京地方労働運動史』五四三頁)

一三日夕、東京地評を中心とする支援協は、一四～一六日の三日間各一万名以上の動員を指令した。一四日の新聞は一斉に警官の暴力を指弾した。街頭のカンパ、宣伝活動はただちに行なわれ、その間動員者は続々と現地入りした。政府首脳は午後四時過ぎから緊急会議、午後八時・一五日以降の測量中止を浅沼社会党書記長に伝えた。

一五日午前一〇時阿豆佐味天神広場には四〇〇〇名が結集、「砂川基地反対闘争勝利への国民総決起大会」が開催された。芳賀事務局長の闘争報告につづいて岡本支援協議長の挨拶、森田実全学連平対部長より闘争の決意表明と、国際学連のメッセージが伝えられた。全学連の行動が人々から支持されるとともに、首都の労働者との連帯を生み出した。

東京地評書記局の竹内、水野、佐々木と、森田をはじめとする全学連指導部とのきずなは強まり、後の安保闘争の中で大きな力となっていった。

五七年からの勤評反対闘争、原水爆禁止運動、新島基地反対闘争、五八年の警職法反対闘争と、安保闘争前段の諸闘争の中で、その動員力に対する期待もあり、東京地評と全学連・学生活動家と連携は強まった。森田の後をつぐ形の小島弘、小野寺正臣等は、東京地評詰かといわれるほど通っていた。服部勝己は東京原水禁の専従に、松田武彦(全学連中執・教育大)は、安保改訂阻止国民会議の事務局員に。私自身も、五九年竹内の保証人になった稲村東京地評副議長（全国金属）の身元保証で労働団体の専従となった。東京地評と全学連との信頼関係は、ついには五九年一一月の「国会構内集会」を生み出した「鈴仙会議」の秘密打合せが実現するほど強まった。この「鈴仙会議」によって国会包囲戦術は構内集会へと進展したといえる。また、北部担当オルグの佐々木靖夫の家は、後にブンドに加わる学生たちの労働者オルグのたまり場になっていたし、六〇年前後の中小企業争議には、多くの学生活動家たちが、支援にかけつけていた。

なお東京地評と全学連中執をつなぐもう一つのルートは、五八年（？）に地評書記局入りした加藤松雄の線があげられる。

最賃制闘争への弾圧、戦線の拡大と共闘会議の結成へ

砂川闘争後、警職法反対、最低賃金制闘争、中小企業争議と支援共闘の結成と、東京地評の闘いは休む間もなく続けられた。警職法反対闘争のために、全都くまなく結成された東京の各区・市の地域共闘組織は、「警職法反対東京共闘会議」としてまとまり、中小企業の争議支援の地域共闘と共に、地場から運動を支える役割をはたした。これはやがて安保反対の東京共闘として、首都の行動で大きな役割を荷った。

東京地評はこれらの諸闘争で中心的な役割を荷いながら、労働者の独自の課題としての最低賃金制確立に取組んだ。東京地評は全国一律八〇〇〇円の最低賃金制を原則とし、社会党（河野・勝間田・藤田）と労働四団体（大田・総評、落合・新産別、滝田・全労、柳沢・中立）の「八人委員会」の、業者間協定を内容とする政府案には反対でなく、修正させるという方針に反対した。

五九年二月六日、東京地評は独自で「ニセ最賃法粉砕総決起大会」を国会チャペルセンター前で一万人を結集して開催、国会から新橋までのデモ行進を行なった。これに対し警視庁は都公安条例と道交法違反として、地評三役ほか三名の六名を逮捕した。竹内と同僚の水野書記が含まれていた。なお、この一連の行動の中で、地評傘下の組合員の警視庁抗議の折、警視庁玄関の検問を突破して、階段を駆けのぼり、五階の警視総監室を占拠したこともあった。

岸内閣が警職法改訂をめざしたのは来たるべき安保条

約改訂にあたり、反対運動の抑圧強化をねらったものであったが、国民からは「オイコラッ！　警官」の復活として総反撃をくらって挫折した。東京地評は「各層の諸要求を統一して岸政府の戦争政策と闘う」体制強化のために（警職法）共闘会議の発展的改組を提起し、五九年二月二〇日「平和と民主々義を守る東京共闘会議」（東京共闘会議）が発足した。三一団体（一団体はオブザーバー）で構成、重要事項の討議は、一一の常任団体（うち、都労連は東京地評傘下だが別枠として扱われる）と、社会、共産両党のオブザーバー参加によって運営された。代表委員は岡本丑太郎（東京地評議長）、事務局長は芳賀民重（東京地評事務局長）次長喜田康二（東京護憲連合）実務竹内基浩、松本義治（東京基地連）、なお私（由井）は福祉連（東京労働者福祉団体協議会）の事務局として、四月以降この会議に参加することになった。

この都段階の共闘会議の発足を追うように都内二一区と多摩四地区に、安保阻止共闘、または平民共闘が結成され、それにその下に街々の共闘会議がつくられた。

竹内の本領——政党の労働団体への介入に抗して

五九年二月二〇日の「平和と民主々義を守る東京共闘会議」の結成に続いて、三月二八日には総評の呼びかけに呼応した一三団体を軸に「安保改定阻止国民会議」が結成された。

事務局長水口宏三・護憲連合、副事務局長伊藤茂・社会党、岩垂寿喜男・総評、事務局員松田武彦・青学共闘・全学連、幹事団体は呼びかけ人一三団体（共産党は幹事団体ではオブザーバー扱い）

国労会館での結成大会には地方代表を含めて約六〇〇名が結集した。中央行動は四月一五日から展開された。

東京共闘からは中川義和（東貨労）が常任幹事につき、竹内は中川と共に幹事会議に参加することも多く、行動部隊の主力が東京共闘・東京地評ということもあり、事務局の企画立案、行動の中心的な役割を岩垂と共に果すことになった。

五九年六月二五日の第三次統一行動のスローガンに、東京共闘会議は、岸内閣打倒を加えるよう主張したが、少数意見として処理された。七月の国民会議の幹事会においても共産党、原水協、平和委員会等の反対で決定されなかった。理由は①安保斗争は改訂阻止の一点で結集しているのだから岸内閣打倒は運動の巾をせばめる。原水協には自民党の一部の人も参加している。②安保改訂は岸内閣だけでなくアメリカ帝国主義も同じなのだから二つの敵を明らかにしてアメリカとも闘わなければならない、というものであった。

東京共闘会議は、七月の第四次統一行動を前に、闘いへの意志強化のために、七月一六〜一七日、箱根で討論集会を開催した。この集会には、産別組織、地区労の活動家のみならず、居住地の活動家も結集し①安保改訂は日米軍事同盟であり、日本独占資本の帝国主義的復活をめざすものである。②日本独占資本と岸内閣は、帝国主義的復活をおしすすめるために国内政策をとって来ている。③合理化、低賃金、組織破壊の政治的背景もそこにある。④したがって安保改訂阻止と岸内閣打倒の闘いは不可分である、と意思統一した。これがいわゆる「箱根左派」の確立である。明らかに、二つの敵論と民族独立論的な巾広い統一戦線方式をとる日本共産党との対立である。これを受けて、東京共闘に結集する各組織は、七月から八月にかけて一斉に職場、地域で討論集会を開催し、意見の一致と行動の拡大を行なった。首都の行動部隊のこの動きは安保国民会議にも反映し、多くの都府県共闘も岸内閣打倒を目標にすることに賛同した。論争は、共産党とその系列化の団体と、東京共闘・東京地評・青学共闘等の間で激しく行われた。これにあわせるように東京共闘でも共産党の巻返しが行なわれた。地区共闘の討論集会の状況は、党の都本部にあげられ、党員の発言がチェックされるようになった。

一一月一〇日、共産党は『アカハタ』に安保闘争のスローガンを発表したが、そこには「アジア人民の敵、売国と反動の元凶岸内閣打倒」がかかげられ、従来の主張を手直しした。これにより一応論争は終わったが、戦術面の対立は続いた。しかし、一一・二七の「国会突入」をめぐって、共産党と東京共闘等との対立はさらに深まった。巾広い人の結集を主張する共産党は、デモは請願方針を主張し、これに右派系の総評幹部が同調することになる。国会周辺の行動は、「請願」となる隊列は二〇名ごとに区切られ、旗・ノボリなしで、まさに「お焼香デモ」になり下った。

連日、すわり込む全学連部隊の横を歩き抜ける国民会議のデモ隊の中からも「お焼香デモ」を主導する国民会議に対しては抗議を起こされた。これらの部分は、国民会議の行動に従って、いったん解散地の新橋の土橋まで向うが、そこで闘えるメンバーを揃えて国会前に戻り、全学連等すわり込みを続ける部隊に連帯する行動をとった。このような行動は六〇年六月一九日の安保新条約自然成立まで続けられた。私は当時、高橋良彦（港区労協常幹・松本礼二）と共に、土橋解散の労働者を国会に戻す活動を行なっていた。

竹内は、東京地評政治部長の中川義和とともに、解散地から東評宣伝カー（運転者は、中小企業ペトリカメラ争議後、地評に入った竹内の盟友高橋順）を国会に戻し、労働者の結集と防衛・学生との連帯を訴えていた。

岸渡米阻止闘争は、共産党と右派系組合の要求で、羽田抗議闘争へとレベルダウンされたが、期日がせまった一二月二〇日の共産党宮本書記長と大田総評議長の対談により、羽田での行動は中止された。東京地評・東京共闘会議は、最後まで羽田現地での行動にこだわったが、共産党系活動家の多い全国単産での党のしめつけ、総評右派系の同調により、一月一五日夜からは、全学連の単独行動となった。一五日夜東京共闘の幹事、地評常幹、書記局等の何名かが、東京地評会館に待期し、羽田での行動を注視していた。警官の弾圧が報道された時、芳賀事務局長と相談の上、竹内、高橋良彦、由井、それに大平（地評常幹・全駐労）（中川義和かも知れない）の四名がタクシーで羽田へ向ったが、弁天橋の阻止線で機動隊に追い返された。

安保闘争突入以後、竹内はしばしば所属していた共産党の方針と対立していた。その都度竹内は、党の押付けに反対、自己の所属する大衆団体の決定を優先する態度をつらぬいた。竹内の本領はここにありといえる。

この竹内に対して、日本共産党は汚なく、なさけない手を使った。六〇年四月二日からの東京地評代表団の北京総工会の交流訪問にあたり、党は竹内を関連機関に呼び出し、北京総工会に書簡を渡すよう託した。後に離党した当時の日本共産党春日庄次郎統制委員長が、後日竹内に謝罪して明らかになったことだが、書簡の内容は、竹内は反党分子だから、そのつもりで対応してもらいたい、という内容だったという。

おわりに――共産党港地区委員会でのこと

安保闘争のまっただ中、共産党港地区の党大会が二日間にわたって開催された。港地区の共産党は公労協基幹部――国労新橋支部、品川機関区、電通本社支部、西南支部、全逓保険、預金支部――、地評会館、いくつかの金属、電機、慶応、慈恵大、等々、労働者からなる細胞が多く、それに、党機関またはそれに近い職場と居住細胞から成り立っていた。（総評、同盟、日本生協連等全国的組織の細胞は党直属だったという）

大会は、最賃制、全電通本社支部にかかわる千代田丸事件、安保闘争、『現代の理論』の廃刊問題、国際情勢と多面的な論争となった。

港地区委員会の多数は、党中央の対米従属二つの敵論を批判する派、党中央を擁護する派はほとんどなしという情況で、もっぱら都委員が答える形となった。都側の答弁者の杉本文雄は、もともと好人物で押されっぱなし、二日目には、港地区の組合関係は、どうも構改派が多いのではないかということで、それを説得しやすいようにという配慮で、春日正一と共に西川彦義も送り込んで来た。

春日に対しての地区側は、平和共存ボケで闘いの戦術が弱められたり、日本独占資本の帝国主義的復活に目が向けられないのは、国内外の情勢分析がされていない民族主義だからだと批判、それに対する春日の答えは、諸君はインターナショナルだと自称するが、本質はコスモポリタンだ。地区党までが、内外情勢まで分析し、独自の判断をすれば、党はアッチにも頭、コッチにも頭ができてしまい、ヤマタノオロチになってしまうと。私は、最賃制をとりあげ、八人委員会の業者間協定に反対できない党本部の態度はおかしいと、彦さんに喰ってかかった。

港の党中央に反対する勢力は、ブンドに行った山崎、田川、松本（高橋良彦）等の地区委員の「世界革命派」、第四インターにつながる世界革命派、箱根左派といわれる「戦術左派」である大衆行動の指令塔の東京地評会館細胞、労働組合書記局や、研究機関に所属する構改派系と多彩であった。

左派系は、党内民主々義を創りだすことをめざすという視点から、党中央が党外の研究誌、理論誌まで弾圧したとして、雑誌『現代の理論』の廃刊問題で、構改派との連携もはかった。

党中央を批判する決議は、党内の改革諸派の結集を考慮して、「決議について行動では統一して行く上で中央委員会に対して『現代の理論についての決議の撤回を求める』決議案として挙手採決した」(『港地区党報』No四六、一九五九・一〇・一六)

賛成三八、反対一三、保留一六をもって可決された。併せて反中央派を中心とした地区委員会が選出されたが、共産党中央は、五九年一一月一四日「党規約に基く」地区委員会を上からの指示で発足させた。しかしこの諸君の活動は労働者大衆からも無視され、党勢と『アカハタ』の拡大が主任務であった。山崎、田川等を中心とする地区委員会は、六〇年四月にブンドに合流し、大部分の活動家は自立の道を歩むことになった。

竹内は地区の党活動には直接かかわらなかったもの、彼のまわりの同志たちの地区活動の一コマとして付加する。

最後に。竹内の執筆は、第三章の安保闘争の総括で終わった。当初、六七年東京地評を離れるまで記述する構想を残していた。そのうち労働者同盟と東京労線活動者会議については、他にまとまった記録がないので、是非残してほしかった。前記した内田宜人(都教組墨田支部、本部、東京地評の常幹)の『遺恨と友愛』(私家版)に記載されているのみである。

この解説によって、それらの活動の中心者であった、竹内(もう一人は内田)の活動を補うつもりでいた。そのため、この解説は東京地評の常幹で、東京教育戦線連絡会議の中心メンバーであった大野昭之との対談形式でまとめることを予定していた。しかし、大野は〇九年一一月九日急逝された。そのためこのような形でまとめざるをえなかった。

(ゆい・いたる　社会運動資料センター・信濃)

竹内基浩（たけうち・もとひろ）略歴

1931年（昭和7年）1月21日
長野県飯田市上郷飯沼に生を受ける

1945年（昭和20年）8月15日
18歳で敗戦を迎える

1946年（昭和21年）6月
父の郵便局を継ぐべく長野市の逓信講習所に入学

1948年（昭和23年）
2年間の逓信講習所を卒業し、飯田の特定郵便局に配属

1950年（昭和25年）
18歳、東京地方貯金局に配置転換・上京

1951年（昭和26年）
大学入学資格検定試験に合格　日本大学短期学部商経科二部に入学
貯金局を退職

1954年（昭和29年）9月
23歳　結婚

1956年（昭和31年）10月
東京地方労働組合評議会（東京地評）、書記局の専従書記として、
労働組合運動に専念

1967年（昭和42年）
34歳　東京地評退職

1968年（昭和43年）
会社設立・経営

1992年4月（平成3年）
会社を売却

1996年3月（平成7年）
63歳。病を得て、療養のため飯田市上郷の生家に転居。自動車運転免許をとり、南信州をくまなく走り、山歩き、春には山菜採り、秋には茸採りなど、良い空気、良い水、良い食物に恵まれ、不治を言われた病が奇跡的に癒えた。

2006年（平成18年）3月13日
大腸癌手術

2007年（平成19年）4月13日
1年1か月の癌との闘いも空しく、数え年76歳で永眠

「六〇年安保」を労働者はいかに闘ったか——全学連と共闘した東京地評の舞台裏

［著者］竹内基浩

二〇一〇年八月一五日　初版発行

［発行者］松田健二
［発行所］株式会社社会評論社
郵便番号 一一三—〇〇三三　東京都文京区本郷二—三—一〇
電話 〇三—三八一四—三八六一
ファックス 〇三—三八一八—二八〇八
http://www.shahyo.com

［組版］金井 聡
［装丁］桑谷速人
［印刷・製本］技秀堂

石井保男著

四六判上製／定価：本体 2,000 円＋税

わが青春の国際学連 プラハ1959～1968

「朝日新聞」2010 年 7 月 22 日夕刊・文化欄

60年代のプラハを回顧

元IUS副委員長 冷戦下の9年つづる

60年安保から半世紀。記念の出版が相次ぐ中、少し異色の回想録が出た。『わが青春の国際学連』（社会評論社）。著者は元国際学生連合（IUS）副委員長の石井保男さん(76)。全学連を代表してプラハの事務局に派遣されたが、安保闘争の総括などをめぐり母体は分裂。後継者が来ないため9年にわたり職にとどまった。稀《け》有な経験を通して見た冷戦下、60年代の世界と日本が描かれている。

「ずいぶんと遅くなりましたが、私を送り出した人と組織への報告書のつもりです」

プラハに向け旅立ったのは1959年2月。東京大医学部の卒業を翌月に控えていたが、卒業すると学生でなくなってしまうので、卒業試験を半分残しての出発だった。

運動に入るきっかけは医学部に進んだ55年の学園祭。米国の水爆実験の死の灰を浴び犠牲者が出た第五福竜丸事件があった翌年で、放射能の害毒を紹介する展示を企画。その時に知り合った仲間たちと学部自治会や全日本医学生連合の活動に参加し、58年には全学連の中央執行委員に選ばれた。医学生の国際セミナー開催が計画され、その交渉役という意味合いもあり、プラハ派遣が決まったという。

到着した国際学連には東側からの代表しかいなかった。反ナチ運動を引き継ぎ、英国などの主導で46年に設立されたが、56年のハンガリー蜂起の評価をめぐり対立し、日本をのぞく西側は脱退し別の組織を立ち上げていたのだ。

「私の立場はとても強かった。西側からはたった一人ですし、ゼンガクレンの活動は世界中に知られていた」

世界中を飛び回った。キューバは3回も訪問し、ゲバラとも会った。パレスチナのガザ地区やキプロスなど紛争の現地にも足を運んだ。

プラハで感じたのは国際情勢への人々の敏感さ。62年のキューバ危機では、「戦争は近い」と食料確保に走った。「日本では60年代は高度経済成長期とされますが、本来は朝鮮とベトナムという二つの戦争の恩恵を受けた発展だった。意識が島国のなかに閉じこもっていないでしょうか」

プラハを去るのも国際情勢のため。68年、ソ連軍がチェコスロバキア（当時）に侵攻し制圧。国際学連は幹部が逮捕され機能を停止した。ベルリンへ逃れた石井さんは69年に帰国。その後、復学が認められ、現在も埼玉県で精神科医として働いている。

いま痛感するのは「きちんと総括しない日本」だ。60年安保についても総括できていないが、一番できていないのは先の戦争だという。

「ドイツはヒトラーのしたことをきちんと反省しないと、欧州で歩いていけなかった。口先だけではだめで、心からの反省をしないと欧州人として仲間はずれになった。それに対して日本は中途半端ですね」

（渡辺延志）

9年にわたり国際学連副委員長をつとめた石井保男さん。「はしごを外された」とも。